도무지
내 맘 같지 않은 사람들과
잘 지내는 법

OMGIVEN AV IDIOTER
(English title : SURROUNDED BY IDIOTS) by Thomas Erikson

도무지 내 맘 같지 않은 사람들과 잘 지내는 법

토마스 에릭손 지음 · 김고명 옮김

시목 始木

도무지 내 맘 같지 않은 사람들에 둘러싸여 평생을 살아가야 한다면?

살다보면 나와 특별히 잘 어울려 지내는 유형을 만나기도 하고, 뭘 하든 안 맞는 사람을 만나기도 한다. 난 그걸 고등학생 때 알게 됐다. 무슨 이야기를 하든 척 하면 척 대화가 술술 풀리는 친구들이 있었다. 말이 잘 통하니 목소리 높일 일이 없었다. 반대로 어떤 녀석들은 미치고 팔짝 뛸 정도로 말귀를 못 알아듣는데 대체 왜 그러는지 알 수가 없었다.

왜 내 말이 누구에겐 잘 통하고, 누구에겐 씨알도 먹히지 않는 걸까? 고등학생 때야 어렸으니까 그런 고민하느라 밤잠을 설치거나 하지는 않았다. 하지만 내가 어떻게 했느냐에 관계없이 왜 어떨 때는 대화가 물 흐르듯 흘러가고, 또 어떨 때는 아예 초장부터 콱 막혀버리는지 의아했던 순간들이 아직도 기억에 생생하다. 그래서 이런저런 방법으로 사람들을 테스트하기 시작했다. 예를 들면 이전과 비슷한 상황이 발생했을 때 당시와 똑같은 말을 해서 사람들의 반응을 살피는 것이었다. 그러면 내가 원한 대로 흥미진진하게 대화가 이어질 때도 있었지만 아예 아무것도 시작되지 않을 때도 있었다. 때로는 상대가 나를 마치 외계인 보듯 해서 내가 정말 외계인처럼 느껴지기도 했다.

당시 나는 세상만사를 참 단순하게 봤다. 내 기준에서 정상적으로 반응했던 친구들은 착한 사람이고, 반면 나를 이해하지 못하는 친구들은 뭔가 문제가 있는 것이라고 여겼다. 기준은 나니까. 나는 정상이니까. 그래서 나는 이해할 수 없는 사람들을 멀리하기 시작했다. 그러나 세월이 흘러 본격적인 사회생활이 시작된 후에는 내 방식을 고수하기 어려웠다. 그럼에도 속으로는 여전히 사람들을 지각 있고 좋은 사람과 뭘 몰라도 한참 모르는 사람으로 구분했다.

그러다 25살 때 자수성가한 60대 사업가 스투레를 만났다. 그의 회사에서 실시될 프로젝트를 앞두고 인터뷰하는 자리에서 그는 대뜸 자신이 '꼴통들'에게 둘러싸여 있다고 했다. 농담인 줄 알고 웃었는데, 그는 진심이었다. 얼굴이 시뻘게질 정도로 흥분해 A부서에는 죄다 꼴통만 있고, B부서에는 얼간이들만 있다고 했다. 하지만 그나마도 C부서에 비하면 양반이라나! C부서 놈들은 정말 구제 불능이라 그 머리로 아침마다 멀쩡히 출근하는 게 신기하단다.

그의 말을 들으면 들을수록 뭔가 이상하다는 생각이 들었다. 나는 그에게 정말로 직원들을 꼴통이라고 '믿는지' 물었다. 두 눈을 부릅뜬 그는 직원 중에 밥값 못하는 인간이 태반이라고 했다.

심지어 그는 뒤틀린 심사를 직원들에게 숨기지도 않았다. 전 직원이 보는 앞에서 누구에게든 꼴통이라는 소리를 거리낌 없이 했다. 직원들은 그를 요리조리 피해 다니기 바빴다. 아무도 그와 일대일 대화를 하지 않으려 했고, 그에게 나쁜 소식을 전했다가는 괜히 화풀이를 당할까 봐 그런 이야기는 아예 꺼내지 않았다. 어느 공장에는 로비에 경고등까지 설치됐다. 안내 데스크 위쪽에 보일 듯 말 듯 설치된 경고등은 스투레가 있으면 빨간색, 없으면 초록색이 됐다. 스투레만 빼고 다들 그 경고등의 존재를 알았다. 직원들만이 아니라 고객들까지 경고등을 곁눈질하며 분위기를 살폈다.

젊은 시절에는 스스로 생각해도 꽤 괜찮은 생각이 번뜩번뜩 떠오른다. 그래서 나는 묻지 않을 수 없었다. "그 꼴통들을 회사에 들인 게 누구죠?" 물론 나는 대부분의 직원을 스투레가 직접 고용했다는 사실을 알고 있었다. 스투레 본인도 그것을 잘 알고 있었다. 그러니까 내 말은 "여기서 제일 꼴통이 누구죠?"라는 뜻이었다. 스투레는 씩씩대며 나를 쫓아냈다. 나중에 그가 날 엽총으로 쏴 죽이고 싶어 했다는 말을 전해 들었다.

그는 은퇴를 앞둔 유능한 사업가, 업계 사정에 정통한 인물로 존경받고 있었다. 하지만 엄밀히 말해 그는 주변 사람들을 제대로 관리하지 못했다. 경쟁사가 절대로 모방할 수 없는 유일한 자원인 직원들을 전혀 이해하지 못했다. 그러니 그저 꼴통으로만 보였던 것이다. 외부인이었던 나는 그의 생각이 틀려도 단단히 틀렸음을 아주 쉽게 알아챘다. 본인은 몰랐겠지만 스투레는 항상 자기 위주로 생각했다. 때문에 자기와 다르게 행동하는 사람들을 모두 꼴통 취급했다.

그런데 잘 살펴보니, 내가 특정 유형의 사람들에게 하는 말이 그의 표현과 똑같았다. 입만 산 놈, 꽉 막힌 놈, 싸가지 없는 놈, 더럽게 재미없는 놈.

누군가를 꼴통이라고까지 하지는 않았지만 나 역시 어떤 사람들과는 원만히 지내지 못하는 게 분명했다.

도무지 내 맘 같지 않은 사람들, 나와 전혀 맞지 않는 사람들에 둘러싸여 평생을 살아가야 한다면? 이런 생각을 하자 가슴이 철렁 내려앉았다. 내 무한한 삶의 가능성이 엄청나게 제한될 것만 같았다.

나 자신을 차분히 돌아봤다. 결론은 간단했다.

나는 스투레 같은 사람이 되고 싶지 않았다.

그날 이후 나는 인생에서 가장 중요하다고 해도 과하지 않을 '지식'을 습득하기로 결심했다. 사람들의 행동 방식에 대해 공부하고 연구하기로 한 거다. 앞으로 무슨 일을 하든지 간에 평생 무수한 사람들을 만날 텐데 그런 지식이 있으면 분명 도움이 될 것 같았다.

나는 바로 행동에 돌입했다. 처음 봤을 때 내가 이해하기 어려울 것처럼 보이는 사람들을 이해하는 법을 연구하기 시작했다. 왜 어떤 사람은 말이 없고, 어떤 사람은 끝없이 말을 할까? 왜 어떤 사람은 항상 진실을 말하고, 어떤 사람은 거짓을 말할까? 왜 어떤 사람은 항상 정시에 출근하고, 어떤 사람은 지각을 밥 먹듯이 하는가? 왜 어떤 사람은 내 마음에 쏙 들고, 어떤 사람은 그렇지 않은가? 그 이유가 뭔지 궁금했다.

사람들의 행동 방식과 거기서 나타나는 차이점을 연구하면서 내 인생은 180도 바뀌었다. 나는 더 좋은 친구, 동료, 아들, 남편, 아버지, 그러니까 더 좋은 사람으로 바뀌었다. 이제 나는 나와 다르다고 해서 타인을 함부로 이렇다 저렇다 판단하지 않는다. 나와 다른, 심지어 정반대인 사람을 받아들이는 포용력이 예전과 비교할 수 없을 만큼 커졌다. 그렇다고 내가 다른 누군가와 절대로 마찰을 겪지 않는다거나 절대 거짓말을 하지 않는다고까지는 할 수 없다. 그러나 그런 찜찜한 일은 정말 어쩌다 한 번씩 일어날 뿐이다.

이 책에서 소개하는 행동 유형 분류법인 DISA는 세계적으로 가장 널리 쓰이는 행동 유형 분류법인 DISC 성격 유형을 활용해 독창적으로 만든 분류법으로, 사람을 이해할 수 있는 가장 편리하고도 명쾌한 방법이다. 이에 따르면 모든 사람은 레드 · 옐로 · 그린 · 블루 네 가지 유형 중 하나로 분류할 수 있다. 이름이 약간은 낯설 수 있는데, 각 색깔의 이미지를 잘 생각하면 그 특징을 금세 알아차릴 수 있을 것이다. 레드 타입은 주도적이고 추진력 있지만 공격적이고 화를 잘 낸다. 옐로 타입은 누구와 함께 있든 쾌활하게 분위기를 띄우지만 남의 말을 듣지 않는다는 치명적인 약점이 있다. 그린 타입은 안정적이고 온화하고 성실하지만 유감스럽게도 때로는 의사 표현이 불분명하고 변화를 거부한다. 블루 타입은 차분하고 합리적이고 논리적이지만 사소한 것에 집착하고 비판적이다.

이 분류법을 활용하면, 도저히 이해가 안 되고 내 맘 같지 않은 상대방도 그가 어떤 생각을 가지고 왜 그렇게 행동하는지 쉽게 파악할 수 있다. 나아가 다양한 상황에서 상대방의 행동을 예측할 수도 있다. 그러면 오해 없이 커뮤니케이션 하는 능력, 나아가 상대와 함께 일하고 그를 '내 편'으로 만드는 능력이 몰라보게 향상된다.

인간을 몇 가지 유형으로 분류하는 것을 반대하는 사람들도 있다. 이 책을 집어든 당신 역시 그렇게 생각할지도 모르겠다. 하지만 실상 우리 모두는 어떤 식으로든 인간을 유형화한다. 물론 당신의 방식이 이 책의 방식과 다를 수는 있겠지만 어쨌든 우리는 누구나 서로의 차이를 인지하고 살아간다. 어차피 우리가 저마다 다르다는 사실이야 절대 변하지 않으니 나는 그런 사실을 적시하는 것만으로도 긍정적인 효과가 있다고 생각한다. 원래 어떤 도구든 잘못 사용하면 해롭다. 중요한 것은 도구가 아니라 그것을 사용하는 사람이다. 이 책을 인간의 행동과 대화에 대한 입문서로 보면 좋겠다.

스투레에게 감사하다. 내가 이 주제에 눈뜨도록 해주었으니 말이다. 그가 아니었다면 이 책은 세상에 나오지 못했을 것이다.

나는 지난 20여 년 동안 이 분류법을 활용해 인간관계의 어려움을 겪는 수많은 사람들에게 도움을 줬고 놀라운 결과를 얻었다. 당신에게도 그런 결과가 있길 바란다. 이 책을 어떻게 활용하느냐는 당신에게 달렸다. 아주 조금 운이 따른다면 당신도 단숨에 나와 같은 여정에 오르게 될 것이다. 장담하건대 절대 후회하지 않을 것이다.

행동과학자 · 강연가 · 저술가

토마스 에릭슨

CONTENTS

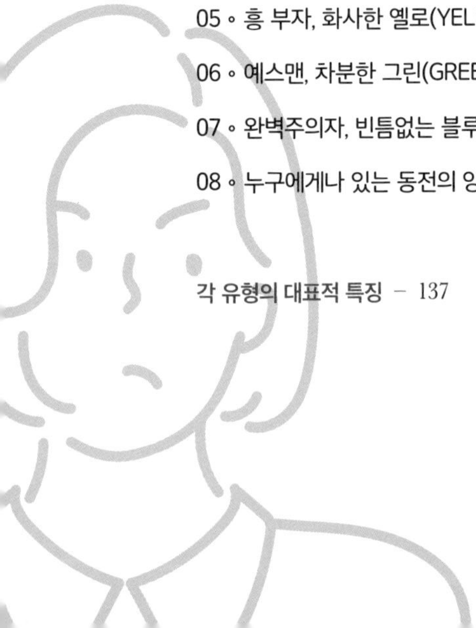

PART 3 내 맘 같지 않은 사람들과 잘 지내는 법

PART 4 끼리끼리 놀면 아무것도 해낼 수 없기에

PART 1

틀린 게 아니야, 다른 거지

A
AB

PART 1 **01**

커뮤니케이션의 첫걸음은 상대 파악이다

칼자루는 언제나 상대방이 쥐고 있다

당최 이게 뭔 소리일까? 말하자면 이렇다. 당신이 어떤 말을 했을 때 그 말은 듣는 사람이 갖고 있는 인식의 틀, 편견, 선입견을 두루 거쳐 그가 이해한 대로 그의 머릿속에 남게 된다. 즉, 당신이 무슨 말을 하든지 상대는 당신이 전달하고자 했던 본래 의도와 전혀 다르게 받아들일 수 있다는 거다. 같은 말이라도 듣는 사람이 누구냐에 따라 다르게 해석되기도 한다. 당신의 메시지가 상대에게 고스란히 전달되는 경우는 굉장히 드물다.

상대의 생각에 당신이 별반 영향을 미치지 못한다는 사실은 기운 쭉 빠지는 일일지도 모르겠다. 그러나 아무리 상대의 머릿속에 어떤 메시지를 욱여넣고 싶어도 실상 당신이 할 수 있는 일은 많지 않다. 인생의 난제 중 하나라고 해도 좋다. 하긴, 세상에 어디 쉬운 일이 있던가! 타인의 생각과 행동은 당신이 어찌할 수 없는 것이다.

그러니 원활한 커뮤니케이션을 위해 뭘 해야 할지는 명백하다. 칼자루를 쥔 쪽이 원하는 것이 무엇인지 아는 것이다.

사람들은 대부분 자신이 원하는 방식대로 대접받고 싶어 한다. 그러니 당신 쪽에서 먼저 상대가 대접받고 싶어 하는 대로 대접해주려 노력한다면 한층 효과적인 커뮤니케이션이 가능해질 것이다.

출발점은 내가 아니라 상대방이다

당신의 의중을 효과적으로 전달하려면 안정적으로 커뮤니케이션 할 수 있는 무대를 만들어야 한다. 단, 이 무대의 주인공은 당신이 아니라 상대방이어야 한다. 그래야만 상대 역시 의식적으로든 무의식적으로든 당신의 커뮤니케이션 방식에 대응하느라 힘 빼지 않고 오롯이 당신을 이해하는 데만 에너지를 쓸 수 있다.

다른 사람과 대화할 때는 행동을 적당히 조율할 수 있는 유연성을 길러야 한다. 이 대목에서 우리는 또 다른 진리를 마주하게 된다. 어떤 행동을 하든 간에 당신이라는 개인은 항상 소수자다. 당신이 어떤 식으로 행동하든 세상의 대다수는 당신과 다르게 행동한다. 그러니 자기 자신을 커뮤니케이션의 출발점으로 삼아선 안 된다. 요컨대 타인의 행동과 욕구를 해석하고 그에 맞춰 유연성을 발휘하는 능력이야말로 커뮤니케이션을 잘하기 위한 기본 조건이다.

타인의 행동 양식과 커뮤니케이션 방식을 알면 다양한 상황에서 상대방이 어떻게 나올지 나름의 근거를 갖고 예측할 수 있다. 이런 판단력만 있어도 상대방의 의중을 읽는 능력, 상대방에게 진심을 전달하는 능력이 몰라보게 향상된다. 그러면 서로 얼굴 붉히는 불상사 정도는 얼마든지 피할 수 있다.

행동을 기준으로 파악하라

그렇다면 타인을 어떻게 파악할 수 있을까? 어떻게 하면 타인의 커뮤니케이션 방식을 알고, 그가 내 메시지를 효과적으로 받아들이게 할 수 있을까? 가장 큰 단서는 바로 '행동'이다. 나는 상대의 행동을 통해 상대를 파악하고, 상대도 내 행동을 통해 나를 파악한다.

"우리의 행동은 눈에 보이지만 그 행동의 이유는 보이지 않는다. 그래서 우리는 눈에 보이는 행동을 기준으로 서로를 평가한다."

정신분석학자 칼 구스타브 융Carl Gustav Jung의 말이다. 세상에는 다채로운 행동 유형이 존재해서 우리 삶에 역동성을 더한다. 사람들은 저마다의 행동 방식을 갖고 있다. 그중에는 '나도 저런데' 하고 공감이 가는 유형이 있는가 하면 공감은커녕 이해조차 되지 않는 유형도 있다.

사실 어떤 행동이 옳고 그르다고 단정할 수는 없다. 대부분의 행동은 그 자체로 괜찮다. 올바른 행동이라든가 잘못된 행동이라는 것은 존재하지 않는다. 당신은 그저 당신 자신일 뿐이지, 왜 그렇게 생겨먹은 거냐고 이의를 제기할 수 없는 것과 같은 이치다. 어떤 행동을 선택하든, 남들이 어떻게 생각하든 간에 당신은 괜찮은 사람이다.

하지만 그렇다고 아무렇게나 행동해도 된다는 말은 아니다. 다음의 비유가 적절할 것이다.

"행동은 자동차 기어와 같다."

자동차의 각 기어는 상황에 따라 옳은 선택일 수도 있고 잘못된 선택이 될 수도 있다. 예컨대 시동을 걸 때 1단 기어를 넣는 것은 좋지만 5단 기어를 넣으면 곤란하다. 반대로 시속 100킬로미터로 주행할 때는 1단 기어가 완전히 틀려먹은 선택이다.

행동도 마찬가지다. 자동차 기어처럼 행동도 어느 하나 불필요한 것이 없다. 하지만 사람과 상황에 따라 당신이 적절하지 못하게 말하고 행동한다면, 그렇다. 유감스럽게도 꼴통이 되는 건 바로 당신이다. 당신의 행동은 상대가 당신을 파악하는 가장 큰 단서임을 잊지 말길 바란다.

하고 싶은 대로 다 하며 살 수는 없다

당연한 말이지만 제 성격을 있는 그대로 드러낼 수 있다면 얼마나 좋을까? "난 원래 이렇게 생겨먹었어. 근데 책에서 보니까 그래도 괜찮대." 라며 말이다. 마음 가는 대로 행동할 수 있다면 정말 좋을 것이다! 상황이 허락한다면 하고 싶은 대로 하는 게 아주 불가능한 일은 아니다.

그러나 애석하게도 우리가 온전히 자기 본연의 모습으로 존재할 수 있는 때는 딱 두 가지 상황에서다.

첫 번째는 혼자 방 안에 있을 때다. 무슨 말이든 무슨 짓이든 내 맘대로 해도 된다. 악을 쓰며 욕을 해도 좋고, 말없이 앉아 인생의 수수께끼라든가 말 많은 그 정치인은 왜 항상 울상인가 같은 쓸데없어 보이는 것에 대해 깊이 사색해도 된다. 그 누구에게도 해를 입히지 않는 일이다. 무슨 설명이 더 필요하랴?

두 번째는 주변에 당신과 똑같은 사람들만 있을 때다. 우리네 어머니들이 뭐라고 가르쳤던가? "네가 남에게 대접받고 싶은 대로 남을 대접해라." 아주 고귀한 가르침이다. 효과도 좋다. 단, 상대방이 당신과 똑같은 사람이어야 한다는 전제 조건이 있다. 이 조건을 충족하자면 당신과 사고방식, 행동거지, 신념이 '똑 닮은' 사람들의 명단을 작성해서 그들하고만 어울려야 할 것이다.

이 두 경우를 제외하고는 남들이 당신을 어떻게 보는지, 그리고 남들이 어떻게 생각하고 행동하는지를 파악하는 편이 좋을 것이다.

행동의 본질

예측 가능하다

물론 완벽하게 예측하는 건 불가능하지만, 대부분의 사람은 비슷한 상황에서 습관적인 반응을 보인다.

패턴의 일부다

우리는 대체로 일관된 패턴에 따라 반응한다. 그러므로 각자의 패턴을 존중하고 자신의 패턴을 이해해야 한다.

바뀔 수 있다

우리는 경청하고, 행동하고, 솔직하게 말하고, 반성하고, 또한 적절히 처신하는 법을 배울 수 있다. 이 정도 적응력은 누구에게나 있다.

관찰 가능하다

심리학을 공부하지 않더라도 우리는 대부분의 행동 유형을 직접 관찰하고 패턴을 유추해볼 수 있다.

이해할 수 있다

우리는 사람들이 왜 그렇게 느끼고, 왜 그렇게 행동하는지 그 이유를 즉각적으로 이해할 수 있다. 이유를 찾는 건 누구나 할 수 있는 일이다.

고유한 것이다

서로에게 공통점이 있다 해도 각자의 행동은 그 사람 고유의 것이다. 우리는 각자 고유한 환경 속에서 살아간다.

용납 가능하다

사사로운 질투심이나 불만을 떨쳐버리고 다 함께 관용과 인내를 배우면 서로의 행동에 관해 이야기하기가 한층 수월해진다.

PART 1 **02**

나는 왜 이렇게 행동하는가

행동을 결정하는 것들

왜 사람은 다 다른가? 간단히 말하자면, 행동은 유전적 특징과 주변 환경의 결합체다.

성인기의 행동 유형은 태어나기 전에 이미 그 토대가 마련되어 있었다. 유전적으로 물려받은 기질과 특성이 우리 행동에 영향을 미친 것이다. 구체적인 작동 원리에 대해서는 학계에서도 의견이 분분하지만 그 역할에 대해서는 이견이 없다. 우리는 부모님뿐만 아니라 조부모님, 또 정도의 차이는 있지만 친척들과도 참 닮은 점이 많다.

출생 이후에는 어떻게 될까? 대부분의 아이는 충동적이고 모험심이 강한 상태로 태어난다. 그 시기엔 어떤 장벽도 존재하지 않는다. 아이는 뭐든 자기가 하고 싶은 대로 하기 마련이다. "싫어, 안 할 거야!"라거나 "하면 되지!" 같은 말을 입에 달고 산다. 아이는 세상 모든 것을 자기 뜻대로 할 수 있다고 생각한다. 물론 이렇게 즉흥적으로, 때로는 통제가 불가능할 만큼 제멋대로 행동하기를 바라는 부모는 없다. 어느 시점이 되면 제 맘대로 살던 아이에게도 좋은 쪽으로든 나쁜 쪽으로든 변화가 일어난다.

학습을 통해 배우는 것들

아이들의 학습 방식은 크게 두 가지로 나뉘는데, 하나는 불만족이 만족으로 바뀌는 경험이다. 다른 하나는 바로 모방인데, 이것이 학습의 주된 방식이다. 아이는 자기 주위를 관찰하며 보이는 대로 따라 하는데 대개 동성 부모가 모방의 대상이다. 그렇게 여러 경험과 모방을 통해 자신만의 가치관과 사고방식을 정립하게 된다.

가치관

가치관은 어릴 때 부모님에게 배우거나 학교에서 주입식으로 습득한 것들의 총합이다. 가치관은 내면 깊은 곳에 뿌리내리고 있어 사실상 바꾸는 것이 거의 불가능하다. 내 경우에는 '열심히 공부하면 나중에 좋은 직업을 갖게 된다' '싸우는 것은 나쁘다'와 같은 다양한 가치관을 습득했다.

'모든 사람이 평등하다'라는 것 역시 내 가치관에서 중요한 항목이다. 어릴 적부터 부모님이 몸소 실천하셨기 때문에 나는 사람을 출신, 성별, 피부색 등으로 함부로 판단하지 않는다. 이런 식으로 사람은 누구나 자기만의 가치관을 갖고 있다. 그래서 무엇이 옳고 그른지 직감적으로 판단한다. 이런 가치관은 그 누구도 빼앗아갈 수 없다.

사고방식

사고방식이란 학창시절을 거쳐 사회 초년기에 이르기까지 개인이 다양한 것들을 접하고 여러 경험을 쌓으면서 형성한 견해의 총체라 할 수 있다. 물론 사회 초년기 이후의 경험도 얼마든 사고방식에 영향을 미칠 수 있다. 사고방식은 가치관과는 엄밀히 구분된다. 좀 더 나이가 들었을 때의 경험을 통해 쌓인다는 점과, 다른 경험을 통해 완전히 바뀔 수도 있다는 점에서 그렇다.

언젠가 친척이 자신은 장사하는 사람들을 믿지 않는다고 했다. 장사꾼을 의심하는 사람이야 한둘이 아니겠지만 그녀의 경우 그런 사고방식이 지나쳐 웃지 못할 습관이 생기고 말았다. 뭐만 샀다 하면 반품을 하는 것이었다. 그렇다고 섣불리 구매하는 성격도 아니었다. 옷을 사든, 소파나 자동차를 구입하든, 뭐라도 하나 사려고 맘먹으면 해당 아이템에 대한 수많은 정보를 수집하고 확인하느라 한 세월이 걸렸다. 그렇게 재고 따져서 사 놓고도 결국 그녀는 반품을 했다.

그녀 말인즉, 장사꾼의 85퍼센트가 사기꾼이란다. 나도 영업에 종사하는 사람이라고 말해봤지만 씨알도 먹히지 않았다. 과연 내가 그 85퍼센트에 속하는지, 아니면 운 좋게 15퍼센트 중 1명인지는 잘 모르겠다.

여기서 중요한 것은 이런 사고방식도 바꿀 수 있다는 점이다. 아마도 그녀는 여러 번 바가지를 쓰면서 장사하는 사람들을 불신하게 됐을 것이다. 하지만 긍정적인 경험을 많이 하게 되면 기존의 사고방식이 180도 뒤집히기도 한다.

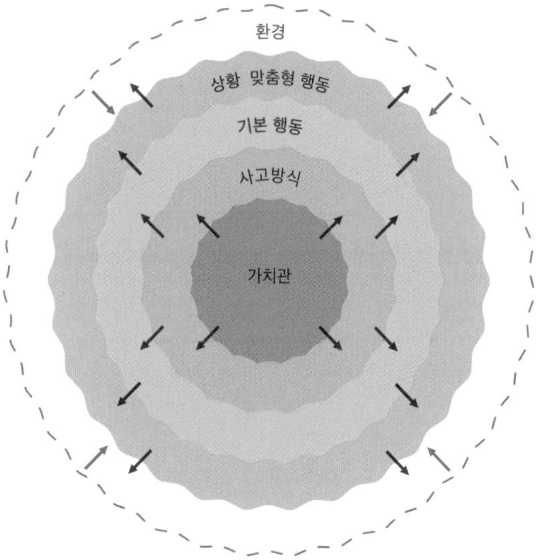

자료 출처 : IPU

그 누구도 신경 쓰지 않고 행동하는 것은 불가능하다

우리는 가치관과 사고방식의 영향하에서 행동을 선택한다. 가치관과 사고방식이 합쳐져서 기본 행동이 만들어지는 것이다. 여기서 기본 행동이란 어떤 외부 요인에도 얽매이지 않고 완전히 자유로운 상태에서 보이는 행동이다.

이쯤에서 이런 의문이 들 것이다. 내가 외부의 영향에서 완전히 자유로울 때가 언제지? 다양한 상황에서 많은 사람과 이야기를 나눈 끝에 다들 동의하는 그때를 찾았다. 바로 잠잘 때다.

다른 사람들이 주로 보는 것은 상황 맞춤형 행동이다. 사람들은 저마다 자기가 처한 상황을 해석해서 어떤 행동을 취할지 선택하는데, 이런 해석의 결과물이 바로 타인이 경험하는 자신의 모습이 된다. 그런 맥락에서 상황 맞춤형 행동이란 상황에 맞게 착용하는 가면이라고도 할 수 있다.

우리에게는 여러 개의 가면이 있을 수 있다. 많은 사람들이 직장과 가정에서 서로 다른 가면을 쓴다. 처가나 시가 식구들을 만날 때 쓰는 가면이 따로 있을 수도 있다. 그런데 어떤 사람들은 남들이 자신을 어떻게 보는지 신경 쓰지 않기 때문에 늘 하고 싶은 대로 한다. 반대로 자신에 대한 이해가 깊어질수록 주변 사람들에게 자신을 적응시키려고 할 가능성이 커진다.

결론적으로, 우리는 크든 작든 어떤 식으로든 끊임없이 서로에게 영향을 미친다. 중요한 것은 표면 아래 숨어 있는 것이 무엇인지 알아내는 것이다.

PART 1 03

지피지기면 백전백승! DISA 행동 유형 분류법

상대를 효과적으로 분석해주는 DISA

그 사람의 방식대로 커뮤니케이션 해야 한다는 사실을 알았고, 사람마다 가치관과 환경과 행동이 모두 다르다는 사실도 알았다. 그렇다면 이렇게 생각할 수 있다. "만나는 사람마다 일일이 정확히 파악하고 분석해야만 하는 거야?"

전혀 그렇지 않다! 물론 모든 사람은 다 다르다. 하지만 어느 정도 범주화는 할 수 있다. 범주화의 장점은 여러 가지가 있지만, 가장 큰 장점은 힘을 많이 들이지 않고도 상대를 파악할 수 있게 돕는다는 것이다. 그리고 범주화를 돕는 좋은 도구가 바로 이 책에서 소개할 DISA 행동 유형 분류법이다.

DISA 분류법은 상대의 행동을 통해 성격을 파악하게 돕는 도구다. 이에 따르면 인간의 행동 유형은 크게 레드, 옐로, 그린, 블루 네 가지 타입으로 나타난다. 이 책에서 각 유형을 알아보는 방법을 소개하고자 한다. DISA 행동 유형 분류법은 DISC 분류법에 토대를 두고 있는데 그 탄생 배경은 16장 '인간의 행동 유형 분류법의 역사'에 설명해두었다. 지금은 이 분류법이 현실에서 어떻게 작동하는지가 더 궁금할 테니 그 얘기부터 하겠다. 혹 DISA 분류법 자체가 궁금하다면 언제든 16장으로 넘어가도 좋다.

이제부터 각각의 유형에 대해 읽다 보면 눈앞에 여러 사람의 얼굴이 아른거릴 것이다. 때로는 자신의 얼굴이 떠오르기도 할 것이다.

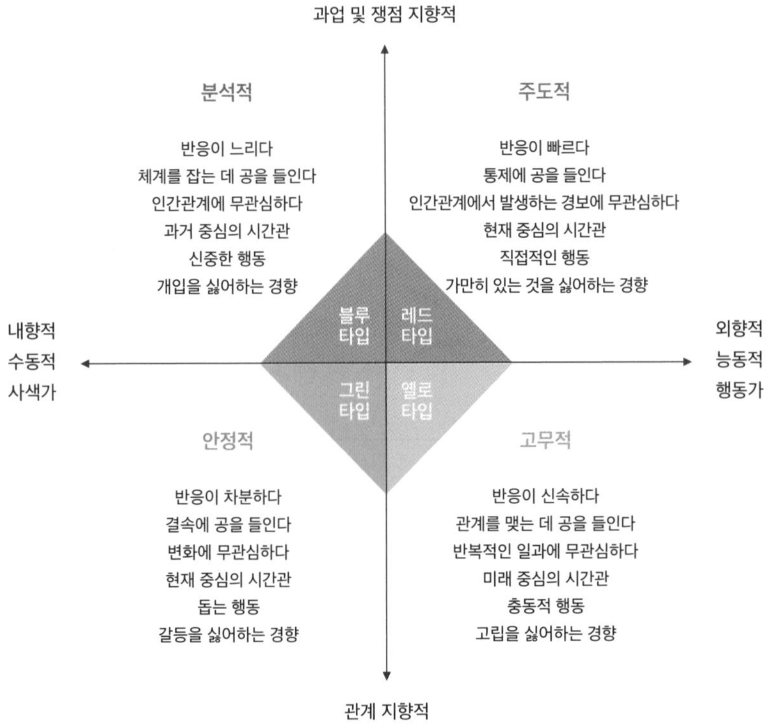

당신이 만나는 사람 중에는 당신에게 있었으면 하는 특징을 가진 사람이 제법 많을 것이다. 그들은 당신이 습득하지 못한 것을 가진 사람들이다. 어쩌면 당신은 레드 타입처럼 과감해지거나, 옐로 타입처럼 낯선 사람과도 붙임성 있게 어울리고 싶을 것이다. 또는 그린 타입처럼 마음 편히 살거나, 블루 타입처럼 타고난 정리 능력이 있었으면 할지도 모른다. 이 책에서 그들처럼 되는 법을 배울 수 있다.

반대로 당신에게서 그들과 같은 단점을 발견할 수도 있다. 이를테면 당신이 레드 타입처럼 주변 사람들에게 이래라저래라 명령하는 경향이 있다거나, 옐로 타입처럼 말이 너무 많다거나, 그린 타입처럼 아무것도 적극적으로 하지 않는다거나, 블루 타입처럼 모든 것을 의심한다는 것을 발견할 수도 있다. 이 책에서 당신은 자신의 단점을 보고 그것을 적절히 우회하는 법을 배울 수도 있다.

이 책의 내용 중 일부는 IPU(Institutet för Personlig Utveckling, 개인발달연구소)의 도움을 받아 작성했다. 너그러운 마음으로 그간의 경험을 들려주고 교육 자료를 제공해준 수네 겔베리(Sune Gellberg)와 에도우아르드 레비트(Edouard Levit)에게 감사한 마음을 전한다.

책을 읽는 동안 당신에게 필요한 내용이 있다면 언제든 메모하고 밑줄 긋기를 당부한다.

DISA 셀프 테스트: 나는 어떤 유형의 사람일까

다음의 단어 4개 중 당신을 가장 잘 묘사한 단어에 동그라미를 치십시오.

* 단어는 중복될 수 있습니다.

	A	B	C	D
1	차분하다	단호하다	조심스럽다	표현한다
2	앞장선다	바로잡다	흥을 좇다	만족한다
3	기꺼이 한다	활기차다	대담하다	정확하다
4	따지고 든다	의심한다	우유부단하다	예측할 수 없다
5	공손하다	사교적이다	끈기 있다	대담하다
6	설득력 있다	자립심이 크다	논리적이다	젠틀하다
7	신중하다	침착하다	결단력 있다	사람의 마음을 끈다
8	인기 있다	적극적이다	완벽을 추구한다	너그럽다
9	화려하다	평범하다	태평하다	단도직입적이다
10	체계적이다	낙관적이다	끈질기다	협조적이다
11	가차 없다	겸손하다	친근하다	수다스럽다
12	상냥하다	관찰력 있다	장난기 많다	의지가 강하다
13	매력적이다	모험심이 강하다	체계적이다	신중하다
14	자제심이 있다	꾸준하다	공격(적극)적이다	매력적이다
15	열렬하다	분석적이다	동정심이 크다	결심이 굳다
16	명령한다	충동적이다	느리다	비난한다
17	한결같다	강인하다	활기 넘친다	느긋하다
18	영향력 있다	친절하다	독립적이다	정돈됐다
19	이상주의적이다	인기 있다	예의 바르다	거침없다
20	안달복달한다	진지하다	꾸물거린다	감정적이다
21	경쟁적이다	즉흥적이다	충실하다	생각한다
22	꼼꼼하다	배려한다	설득력 있다	용감하다
23	의존적이다	변덕스럽다	냉정하다	강요한다
24	관대하다	규정을 따른다	흥미를 쫓다	정확하다

결과

자신이 선택한 알파벳에 동그라미를 친 후, 각 열의 동그라미 개수를 합산하십시오. 가장 많은 동그라미 개수가 나온 것이 당신의 주요 유형입니다. 예를 들어 레드 타입 13개, 옐로 타입, 5개, 그린 타입 1개, 블루 타입 5개가 나왔다면 레드 타입이 주요 유형이며, 옐로와 블루 타입의 속성도 어느 정도는 가지고 있습니다.

	레드타입	옐로 타입	그린 타입	블루 타입
1	B	D	A	C
2	A	C	D	B
3	C	B	A	D
4	A	D	C	B
5	D	B	C	A
6	B	A	D	C
7	C	D	B	A
8	B	A	D	C
9	D	A	C	B
10	C	B	D	A
11	A	D	C	B
12	D	C	A	B
13	B	A	D	C
14	C	D	B	A
15	D	A	C	B
16	A	B	C	D
17	B	C	D	A
18	C	A	B	D
19	D	B	C	A
20	A	D	C	B
21	A	B	C	D
22	D	C	B	A
23	D	B	A	C
24	D	C	A	B
합계				

※ 이 테스트는 저자의 허락하에 출판사에서 제작한 테스트로, 더 정확한 검사를 원하면 저자의 홈페이지에서 유료 검사가 가능합니다. (http://thomaserikson.com)

PART 2

나와 잘 맞는 사람,
나와 상극인 사람

PART 2 **04**

타고난 리더, 강렬한 레드(RED)

자기 방식대로 추진하고 실행하는 지배자

레드 타입은 과업 지향적이고 외향적인 성향이 강한 유형이다. 소위 '주도형'이라고 불리는 레드 타입을 상징하는 단어는 '맹렬한' '괄괄한' '격정적' '성마른'이다. 레드 타입은 단번에 알아볼 수 있다. 자기가 어떤 사람인지 눈곱만큼도 숨기지 않기 때문이다.

레드 타입은 정력적이고 추진력이 있다. 이들은 항상 자신을 거세게 밀어붙이며 전진하고 포기를 모른다. 자신의 능력에 대한 믿음이 타의 추종을 불허한다. '하면 된다!'라고 진심으로 믿는다.

레드 타입은 신속하게 결정을 내리고, 위험을 무릅쓰더라도 끌려가기보단 주도하는 게 편한 사람들이다. 이들은 '타고난 리더'로 흔쾌히 지휘관이 되어 최전선에 선다. 무시무시한 추진력으로 모든 장애물을 극복하고 목적지에 도달한다. 이들의 성정은 경쟁에 안성맞춤이다.

이런 경쟁적 기질은 레드 타입이 하는 행동에서 아주 선명하게 드러난다. 그들이라고 항상 도전과 경쟁을 원하는 것은 아닐 테지만 뭔가를 쟁취할 가능성이 보인다면 굳이 경쟁을 마다하지 않는다. 쟁취의 대상이 그다지 중요한 것이 아닐지라도 레드 타입은 경쟁 그 자체에서 동력을 얻어 힘차게 전진한다.

예전에 나와 같은 동네에 살았던 펠레는 강한 경쟁심 덕분에 뜻밖의 취미가 생겼다. 나는 정원 일을 좋아해서 평소에 정원에서 많은 시간을 보낸다. 펠레는 정원 일을 좋아하지 않았는데 사람들이 하도 우리 집 정원이 예쁘다고 칭찬하니 어느 날부터 정원에서 이 일 저 일을 벌이기 시작했다. 목표는 단 하나, 나를 능가하는 것이었다. 그는 새로 화단을 만들어서 온갖 아름다운 꽃을 심고 잔디밭을 거의 골프장 수준으로 고르게 깎아 부인을 깜짝 놀라게 했다. 그가 계속 정원 일에 매진하도록 내가 한 일이라고는 그저 정원에 심을 식물을 더 구입할 생각이라고 말하는 것뿐이었다. 그러면 그는 '한심한 패배자'가 될세라 한달음에 정원으로 달려가곤 했다.

팀이나 프로젝트 조직에 남다른 에너지의 소유자가 필요하다면 레드 타입을 영입하면 된다. 레드 타입은 남들이 두 손 두 발 다 든 후에도 지칠 줄 모르고 악전고투를 벌인다. 일단 승리하기로 마음먹었으면 물러서지 않는다. 하지만 어떤 일이 단조로워지거나 의미가 없어졌다고 판단하면 그대로 휴지통에 처박아버린다.

레드 타입을 식별하는 행동 패턴은 이뿐만이 아니다.

- 가장 목소리가 큰 사람은? 레드 타입!
- 뭐든 핏대를 세우고 설명하는 사람은? 레드 타입!

- 질문에 가장 빨리 답하는 사람은? 역시 레드 타입!
- 즐거운 식사 자리에서 그게 뭐든 단정적으로 말해 분위기 싸하게 만드는 사람은? 레드 타입!
- TV 프로그램 하나 본 걸 갖고 한 대륙을 싸잡아 비난하는 사람은? 레드 타입!

레드 타입의 삶에서는 항상 무언가가 일어나고 있다. 이들은 가만히 앉아 있질 못한다. 한가로움은 시간 낭비다. 인생은 짧으니 지금 당장 행동에 돌입해야 한다.

레드 타입의 자기 인식 및 특징

추진력 있다	경쟁심이 강하다	시간을 중시한다
단호하다	독립적이다	설득력 있다
야심만만하다	기민하다	의지력이 강하다
결단력 있다	과감하다	결과 지향적이다

이제 이들이 어떤 사람인지 알겠는가? 특징 하나하나 자세히 살펴보자. 전속력으로 전진!

경쟁은 레드 타입의 원동력

레드 타입은 경쟁을 무척이나 좋아한다. 경쟁에서는 필연적으로 승부가 갈리는데 이들은 승리의 순간을 즐긴다. 설사 그 경쟁 상황이 실제로 존재하지 않고 오로지 자신의 머릿속에서 만들어낸 허상이라고 할지라도 말이다. 예를 들면 주차장에서 제일 좋은 자리를 찾겠다고 괜히 열을 올린다거나, 어디까지나 친목 도모용으로 즐기는 놀이에서도 기를 쓰고 이기려 하는 식이다. 당연하다. 레드 타입은 언제 어디서나 자신을 승자로 여기기 때문이다.

예전에 내가 일하던 회사의 CEO가 레드 타입이었다. 그는 기운이 넘치고 능률을 중시하며 대단히 활동적이었다. 그와 함께하는 회의는 그렇게 간결하고 시원시원할 수가 없었다. 하지만 그의 경쟁심은 약점이기도 했다. 회사에서 매년 봄이면 사내 실내하키 대회가 열렸다. 그가 회사에 합류하기 전부터 아주 인기 있는 행사였다. 젊은 시절 실내하키 선수로 활동했던 그도 당연히 대회에 참가했다. 문제는 그가 하키 스틱을 손에 쥐는 순간 딴사람으로 변한다는 것이었다. 그는 경쟁심에 불타서 자기 앞을 가로막는 사람을 모조리 자빠뜨려버렸다.

그런 일이 몇 년간 반복되자 마침내 누군가 용기를 냈다. 그에게 재미로 하는 경기에서 너무 과격하게 뛰는 것 같다고 솔직하게 말한 것이다. CEO는 그 말을 이해하지 못했다. 그는 가장 최근에 받은 대회 초대장을 집어 들었다. 거기에는 실내하키 '대회'라고 쓰여 있었다. 대회는 경쟁이고 경쟁이라면 당연히 이겨야 한다. 그의 입장에서는 너무나 당연하고도 간단한 논리였다.

그에게는 하키뿐만 아니라 운전도 사업도 경쟁의 장이었다. 경쟁이 아니라고 할 만큼 무의미한 분야는 하나도 없었다. 그는 책 읽는 속도를 테스트하는 것조차도 자신과의 대결로 여겼다. 남들은 휴식 삼아 하는 일을 경쟁으로 만든 셈이었다. 1시간에 100쪽을 읽는 것 정도는 거뜬히 달성해야 한다고 생각했다.

그는 아내에게 아이들과 기억력 게임을 하지 말라는 소리까지 들었다. 두 아이가 5살과 6살 때였다. 애들은 한창 기억력 좋고 게임도 잘할 나이였으니 그는 번번이 질 수밖에 없었는데 자꾸 지다 보니 답답한 마음이 들어 아이들을 윽박지르는 지경에 이르렀던 거다.

이 CEO를 냉혈한으로 속단하기 전에 그의 본심을 생각해볼 필요가 있다. 지나치게 경쟁적인 행동은 남을 지배하고 억압하려는 의도로 인식돼서 주위 사람들을 언짢게 하지만 실상은 전혀 다르다. 그에게는 악의가 없었다. 그저 이기고 싶었을 뿐이다.

여기서 우리는 레드 타입 앞에 서 있는 커다란 장벽을 보게 된다. 이들은 성격이 너무 세다 보니 다른 사람들을 짜증나게 하는 일을 심심찮게 벌인다. 이런 사람들을 대하는 요령은 11장에서 이야기하기로 하고 일단은 그게 그리 어렵지 않다는 사실 정도만 알아두자.

효율성과 신속함은 금과옥조

레드 타입에게 신속함은 탁월함과 동의어다. 회의 시간에 갑자기 누가 딴짓을 하고 있다면 그 사람은 회의 주제에 관심을 잃은 레드 타입일 가능성이 높다. 좀 더 자세히 들여다보면 그의 생각이 다른 데 가 있는 것을 알 수 있다. 예를 들면 현재 논의 중인 프로세스의 다음 단계를 생각하는 식이다. 워낙 머리가 빨리 돌아가다 보니 남들보다 훨씬 먼저 다음 단계로 넘어가버리는 것이다.

늑장을 부리는 것만큼 레드 타입의 심기를 건드리는 것도 없다. 회의가 늘어지거나 지지부진한 것 같으면 레드 타입은 불쑥 끼어들어 굳이 이 논의를 계속할 필요가 있냐고 묻기 일쑤다. 정신 좀 차립시다들! 고작 몇백만 크로나 투자하는 것 가지고 말이야!

생각해보면 대체로 그 말이 옳다. 다른 사람들이 쉽사리 결정을 내리지 못할 때 레드 타입은 어떤 결정이든 내리고 다음 단계로 나아갈 준비가 되어 있다. 팀에 레드 타입이 있으면 회의가 무한정 늘어지는 일이란 절대 일어나지 않는다.

이런 성격의 장점은 쉽게 알 수 있다. 이들은 일의 진행에 도움이 되지 않는 것으로 시간을 낭비하는 일이 없다. 프로젝트를 진행할 때든, 일상적인 업무를 처리할 때든, 집을 지을 때든 간에 레드 타입은 어떤 작업이 목적을 잃거나 시간을 너무 많이 잡아먹는다 싶으면 진행 속도가 떨어지지 않도록 그 작업을 싹둑 쳐낸다.

15년쯤 전 내가 직원이 10명 남짓한 작은 컨설팅 업체에 들어갔을 때다. 그 회사는 직원들이 의기투합해서 속전속결로 일을 처리하는 곳이었다. 그럴 수 있었던 이유 중 하나는 창업자 비요른의 성격 덕분이었다. 그는 레드 타입이었다. 비요른의 사전에 꾸물거림이란 없었다. 모든 회의는 딱 필요한 만큼만 하고 끝냈다.

그 회사에 들어가고 2주인가 3주쯤 됐을 때였다. 꽉 막힌 도로에 갇혀 있는데 휴대 전화가 울렸다. 비요른이었다. 나는 입사 교육 때 배운 대로 회사 이름과 내 이름을 대며 전화를 받았다. 성미 급한 비요른은 그 말을 다 듣지도 않고 다짜고짜 물었다.

"자네 나 찾았나?"

"아뇨."

나는 심호흡을 한 번 하고 다음 말을 꺼내려 했다. 하지만 그는 그럴 틈을 주지 않았다.

"알았어."

그러고는 뚝 끊어버리는 것이었다. 전화를 받은 지 8초 만이었다.

그래서 불쾌했냐고? 솔직히 말하자면 좀 걱정이 되긴 했다. 적어도 그 일 자체만 놓고 보면 그랬다. 회사에 들어온 지 이제 3주밖에 안 됐는데 대장이 직접 전화를 걸어서 짜증 섞인 목소리로 쏘아댔으니 어련했겠나!

그와 좀 친해지면서 그가 레드 타입이라는 것을 알게 된 나는 예전에 왜 그렇게 퉁명스럽게 전화를 했는지 물어봤다. 하지만 그는 그때 일을 기억하지 못했다. 그러면서 하는 말이, 그냥 내가 자기를 찾았는지 알고 싶어서 그러지 않았겠냐는 것이다. 그리고 내가 자기를 안 찾았다니까 더 이야기할 필요가 없었지 않았겠냐고 되물었다. 쓸데없는 인사말이나 괜한 잡담으로 시간을 낭비하는 것은 그의 스타일이 아니었다.

그래서일까, 그는 업무 처리 능력이 남달랐다. 남들과 똑같은 시간을 일해도 어지간한 사람보다 많은 업무를 해치웠다. 그리고 이따금 비는 시간도 최대한 효과적으로 이용했다. 일정에서 5분 정도만 짬이 생겨도 이메일을 보내거나 통화를 하거나 회의록을 검토했다. 남들이 보기엔 과도하게 효율성을 추구하는 것처럼 보일 수도 있다. 하지만 레드 타입은 가만히 있는 것을 싫어한다. 항상 뭐든 하고 있어야 한다. 더욱이 무엇이든 빨리 끝내야 한다는 다급함까지 있으니 자연히 많은 일을 완수해낼 수밖에.

문제 해결 능력이 탁월하다

레드 타입은 예산을 짤 때 현실성 운운하는 것은 겁쟁이들이나 하는 짓이라고 본다. 자신을 한계점까지 몰아붙이지 않으면 최선을 다한 게 아니다. 레드 타입은 풀기 어려운 과제를 선호하고 야심 또한 끝이 없다.

레드 타입이 목표를 정하면 많은 일이 일어난다. 그는 모든 조건이 최상이라고 가정할 때 얼마나 좋은 결과가 나올지 알고 싶어 한다. 음, 이 20개 요인이 모두 제대로 작동하고 거기에 우리가 압박을 좀 가하면, 좋아, 어마어마한 결과가 나오겠군. 그렇게 대단한 결과를 성취할 가능성이 눈곱만큼이라도 있다고 증명됐으니 거기에 못 미치는 결과는 죄다 별 볼 일 없는 것이 된다. 더욱이 그처럼 불가능한 일을 이미 다른 사람이 해낸 적이 있다면 레드 타입은 자신도 당연히 할 수 있다고 믿는다. '불가능은 없다, 다만 시간이 좀 더 걸릴 뿐이다'라는 말은 모르긴 몰라도 레드 타입이 최초로 했을 것이다.

물론 레드 타입에게도 선호하는 일과 그렇지 않은 일이 있다. 이를테면 영업 목표를 실현 불가능한 수준으로 세운다고 해서 레드 타입이 무조건 거기에 매진하진 않는다. 영업을 좋아하지 않는다면 레드 타입은 그 목표를 그냥 무시하고 말 것이다. 레드 타입은 모든 것을 자기가 직접 결정하고 싶어 하기 때문에 다른 사람이 아무리 구슬려도 자기가 하기 싫은 일은 잘 안 한다. 하지만 어차피 레드 타입은 자신에게 요구하는 기준이 다른 유형들보다 높다. 그리고 항상 열심히 일할 준비가 돼 있다. 다른 사람들이 레드 타입만큼 열심히 일하지 않는다고까지 말할 순 없지만 이 방면에서 레드 타입이 그 누구와 견줘도 뒤지지 않는다고는 말할 수 있다.

여기서 레드 타입의 야심을 권력욕과 혼동해서는 안 된다. 어차피 레드 타입은 손쉽게 권력을 쟁취한다. 애초에 두려움을 모르기 때문이다. '정상은 외롭고 쓸쓸하다'와 같은 말에도 이들은 눈 하나 깜짝 안 한다. 그게 뭐 대수라고. 그렇다고 권력을 쟁취하는 것 자체가 이들의 목적은 아니다. 남들의 결정을 기다리지 못하고 자기가 직접 결정하기를 좋아하는 성격이다 보니 손쉽게 권력을 잡게 될 뿐이다.

사실 레드 타입은 명성이나 위신 따위에 의외로 무심한 편이다. 자존심은 강하지만 지위나 체면을 그리 중요하게 여기진 않는다. 이유는 간단하다. 웬만해서는 남들이 어떻게 생각하는지에 신경을 안 쓰기 때문이다. 내 인생은 내 건데, 남들이 뭔 상관이야.

곧 죽어도 자기 말이 옳다

레드 타입은 직설적인 말을 아무렇지 않게 한다. 어떤 질문을 받으면 군말 쫙 빼고 정확히 자기 생각을 말한다. 굳이 빈말로 포장해야 할 필요성을 못 느낀다. 이들은 머릿속에 떠오르는 생각을 바로바로 말한다. 무슨 사안에든 자기 견해가 분명하고, 그것을 신속하고 효율적으로 전달한다.

이들은 솔직할 뿐만 아니라 소신이 강하다. 자신의 의견을 관철하기 위해서 모든 수단을 동원한다.

언젠가 컨설턴트 모임에서 있었던 일이다. 우리는 다들 잘 아는 사이였고 앞으로 어떻게 협력하면 좋을지 논의할 예정이었다. 당시는 불경기라 모두 일감 부족으로 걱정이 많았다. 의장이 도착하기를 기다리는 동안 이런저런 이야기가 나왔다.

테이블 한쪽 끝에 앉은 엘리사베트는 매사에 자기주장이 강한 사람이었다. 갑자기 그녀가 단호한 목소리로 A사는 불경기에도 불구하고 주당 약 6억 크로나(원화로 약 731억 - 옮긴이)의 수익을 올릴 것으로 예상된다고 말했다. 다른 컨설턴트 15명 정도가 그 말에 동의하며 고개를 끄덕였다. 모두 실력 있고 사려 깊은 지성인이었다. 그런데 세상에, 일주일에 6억 크로나가 가능하다고? 엘리사베트가 컨설팅 업계의 불황을 타파할 방안을 이야기하는 동안 나는 왠지 그 수치가 마음에 걸렸다. 하지만 출처를 모르니 잠자코 있었다. 그녀의 말이 정말 사실인지 터무니없는 소리인지 솔직히 알 수가 없었다. 공식적으로 모임이 시작되기를 기다리는 동안 나는 주당 6억 크로나면 연간 얼마인지 계산해봤다. 종이가 모자랐다.

모임이 파한 후 택시를 타고 다음 모임 장소로 이동하는데 라디오 뉴스에서 A사가 주당 800에서 900만 크로나의 수익을 올릴 것으로 예상된다고 보도했다. 그녀가 말한 주당 6억보다는 이쪽이 훨씬 현실적인 수치였다.

여기서 한 가지 짚고 넘어갈 문제가 있다. 왜 아무도 그녀의 말에 토를 달지 않았을까? 누구도 손을 들고 그녀의 정보에 의문을 제기하지 않았다. 왜? 그녀가 너무나 확신에 차 있었으니까! 그 수치를 제시할 때 그녀는 당당한 얼굴이었고 목소리에 한 치의 떨림도 없었다. 이게 바로 레드 타입의 행동법이다.

레드 타입은 자기가 믿는 것을 다른 사람들도 그것이 유일한 진실이라 믿게 만든다. 논리적인 독자라면 이것을 사기라고 비판할지도 모르겠다. 이제는 A사가 주당 6억 크로나 근처에도 못 가는 800만 크로나의 수익을 올렸다는 사실을 알기 때문이다. 하지만 나는 엘리사베트가 정말로 그렇게 믿고 말했다고 본다. 물론 그녀가 헛다리를 짚은 것은 사실이다. 내가 여기서 말하고 싶은 것은 그녀가 A사의 1년 6개월치 수익을 주당 수익이라고 말했을 때 어찌나 확신에 차 있었던지 모든 사람이 그 말을 곧이곧대로 믿었다는 점이다.

레드 타입의 사고방식은 내 친구의 말을 빌리자면 이렇게 표현할 수 있다. "길은 두 갈래야. 하나는 내가 가는 길, 다른 하나는 잘못된 길."

그 간극은 당신 스스로 메워야겠지만 말이다.

과감한 결단력, 거침없는 추진력

레드 타입은 혁신적이고 의지가 강하다. 여기에 결과 지향적이고 결단력 있다는 말까지 더하면 좋겠다. 남들 하는 대로 움직이는 건 레드 타입 성미에 맞지 않는다. 그리고 어려운 일이라고 피할 생각도 없다.

남들이 위험성을 따지며 주저할 때 레드 타입은 논란이 일더라도 과감히 결단을 내린다. 레드 타입의 추진력은 거침이 없다. 일단 결정하면 전속력으로 돌진한다.

겁이 없으니 남들이 망설이는 일에도 배짱 좋게 도전한다. 여건이 불리해도, 아무리 결정을 내리기가 어려워도 기죽는 법이 없다. 기업가 가운데 레드 타입이 많은 건 결코 우연이 아니다. 불경기에 새로운 기업을 시작하는 것, 특히 전혀 새로운 개념의 사업을 시도하는 것은 겁쟁이라면 불가능한 일이다. 이런 추진력은 올바른 방향으로만 사용한다면 절대 해롭지 않다. 무슨 일이든 추진하려면 강한 의지가 필요하다. 적어도 향후 수년 동안 날마다 각종 위험을 감수하며 이른 아침부터 늦은 밤까지 온갖 수고를 감내해야 할 테니까. 레드 타입은 처음부터 이를 잘 알면서도 전혀 두려워하지 않는다.

혹시 지금 당신이 속한 아파트 입주민회에 해결사가 필요한가? 예를 들어 아파트 시설에 문제가 생겼는데 전기회사에서 계량기에는 아무 문제가 없다고 우긴다거나 옥상 수리와 엘리베이터 설치를 맡았던 업체에서 자기네는 아무 책임이 없다며 하자 보수를 거부하고 있다면? 업체에 연락해도 이리저리 전화를 돌리기만 하고 메일을 보내도 소용이 없어서 거의 포기하기 직전이라고 치자. 그때 불현듯 옆집 남자가 생각난다고? 오호, 그는 레드 타입이 아니던가! 쓰레기 수거 문제를 놓고 입주민 대표와 한판 붙었던 그 얼굴이 떠오른다면, 맞다. 그가 바로 지금 필요한 해결사다! 옆집 남자를 투입하면 슬슬 상황이 호전되는 게 눈에 보일 것이다.

물론 많은 레드 타입이 세상을 살면서 어느 정도 자신을 다스리는 법을 배우기는 하지만 그것도 그리 오래가지 않는다. 그들은 결국 또 전속력으로 돌진한다. 거기에 따르는 효과도 모두 그대로 안고서.

끊임없이 변화를 추구한다

레드 타입은 더 나은 해법이 있다 싶으면 굳이 기존의 관점을 고수하지 않는다. 빠르게 생각하고 순식간에 입장을 바꿀 줄 안다. 그래서 자신에게 어떤 특별한 아이디어가 없을 때는 타인의 아이디어를 거부하지 않는다는 장점이 있다. 발전에 도움이 될 만한 아이디어라면 무엇이든 한번 들여다볼 필요가 있다고 본다.

꾸준히 변화를 추구하다 보니 때로는 너무 빨리 결정하는 경우도 있지만 전체적으로 보면 강한 역동성과 유연성을 발휘한다. 레드 타입은 뭔가 오랫동안 정체되어 있다 싶으면 알아서 강도를 높인다. 사람에 따라서는 그로 인해 스트레스를 받을 수도 있겠지만, 레드 타입에게 왜 잘 돌아가고 있던 것을 굳이 바꿨냐고 물으면 아마도 이런 대답이 돌아올 것이다. 더 잘 돌아가게 할 수 있을 것 같아서!

물론 여기에는 부정적인 측면도 있다. 레드 타입은 이미 성취한 것에 대해선 남들보다 빨리 싫증을 내고, 남들보다 먼저 앞일을 생각한다. 그린 타입과 블루 타입이 이제 막 새로운 조직에 적응해서 비로소 그 생리를 알았다 싶을 때 레드 타입은 이미 다음 단계를 구상하고 있다. 이건 장점일까, 단점일까? 당신의 생각은 어떤가?

레드 타입의 유명인사

혹시 아는 사람 중에 레드 타입이 있는가? 세계적인 인사로는 버락 오바마, 힐러리 클린턴, 도널드 트럼프, 테레사 수녀가 있다. 테레사 수녀? 의외라고? 불굴의 의지로 고생을 마다않고, 또 세계의 내로라하는 지도자들을 상대하며 이룬 그녀의 업적을 떠올려보라. 얼마나 강골인가! 그것이야말로 레드 타입의 전형적인 특성이다.

스웨덴의 유명인 가운데 레드 타입을 꼽으라면 프레드릭 라인펠트(정치가. 2006년부터 2014년까지 스웨덴 총리를 맡았다. 부유세 폐지, 실업수당 감축, 국영기업의 민영화 등 스웨덴식 복지모델을 대폭 개편해 논란이 됐다 - 옮긴이), 군데 스반(1984년 사라예보 동계올림픽 크로스컨트리 금메달리스트 - 옮긴이), 예란 페르손(정치가. 1996년부터 2006년까지 총리로 재직하며 당시 스웨덴의 경제 위기를 해결해나갔다 - 옮긴이)을 들 수 있다. 프레드릭 라인펠트와 예란 페르손의 경우에는 그들의 기본 행동과, 후천적으로 학습을 통해 익힌 차분한 행동을 비교해보는 것도 재미있을 것이다.

PART 2 05

흥 부자, 화사한 옐로(YELLOW)

인생을 즐길 줄 아는 태생적 낙천주의자

이제 옐로 타입을 만나볼 차례다. 이들은 외향적인 면에서는 레드 타입과 같지만, 과업보다는 관계 지향적이라는 점에서 다르다.

이들을 한 마디로 설명하는 단어는 '낙천주의자'다. 옐로 타입의 행동을 설명하는 데 이보다 더 좋은 표현은 없다. 옐로 타입은 인생을 즐길 줄 안다. 언제나 어디 재미난 일 없을까 촉을 세운다. 이들에게 인생은 신나는 축제다. 그칠 줄 모르는 흥과 웃음이 이들 삶의 원동력이다. 왜 아니겠는가? 언제 어디서든 저 하늘의 태양은 환하게 빛나고 있으니 말이다.

남들이 다 시커먼 먹구름을 가리킬 때 혼자 한줄기 빛을 가리키는 사람을 알고 있는가? 몇 달째 그리 좋은 소식이 없음에도 호쾌하게 웃을 수 있는 사람을 만나본 적이 있는가? 그 사람이 바로 옐로 타입이다. 파티에서 왜 다들 저 사람 주변에 모일까 싶었던 인물이 있는가? 이들은

무리의 중심에서 모든 사람에게 즐거움을 선사하는 존재다. 옐로 타입은 분위기를 한껏 끌어올려 흥겨운 잔치판을 만든다. 그러다 더는 흥이 나지 않으면 분위기가 더 좋은 곳으로 걸음을 옮긴다.

옐로 타입은 쉽게 알아볼 수 있다. 끊임없이 말하는 사람이니까. 옐로 타입은 질문보다 답을 많이 하는 사람, 특히 누가 묻지도 않았는데 답을 하는 사람이다. 이들은 질문에 답할 때 한 편의 이야기를 늘어놓는다. 그 이야기는 현재 논의되고 있는 사안과 관련이 있을 수도 있고 없을 수도 있다. 하지만 아무렴 어떠랴. 사람들의 흥을 돋우는 능력을 타고난 데다 좀처럼 흔들릴 줄 모르는 옐로 타입의 긍정성 앞에서는 언짢은 마음도 오래가지 못한다.

이들의 긍정성은 관계를 맺는 데서도 티가 난다. 이들은 외향적이고 사람을 아주 잘 설득한다. 쉽게 감격하고 기뻐하며 타인에 대한 감정을 잘 표현한다. 보통은 상대방이 처음 만난 사람일 때도 그렇다. 낯을 가리지 않고 거의 모든 만남을 유쾌하게 대한다. 처음 만나는 사람에 대해서도 지금까지 미처 만날 기회가 없었을 뿐 이제 서로 아는 사이가 됐다고 긍정적으로 생각한다.

감히 말하는데 옐로 타입은 남들보다 인기가 좋다. 어떻게 아냐고? 한번 생각해보자. 옐로 타입은 사람들을 웃기고 기분 좋게 만든다. 옐로 타입의 주변에 가면 항상 재미있는 일이 벌어진다. 이들은 사람들의 관심을 사로잡고 유지하는 법을 안다. 옐로 타입과 같이 있으면 우리는 자신이 중요한 사람이라는 느낌을 받는다. 옐로 타입은 그렇게 끝내주는 사람이다.

또한 옐로 타입은 대단한 '느낌파'다. 레드 타입처럼 빨리 결정을 내리지만 웬만해서는 그 이유를 합리적으로 설명하지 못한다. 보통은 "그냥 왠지 느낌상 그게 맞는 것 같아."라는 식으로 말한다. 물론 직감을 과소평가해서는 안 된다. 연구 결과를 보면 직감이 적중할 때가 생각보다 많다. 하지만 지금 여기서 말하는 것은 그런 종류의 직감이 아니라 별생각 없이 느낌만으로 내리는 결정이다.

내 동생 마리타가 옐로 타입이다. 성격이 워낙 털털해서 나는 누가 그녀를 흉보는 소리를 한 번도 들어본 적 없다. 내가 오빠라서 그런지 몰라도 지금까지 마리타를 보자마자 호감을 느끼지 않는 사람도 보질 못했다. 마리타는 남다른 사교성으로 누구를 만나든 금세 친해진다.

마리타는 재미있는 말을 많이 한다. 그런데 개중에는 정말 뭔 소리인가 싶은 말도 있어서 가끔 무슨 생각으로 그런 말을 하냐고 물어본다. 그러면 마리타는 깔깔대면서 "생각은 무슨 생각!" 하고 대답하는 게 보통이다.

나는 마리타와 그녀의 남편인 레이프를 만나면 속이 뻥 뚫리는 기분이 든다. 신기에 가까울 정도로 주변 모든 것에서 긍정적인 면을 찾아내는 그들의 능력 덕분에 나까지 덩달아 느긋해지고 태평스러워진다고나 할까. 이 두 사람을 만날 때만큼 신나고 즐거울 때가 없다. 옐로 타입의 행동은 전염성이 강하기 때문이다.

옐로 타입은 레드 타입만큼이나 기운이 넘친다. 어지간한 것에는 다 관심이 있으니 호기심으로는 둘째가라면 서러울 정도다. 새로운 것은 무엇이든 환영이기 때문에 새로운 것을 찾는 데 기운을 많이 쓴다. 이를테면 새로운 업무 방식을 찾기 위해 열을 올리는 식이다. 또한 세상 돌아가는 일에도 관심이 많다.

- 크리스마스카드를 가장 많이 받는 사람이 누구일까? 옐로 타입!
- 휴대 전화에 연락처가 가장 많은 사람은? 물론 옐로 타입!
- 페이스북 친구가 제일 많은 사람은? 짐작하다시피 옐로 타입!

자, 옐로 타입 덕에 흥이 나기 시작했을 것이다. 그렇다면 이제 좀 더 자세히 살펴보자.

옐로 타입의 자기 인식 및 특징

열정적이다	매력적이다	설득력 있다
외향적이다	흥이 많다	낙천적이다
유연하다	개방적이다	창조적이다
즉흥적이다	느긋하다	대화에 능하다

부정적 상황에서도 긍정의 실마리를 찾아낸다

옐로 타입의 행동적 특징을 간단히 말하자면 무한한 낙천주의와 열정이라고 하겠다. 이들은 설사 기분이 가라앉았다고 하더라도 웬만해서는 그런 상태가 오래가지 않는다. 옐로 타입은 태생적으로 기회와 해법을 찾는 데 행동의 초점이 맞춰져 있다.

이들에게는 그 무엇도 문제가 안 된다. 결국에는 알아서 다 잘 풀릴 것이기 때문이다. 세상에 온갖 걱정과 고난이 있어도 괜찮다.

내 친구 믹케가 좋은 예다. 그는 이제껏 순탄치 않은 인생을 살았다. 아내에게 버림받았고, 아이들은 학교에서 온갖 말썽을 부렸으며, 회사가 망해 여러 번 실직자가 됐다. 수도 없이 교통사고를 당했고, 집에 도둑이 들었고, 강도에게 귀중품을 빼앗겼다. 정말로 운이 지지리도 없는 친구다. 가끔 휴대 전화에 믹케가 발신자로 뜨면 전화를 받기가 무서울 정도다.

그런데도 정작 본인은 그런 인생사에 전혀 연연하지 않으니 참으로 신기할 따름이다. 물론 사고가 터진 순간에는 심란해하지만 그런 상태가 오래가지는 않는다. 웬만해서는 아무 일 아니라는 듯이 훌훌 털고 일어난다.

소싯적에 믹케가 중고로 알파로메오 차를 샀다. 2인승 차였는데 고물도 그런 고물이 없어서 굴러가는 게 기적으로 여겨질 정도였다. 그런데 차를 산 지 일주일쯤 됐을 때 사고가 났다. 운전 중에 가로등을 들이받았는데 운전석 문이 찌그러져서 나올 수 없을 정도였다고 했다. 내가 걱정스러운 마음에 다친 데는 없는지, 어떻게 빠져나왔는지 물었을 때 그가 뭐라고 대답한 줄 아는가?

"무사히 나왔지! 야, 문짝 하나 더 있잖아!"

긍정과 행복을 퍼뜨린다

이들의 긍정성은 전염성이 무척 강해서 주위에 행복과 온기를 퍼뜨린다. 이들은 통제 불가능한 낙천주의로 모든 저항을 가볍게 격파한다. 항상 밝은 면을 가리키는 사람이 있다면 누가 괴로움에 빠질 수 있겠는가? 반쯤 비어 있는 컵을 보고 반이나 차 있다고 하는 사람 앞에서 어떻게 기운을 얻지 않을 수 있으랴!

내 고객 중에 마리안네라고 제약회사에서 영업부장으로 일하는 사람이 있다. 마리안네는 말단 직원에서 시작해 자기 힘으로 그 자리에 올랐다. 그녀의 상사와 동료들은 하나같이 말한다. 마리안네가 그렇게 성공할 수 있었던 비결은 바로 주변 사람들에게 기운을 불어넣는 남다른 능력 덕분이라고 말이다.

마리안네는 특유의 낙천주의와 긍정론으로 사람들이 부정적인 것에 눈을 감고 위대한 업적을 달성하게 만드는 기막힌 능력을 가지고 있다. 그녀는 사람들을 고무해서 자신감이 하늘을 찌르게 만든다.

나는 그녀가 주재하는 영업 회의에 여러 번 참석해봤다. 나도 남들에게 의욕을 불어넣는 능력이 제법 괜찮다고 자부하는 사람이지만 마리안네 앞에서는 명함조차 내밀 수 없었다. 그녀가 입을 열었다 하면 고작 1, 2분 만에 회의실 전체가 후끈 달아올랐다. 그녀가 회의를 하다 말고 영업사원들에게 창밖으로 뛰어내리라고 하면 다들 5층 회의실 밖으로 당장 뛰어내릴 분위기였다. 그녀가 무슨 말을 하든 그 말에는 묘한 설득력이 있었다.

"창밖으로 뛰어내리는 게 좋겠어요! 우린 할 수 있어요. 자, 뛰어내립시다!"

언젠가 마리안네가 부당한 대우를 받았다며 노발대발하는 고객을 상대하는 광경을 본 적이 있다. 어지간한 사람은 꿈에서라도 겪고 싶어하지 않는 사태였다. 그러나 마리안네에게는 아무 문제가 되지 않았다. 그녀는 내내 웃으면서 그 고객의 부정적인 말을 한 귀로 흘렸다. 그러면서 그의 뾸난 얼굴에 가벼운 미소가 떠오르게 만들더니 결국에는 호탕한 웃음을 끌어냈다. 어떻게 된 일일까? 아마 본인도 그 비결을 설명하진 못할 것이다. 그냥 자연스럽게 된 일이니까.

패턴을 따르지 않는 창의력

옐로 타입만큼 재기발랄한 사람들도 없다. 옐로 타입은 남들이 못 보는 해법을 보는 재주가 있다. 이들은 사물을 이리 비틀고 저리 돌려서 발전을 도모하는 남다른 능력의 소유자다. 간단히 말해 옐로 타입은 모든 것을 뒤집어볼 줄 안다. 고정관념에서 탈피할 줄 안다. 이런 능력을 무엇이라고 부르든 좋다. 좌우지간 이들의 생각은 정형화된 패턴을 곧이곧대로 따르지 않는다.

옐로 타입은 빠르게 사고한다. 생각이 휙휙 변하기 때문에 쫓아가기가 어려울 수도 있다. 이들은 엉뚱한 생각을 심심찮게 말할 뿐 아니라 가끔은 자기가 한 말이 무슨 뜻인지 제대로 설명하지 못한다.

내 친구 롭반은 집 가꾸기를 즐긴다. 인테리어와 정원 디자인에 관련된 일이라면 사족을 못 쓴다. 내색은 안 해도 아마 할 수만 있다면 지금 하는 일을 그만두고 풀타임으로 그쪽 일을 하고 싶을 것이다. 내가 봐도 그렇지만 무엇보다 그의 부인이 하는 말이 그렇다. 그가 정원을 거닐면 부인은 10부터 거꾸로 숫자를 센다. 그러면 아니나 다를까, 7쯤 됐을 때 롭반은 어김없이 “여보, 나 좋은 생각이 났어!”라고 외친다는 것이다.

여기에는 여러 가지 요인이 있을 듯하다. 일단 그는 생각을 시각적으로 하는 편이다. 그는 아직 존재하지도 않는 것을 눈앞에서 ‘볼’ 수 있다.

또 한편으로 그는 용감한 사람이다. 새로운 걸 시도하기를 두려워하지 않는다. 새로운 것을 말하는 데에도 거리낌이 없다. 보통은 어떤 아이디어가 머릿속에서 떠오르자마자 입 밖으로 내뱉는다.

옐로 타입에게 나타나는 고유한 특질이 또 하나 있으니, 좀처럼 한계를 모른다는 것이다. 이들은 일단 창조력을 발휘하기 시작하면 종래의 제약에 전혀 연연하지 않는다. 물론 보통은 업무 체계 같은 기존의 틀이 일종의 한계로 작용하지만 옐로 타입은 그런 것에 거의 신경을 쓰지 않는다. 애초에 그런 체계니 틀이니 하는 것에 무관심하다.

새로운 아이디어가 필요한가? 생각이 막혀서 더는 진전이 없는가? 기존의 문제를 새로운 시각으로 보고 싶은가? 그렇다면 주변의 옐로 타입과 대화를 나눠보기 바란다. 옐로 타입이 말하는 아이디어를 그대로 실행할 수 있을지는 미지수지만(옐로 타입의 로드맵에는 현실성이 희박하므로) 아이디어가 꼬리에 꼬리를 물고 이어지다가 어느 순간 짠 하고 효과적인 해법이 나올 확률이 높다.

남극에서 얼음 팔고 사막에서 모래 팔 사람

옐로 타입은 특유의 에너지와 낙천성으로 엄청난 설득력을 발휘한다. 남들이 더는 안 된다고 하는 지점에 이르러서도 옐로 타입의 말을 들으면 그간 보지 못했던 기회와 해법이 보이면서 귀가 솔깃해진다.

물론 설득하는 것과 구슬리는 것은 분명히 다르다. 그런데 많은 옐로 타입이 종종 그 경계를 넘나든다. 그 말을 듣고 있으면 혹할 때가 많다. 이들은 입심으로 사람들을 자기편으로 끌어들이는 데 도가 텄다.

어디 말뿐이랴. 10장에서 다룰 테지만 일반적으로 옐로 타입은 몸짓도 현란하게 구사한다. 그래서 전반적으로 아주 강렬한 인상을 준다.

하지만 에너지와 의지력이 다가 아니다. 옐로 타입에게는 상대방에게 확신을 심어주는 특유의 표현법이 있다. 이들은 보통 이미지로 말하기 때문에 청각 외의 감각에도 자극을 준다. 그러다 보니 상대는 온몸으로 그 말을 경험하게 된다.

또한 상당수 옐로 타입은 수사법의 귀재다. 이건 타고났다. 이들은 메시지만큼 중요한 것이 에토스, 곧 메시지를 전달하는 사람이라는 점을 본능적으로 알고 있다. 그래서 상대방과 인간 대 인간으로 교감하기 위해서 악수를 하고 사적인 이야기를 나누고 상대방에 대한 관심을 확실하게 표출하고 적절한 질문을 함으로써 상대방 스스로 중요한 사람이 된 것만 같은 기분이 들게 한다.

이 방면으로는 빌 클린턴이 타의 추종을 불허한다. 그와 함께 있는 것만으로도 사람들은 그가 자신을 중요하게 여기고 관심을 보인다는 느낌을 받았다. 이런 카리스마는 많은 옐로 타입이 타고나는 특성이다.

인간관계의 귀재! 세상에 모르는 사람이 없다

만약에 인간관계가 허락되지 않는다면 옐로 타입은 시름시름 앓다가 죽어버릴 것이다. 다소 과장이 섞인 말이긴 하지만 그런 상황을 한번 상상해보자. 그러면 인간관계를 맺는 능력이 옐로 타입의 행동법에서 핵심임을 알 수 있다.

옐로 타입의 특징은 한마디로 '고무적'이라고 말할 수 있다. 이들은 주변인들에게 기운과 의욕을 북돋운다. 그러기 위해 가장 좋은 방법은 돈독한 인간관계를 맺는 것이다. 이를테면 옐로 타입은 사업에서 무엇보다 중요한 요소가 바로 인간관계라고 본다. 고객과 사이가 데면데면하다면 진전이 있겠는가.

옐로 타입은 어딜 가도 친구가 있다. 많은 사람을 두루두루 알고 지낸다. 누구보다도 인맥이 두텁다. 그리고 그 모든 사람을 좋아한다. 옐로 타입은 그리 깊게 알지 못하는 사람도 일단 친구라 부른다. 신약성경에 "나와 함께하지 않는 사람은 나를 반대하는 사람이다."라는 말씀이 나오는데, 옐로 타입은 정반대로 나를 적극적으로 반대하지 않는 사람은 모두 나와 '함께'하는 사람이라 본다. 레드 타입이 '무엇'을 할 것인지 물을 때 옐로 타입은 '누가' 할 것인지를 속히 알고 싶어 한다. 이는 프로젝트에 대한 옐로 타입의 기여도를 결정하는 질문이다. 옐로 타입은 팀이나 조직이 단합되지 않으면 일할 맛을 느끼지 못한다. 이들은 대인관계가 원만하게 형성돼야 제 실력을 발휘한다.

옐로 타입의 유명인사

지금껏 살면서 진짜 옐로 타입을 만나본 적이 있는가? 대표적인 옐로 타입으로 조지 W. 부시를 꼽을 수 있다. 그는 역사에 남을 말실수를 많이 저질렀지만 사실 본인은 그냥 자유롭게 마음에서 나오는 말을 했을 뿐이다. 원래 옐로 타입의 행동법이 그렇다. 그냥 입에서 그런 말이 툭툭 튀어나오는 것을 어쩌겠는가. 그리고 그가 정상회담 도중에 앙겔라 메르켈 독일 총리의 어깨를 마사지해준 것을 누가 잊을 수 있겠는가.

나는 이런 행동을 즉흥성의 발로라고 부른다. 다른 세계적인 인사로는 빌 클린턴, 짐 캐리, 제이 레노, 리처드 브랜슨(버진그룹의 창업자이자 회장. '괴짜 CEO'로 유명하다 - 옮긴이)이 있다.

스웨덴의 유명인사로 뚜렷한 옐로 타입인 사람으로는 카롤리나 클루프트(아테네올림픽 육상 7종 경기 챔피언 - 옮긴이), 스벤 멜란데르(저널리스트이자 프로듀서, 배우. 암에 걸린 후에도 긍정적으로 암을 이겨내는 의지를 보여 감동을 선사했다 - 옮긴이), 바벤 라르손(영화배우이자 코미디언 - 옮긴이), 요나스 가르델(소설가이자 극작가. 유명 코미디언이기도 하다 - 옮긴이)이다. 아직 필립·프레드릭 콤비(필립 함마르와 프레드릭 비킹손. 토크쇼 호스트이자 작가로 활동한다 - 옮긴이)는 거론하지도 않았는데……. 혹시 이들 앞에서 말을 단 한마디라도 꺼낼 수 있다면 정말 대단한 사람이다.

PART 2 06

예스맨, 차분한 그린(GREEN)

균형 감각이 좋은 무난한 사람

그린 타입은 가장 흔히 볼 수 있는 유형이다. 사실상 어디서든 만나게 된다. 그린 타입을 간단히 설명하자면? 흠, 다른 모든 유형의 평균이랄까? 부디 이 말을 부정적으로 해석하지 말고 그 뜻이 무엇인지 생각했으면 좋겠다. 레드 타입이 스트레스를 무릅쓰고 성과를 추구하는 사람이고, 옐로 타입이 인생을 즐기는 창조자이며, 다음 장에서 볼 블루 타입이 엑셀 스프레드시트의 화신 같은 완벽주의자라면, 그린 타입은 이들 사이에서 가장 균형이 잘 잡힌 사람이라 할 수 있다. 그린 타입은 다른 유형들의 극단적인 특성들을 기막히게 상쇄한다.

사실 모든 사람이 극단적일 수는 없다. 그랬다가는 뭐 하나 제대로 되는 일이 없을 것이다. 모든 사람이 추진력 있는 리더라면 그들의 인도를 받을 사람이 존재하지 않을 것이고, 또한 모든 사람이 유쾌한 분위기 메이커라면 그들이 웃겨야 할 사람이 없을 것이다. 그리고 모든 사람이

사사건건 트집을 잡는다면 세상에 트집 잡을 것이 남아나겠는가?

말하자면 그린 타입은 다른 유형처럼 튀지 않는다. 그래서 상황을 진정시키는 경우가 많다. 레드 타입과 옐로 타입이 최상단 기어를 넣을 때 그린 타입은 훨씬 차분하게 행동한다. 블루 타입이 디테일에 집착할 때 그린 타입은 천천히 올바른 방향으로 나아간다. 그린 타입은 다른 유형들에 비해 균형 감각이 좋아 당황한 옐로 타입을 진정시킬 사람으로 제격이다. 그리고 종종 지나치게 차가워지는 블루 타입을 녹이는 데도 탁월하다.

혹시 주변에 그린 타입 친구가 있다면 그 사람은 당신의 생일을 잊는 법이 절대 없을 것이다. 당신의 성공에 배 아파하거나 자신의 성공담을 늘어놓으며 김새게 만들지도 않을 거다. 당신을 이기려 들지도 않고, 시도 때도 없이 과한 요구를 하며 당신을 들들 볶지도 않을 것이다. 설령 경쟁해야 하는 상황이 오더라도 당신을 짓밟아버리려 악을 쓰지 않을 것이다. 꼭 필요한 상황이 아니라면 이래라저래라 명령하지도 않을 것이다.

그래서 같이 있으면 편하다. 그린 타입 앞에서는 억지로 뭔가를 꾸며댈 필요가 없다. 그린 타입은 많은 것을 요구하지도 않고 불필요한 소동을 일으키지도 않는다. 그래서 그린 타입 아이는 순하다는 말을 많이 듣는다. 때맞춰 먹고 자고 숙제도 잘한다.

우리 부부가 자주 만나는 중년 부부가 있다. 그 남편은 옐로 타입이라서 시끌벅적하게 놀고 분위기를 주도하는 것을 좋아한다. 항상 재미있는 게임을 제안하고 무슨 질문에든 자기가 답해야 직성이 풀린다. 다른 사람은 모두 그의 청중이고 그는 절대 무대에서 내려오는 법이 없다.

한편, 그린 타입인 그의 부인은 차분하고 서글서글하다. 남편이 이리저리 오가며 신나게 놀 때 부인은 소파에 앉아서 조용히 미소 지으며 그 시간을 즐긴다. 혹시 남편이 시종일관 떠들썩한 게 지겹지 않느냐고 물으면 그녀는 조용히 대답한다.

"저렇게 좋아하는데 어쩌겠어요."

이게 그린 타입의 전형적인 특징이다. 이들은 다른 사람의 특이한 행동을 아주 잘 받아준다.

흔히들 그린 타입은 사람의 말을 가장 잘 들어준다고 하는데 실제로 그렇다. 그린 타입은 언제나 자신보다 상대방에게 관심이 더 많고, 설령 자신에게 관심이 있다고 해도 절대 그런 티를 내지 않는다.

이들은 탁월한 팀플레이어이자 친절의 화신이기도 하다. 이들에게는 언제나 팀, 조직, 가족이 개인보다 우선이다. 관계 지향성이 매우 강해서 원만한 대인관계를 유지하고자 하는 욕구가 강하며, 어려움에 처한 친구를 절대 그냥 내버려두지 않으므로 우리가 언제든 도움을 요청할 수 있다. 만약에 세상 사람이 전부 그린 타입이라면 병자와 약자가 방치되는 일은 절대 없을 것이라고 해도 과언이 아니다. 그린 타입은 언제나 우리에게 기대어 울 어깨를 내줄 준비가 되어 있다. 그린 타입 중에는 공공부문에서 사리사욕 없이 타인을 돕는 일을 하는 사람이 많다.

반면에 그린 타입은 변화에 능하지 않다. 그렇다고 그린 타입이 변화와 완전히 동떨어진 사람은 아니다. 변화의 필요성을 알고 시간이 넉넉히 주어진다면 그린 타입도 새로운 것을 시도해볼 마음을 먹는다. 하지만 변화의 결과가 반드시 지금보다 더 좋으리라는 보장이 없다는 게 문제다. 밑져야 본전도 안 되는 경우가 있으니 말이다.

그래도 참 좋은 사람 같지 않은가? 이제부터 그린 타입에 대해 좀 더 자세히 알아보자.

그린 타입의 자기 인식 및 특징

다정하다	차분하다	듬직하다
배려심 있다	사근사근하다	참을성 있다
예측 가능하다	안정적이다	팀플레이어다
신중하다	사려 깊다	경청한다

세상에서 가장 좋은 친구

그린 타입은 천성이 다정한 사람이다. 만약에 그린 타입의 입에서 당신이 잘 지내는지 걱정이라는 말이 나온다면 정말로 당신 생각에 밤잠을 설친다고 생각해도 좋다. 옐로 타입처럼 그린 타입도 관계 지향적이고 진심으로 타인에게 관심을 갖는다.

사람들이 모인 곳에서 혹시 당신을 도와줄 사람이 있냐고 물으면 그린 타입이 손을 들고 "저요!"라고 외칠 것이다. 단, 먼저 주위를 한번 둘러보고 아무도 그럴 의향을 내비치지 않으면 그제야 나설 것이다. 왜냐하면 곤경에 처한 당신을 그냥 내버려둘 수 없기 때문이다. 그린 타입은 당신이 아무한테도 도움을 받지 못하면 상심하리란 것을 알기 때문에 수동적인 성향에도 불구하고 기꺼이 돕겠다고 나선다.

2000년대 초반에 컨설팅 업체에서 같이 일했던 마야라는 젊은 여성이 아직도 기억난다. 마야는 그런 타입이었는데 그녀에게는 뚜렷한 문제가 있었다. 누가 도움을 요청하면 거절을 못하는 것이었다. 그러다 보니 할 일이 너무 많아서 자기 자리에 붙어 있을 수가 없을 정도였다.

그녀는 다른 사람들이 깜빡한 일도 알아서 처리하는 사람이었다. 항상 온화한 얼굴로 다정하게 웃는 사람이었기 때문에 그녀는 고객을 맞이하는 안내인 역할을 맡았다. 그녀는 성실히 커피와 쿠션을 가져다주고 혹시라도 고객의 대기 시간이 너무 길어지진 않는지 살폈다.

게다가 마야는 다른 직원들은 물론이고 그 배우자와 자녀의 생일이나 영명축일(카톨릭에서 유래한 전통으로, 자신과 이름이 같은 수호 성인의 축일 - 옮긴이)을 절대 잊어버리지 않았다. 그리고 업무로 스트레스를 받은 컨설턴트들에게 짧은 이메일을 보내, 그들의 수고 덕분에 가족이 먹고 산다는 사실을 다시금 일깨워줬다. 그녀에게는 그게 자연스러운 일이었다. 혹여 누군가 그녀 자신을 좀 챙기라고 하면 마치 모욕을 당한 듯한 표정을 지었다. 친절하고 사려 깊은 그녀는 타인을 챙겨줬고 거기서 즐거움을 느꼈다. 다른 사람이 그녀의 드넓은 마음을 악용할 소지가 있지만 적절히 균형을 유지할 수만 있다면 굉장히 훌륭한 성품이다.

그린 타입은 모든 사람과 둥글게 지내려고 하다 보니 별로 마음에 들지 않는 사람까지도 도와주려 한다. 괜한 분란을 일으키지 않으려는 것이다. 사실 애초에 그린 타입은 거의 모든 사람을 좋게 생각하고 신뢰한다. 때로는 그 정도가 너무 심해서 불미스러운 일이 생기기도 하지만 그 원인은 대체로 그린 타입이 아닌 주변인에게 있다. 그린 타입은 너무 착해서 간혹 다른 사람에게 쉽게 뒤통수를 맞는다.

맡은 일은 무슨 일이 있어도 해낸다

그린 타입이 어떤 일을 하겠다고 했으면 반드시 해낼 것이라고 믿어도 좋다. 자기 힘으로 가능한 일이라면 뚝딱 처리할 것이고, 혹시 그렇게 빨리 끝내진 못하더라도 어쨌든 일정에 맞춰 일을 끝내놓을 것이다. 그린 타입은 자기가 해야 할 일은 어떻게든 처리한다.

그린 타입이 뭐든 책임감 있게 처리하는 이유는 무엇일까? 팀을 우선시하고 갈등을 싫어하기 때문에 그러는 면도 분명히 있다. 하지만 가장 큰 이유는 주위 사람들에게 행복과 만족을 선사하고 싶은 욕구 때문이다. 이들은 자신이 일을 잘해서 누군가를 기쁘게 할 수 있다면 그렇게 한다. 다른 사람들에게 즐거움을 주려는 욕구가 그린 타입을 움직이는 원동력이 된다. 이런 성향은 천성이지 억지로 그러려고 애쓰는 게 아니다. 그리고 이렇게 남들을 위하면서도 항상 본인이 기쁨과 평화를 누리기 때문에 주변 사람들도 덩달아 스트레스가 줄어든다.

깜짝 쇼는 거절! 뭐든 예측 가능한 게 좋아!

그린 타입이 어디에 있을지는 언제든 쉽게 예상할 수 있다. 이들은 자기 자리가 정해지면 그 자리를 그대로 지킨다고 봐도 무방하다.

일부 조직에서는 무엇보다 직원들의 신뢰성이 중요하고 창의성이나 독창성은 그다음이다. 이런 조직에 필요한 인재는 자기 직무를 잘 이해하고 완수하는 사람, 시키지도 않았는데 자기 마음대로 일을 벌이지는 않는 사람이다. 그렇다면 그린 타입을 채용하면 된다. 그린 타입은 맡은 일을 안정적으로 수행한다. 이들은 명령을 내리는 사람이 말만 예쁘게 한다면 명령받는 것을 크게 개의치 않는다. 그린 타입은 일터에서 안정성과 예측 가능성이 보장되는 것을 좋아한다. 이는 가정에서도, 아파트 입주민회에서도, 축구 동호회에서도 마찬가지다.

불황이나 지도부 교체로 회사에 칼바람이 불어닥치면 온갖 흥미로운 양상이 나타난다. 레드 타입은 원래가 메시지를 끝까지 다 듣지 않는 성격이라 자기가 생각하기에 지금 필요하다 싶은 일에 황급히 착수한다. 물론 지도부의 결정이 마음에 들지 않는다면 혹평을 할 것이다. 옐로 타입은 지체 없이 모든 사람에게 현 사태에 대한 자신의 입장을 알린다. 그리고 퇴근할 때까지 일은 안 하고 정신 사나운 토론만 한다. 블루 타입은 자리에 앉아서 아직 아무도 답을 모르는 질문을 5만 개쯤 제기하며 논리 정연한 문서를 작성한다.

그렇다면 그린 타입은? 그냥 나직이 툴툴거린다. 지도부가 자신의 안정감을 크게 해치는 일만 벌이지 않으면 굳이 불만을 표출하지 않는다. 그저 천천히 대세를 따라갈 뿐이다. 괜히 야단법석을 떨고 전전긍긍할 필요를 못 느낀다. 그럴 시간에 자기가 해야 할 일을 하는 편이 사태를 수습하는 데 훨씬 도움이 된다고 생각한다. 이들은 필요하면 모든 것을 자기가 관리 가능한 수준으로 유지하는 데 능하다.

그린 타입은 입장을 자주 바꾸지 않기 때문에 어떤 질문에 어떻게 대답할지 언제나 쉽게 예상이 된다. 그레게르라는 CEO를 코칭한 적이 있는데, 그의 회사는 중간 관리자가 전부 그린 타입으로 구성되어 있었다. 그레게르는 새로운 아이디어를 내놓을 때마다 혼자서 사소한 게임을 했다. 각 중간 관리자가 어떻게 대답할지 미리 적어놓고 나중에 맞혀보는 것이었다. 안나는 '안 돼요', 스테판은 '좋아요', 베르틸은 '글쎄요' 등등. 매번 백발백중! 각각의 성향을 잘 알고 있었기에 자신의 제안에 어떻게 반응할지도 척하면 척이었던 거다.

만약 그들이 옐로 타입이었다면 불가능한 일이다. 옐로 타입은 눈앞에 '새로운 아이디어'라는 커다란 문이 열렸을 때 어떻게 반응할지 자기 자신도 모른다. 분명 재미있는 면도 있지만 그 때문에 주변 사람들은 무척 고단하다. 반면에 그린 타입에 대해서는 전혀 걱정할 필요가 없다.

타인과 공동체를 우선시한다

그린 타입은 언제나 자기보다 집단이 우선이고 팀이 우선이다. 이 점을 꼭 기억하기 바란다. 이는 그린 타입의 인생을 떠받치는 진리이므로 너무 심하게 이의를 제기해서는 안 된다. 부서, 팀, 동호회, 가족…… 그 어떤 집단도 그린 타입에게는 모두 중요하다. 그린 타입은 집단을 위해서라면 자신의 욕구나 필요도 뒷전인 게 보통이다.

집단은 개인들로 구성되므로 각 사람이 만족하면 집단 전체의 만족도도 높아진다고 생각할 수 있다. 이런 생각이 아주 틀렸다고 하진 않겠지만 그린 타입의 초점은 개인이 아닌 집단에 맞춰져 있다. 그래서 집단 전체가 만족하면 각 개인도 만족한다고 본다.

여기서 그린 타입의 무한한 배려심이 드러난다. 그는 타인을 먼저 챙긴다. 그래서 그린 타입에게서 확실한 대답을 듣기가 어려운 측면도 있다. 모든 사람을 만족시키려고 하니까 그럴 수밖에.

또한 자기보다 타인이 더 중요하기 때문에 좀처럼 부탁을 안 하고,

부탁을 어려워한다.

몇 년 전 어느 일요일에 크리스토페르라는 동료에게서 전화가 왔다. 같이 일한 지 겨우 몇 달밖에 안 된 시점이라 나는 그가 어떤 사람인지 아직 잘 몰랐다. 그래서 일요일 아침에 전화를 건 사람이 크리스토페르라는 것을 알고 깜짝 놀랐다. 그가 무슨 용건으로 전화를 걸었는지 짐작도 가지 않았다. 그는 다정하게 인사를 건네고 내게 무엇을 하고 있는지 물었다. 당시 나는 막 집을 구입한 참이어서 여기저기 수리를 하느라 바빴다. 그는 구체적으로 무엇을 수리할 예정인지 물었고 나는 보일러가 말썽이라고 대답했다. 초겨울이어서 온도가 영하로 떨어졌는데 순환펌프 하나가 제대로 작동하지 않았다. 이제 본격적인 겨울이 시작되면 과연 그 상태로 맹추위를 견뎌낼 수 있을까 싶었다.

그린 타입인 크리스토페르는 내게 이것저것 물으면서 유익한 조언을 많이 해줬다. 그도 예전에 비슷한 일을 겪은 적이 있었고 마침 잘 아는 수리 기사가 있으니 혹시 우리 집에 와서 한번 봐줄 수 있는지 물어보겠다고 했다. 물론 내가 그러기를 '원한다면'이라는 단서가 붙었다. 우리는 한동안 이런저런 이야기를 나눴고 나는 애초에 그가 왜 전화를 걸었는지 점점 더 궁금해졌다.

그는 내게 집이 어디냐고 물었다. 나는 그에게 주소를 알려줬고 그는 메모해서 수리 기사에게 전해주겠다고 약속했다. 그러고 나서 "참, 그런데……." 하는 투로 혹시 그날 내가 시내에 나갈 일이 있는지 물었다. 나는 회사에서 20킬로미터쯤 떨어진 곳에 살았고 그날 출근할 계획이 없었다. 그래서 그런 사정을 설명해줬다.

그 후로도 얼마간 잡담이 이어졌고 마침내 내가 그에게 용건이 무엇이냐고 단도직입적으로 물었다. 그러자 그는 사무실에서 잠깐 점심을 사러 나왔다가 뜻하지 않게 문이 잠기는 바람에 티셔츠 바람으로 건물 밖에 서 있다고 말했다. 나는 온도계를 봤다. 영하 2도에 눈도 조금 내렸다. 그런데 그와 나는 무려 15분 정도 통화를 했다. 나는 얼른 차를 몰고 가서 그가 얼어 죽기 전에 구해줬다.

경청은 그린 타입의 최대 무기

흔히 그린 타입을 내향적이라고 한다. 내면 활동이 활발하다는 뜻이다. 그러다 보니 그린 타입은 딱히 할 말이 없으면 굳이 말을 하지 않는다. 주변 사람들보다 말수가 적은 사람은 자연스럽게 듣는 사람이 된다. 그래서 그린 타입은 사람들의 말을 잘 듣는다. 그린 타입은 사람들과 그들의 생각에 관심이 많다.

그린 타입은 사람들이 하는 말에 진심으로 귀를 기울인다. 레드 타입은 자신에게 이득이 될 만하다 싶을 때만 남의 말을 듣고, 옐로 타입은 남의 말을 전혀 듣지 않는(본인들은 웬만해서는 그런 사실을 부인할 테지만) 반면에 그린 타입은 사람들이 무슨 말을 하는지 잘 듣는다. 이들은 사람들의 문제를 들을 줄 아는 귀가 있다. 해법까지 제시한다는 보장은 없으나 사람들의 말을 흘려듣지는 않는다. 물론 그린 타입이 모든 말을 찬성하거나 이해한다고 착각하면 안 된다. 다만 잘 들어줄 따름이다.

이 책을 읽으면서 당신 나름대로 각 유형에 대한 정보를 종합해봤을 것이다. 각각의 유형은 어디에 잘 어울릴까? 각 유형에게 적합한 직업은 무엇일까? 당연히 해볼 만한 질문이지만 그 답이 간단치는 않다. 이런저런 조직에서 이와 같은 문제를 논할 때 자주 나오는 말이 레드 타입과 옐로 타입, 그중에서도 특히 옐로 타입은 영업과 판매에 능하리라는 것이다. 사실이 그렇다. 반면 그린 타입은 과소평가될 때가 많다. 그런데 내가 판매자와 영업인들에게 누누이 강조하는 말이, 입은 다물고 귀는 열라는 것이다. 그리고 이는 그린 타입의 천부적인 재능이기도 하다.

몇 년 전에 헬레나라는 영업자를 코칭한 적이 있다. 그녀는 그린 타입으로 매사에 온화한 성격이었다. 그런 사람이 어떻게 그렇게 각박한 업계에서 살아남았는지 웬만한 사람은 이해하지 못했다. 하지만 나는 알 수 있었다.

언젠가 그녀가 어떤 괄괄한 CEO에 대한 이야기를 해줬다. 그는 모든 사람이 우러러보는 인물로, 헬레나가 다니는 회사에서 많은 사람이 그에게 물건을 팔려고 했지만 모두 실패했다. 하지만 내게 얼마간 코칭을 받은 후 헬레나는 자신도 한번 도전해보기로 마음먹었다. 그리고 그 CEO에게 솔직히 말하고 약속을 잡았다.

두 사람은 같이 점심을 먹기로 한 레스토랑의 주차장에서 우연히 마주쳤다. 그 CEO는 1960년대 말 미국에서 생산된 클래식카를 타고 유유히 주차장에 들어섰다. 번쩍번쩍 광이 나고 때깔이 좋은 게 누가 봐도 아주 특별한 차였다. 헬레나는 자기도 모르게 "우와!" 하고 외쳤다. "차 좋아하시나?" CEO가 물었다. 아직 정식으로 인사를 나누기도 전이었다. 헬레나가 고개를 끄덕이자 그는 그 차를 복원하기 위해 얼마를 썼고 어떻게 도색을 했으며 휠은 무엇을 쓰고 엔진은 어떻게 튜닝을 했는지 이야기하기 시작했다. 그가 보닛을 열어 내부를 보여주는데 헬레나는 연신 고개를 끄덕이고 "으흠!"을 연발하면서 제발 그가 포드와 쉐보

레도 구분 못하는 자신에게 아무것도 묻지 않기를 빌었다. 그러면서 그의 말을 자르지 않고 귀 기울여 들었다. 그때부터 일이 일사천리로 진행됐다. 레스토랑에 들어가 자리에 앉자마자 CEO가 계약서를 보자고 했다. 그녀는 어떤 기교도 부리지 않고 정공법으로 거래를 성사시켰다. 어떻게 그럴 수 있었을까? 다름이 아니라 그의 말을 경청했기 때문이다. CEO는 요리가 나오기도 전에 계약서에 서명했다.

그린 타입의 유명인사

혹시 가족 중에 그린 타입이 있는가? 웬만해서는 있을 것이다.

세계적인 인물로는 미셸 오바마, 휴 잭맨, 존 덴버(미국의 싱어송라이터 겸 배우. 환경운동, 기아추방운동, 동물보호운동에 앞장섰다 - 옮긴이), 니콜 키드먼이 있다. 아, 물론 예수도 그린 타입이다. 그는 다른 사람들을 돕는 데 도가 트지 않았던가.

스웨덴에서 유명한 그린 타입으로는 스테판 아인혼(의사이자 리더십 강연자, 저술가. 《친절》의 저자 - 옮긴이), 로티 크누트손(저널리스트이자 작가. 2004년에 발생한 인도양 대지진에 대한 심도 있는 취재와 구호 활동으로 왕실 메달을 포함한 각종 상을 받았다 - 옮긴이), 현재 재위 중인 칼 구스타프 16세 국왕이 있다. 잉그바르 칼손 전 총리도 대표적인 그린 타입이다. 그는 매사에 모든 사람에게 모든 것에 대해 물었고 갈등을 극도로 꺼렸다. 어떤 결정에 대해서든 사람들의 의견을 히도 많이 구하다 보니 가끔은 자기가 무슨 결정을 내렸는지도 모를 때가 있다고 했을 정도다.

PART 2 07

완벽주의자, 빈틈없는 블루(BLUE)

논리적이고 분석적인 현실주의자

마지막 유형은 참 흥미로운 사람이다. 아마 당신도 만나본 적 있을 것이다. 블루 타입은 요란하게 자신을 드러내진 않지만 주변에서 일어나는 일을 무서우리만치 꼼꼼히 살핀다. 그린 타입이 대세를 따를 때 블루 타입은 언제나 정답을 갖고 있다. 그는 뒤에서 분석하고, 분류하고, 평가하고, 감정한다. 동시에 지독한 현실주의자다.

어느 집 세간살이가 규칙적으로 정돈되어 있다면 집주인이 블루 타입이라고 보면 된다. 그런 집에는 아이들이 옷을 제자리에 걸도록 옷걸이마다 이름표가 붙어 있다. 냉장고 문에는 균형 잡힌 식사를 위해 6주간의 식단표가 붙어 있다. 공구함을 열어보면 모든 공구에 제자리가 정해져 있고, 자리를 비운 공구가 하나도 없을 것이다. 블루 타입은 이것저것 뚝딱거린 후에 반드시 공구를 제자리에 갖다 두기 때문이다.

블루 타입은 비관주의자, 어이쿠, 말이 헛나갔네, 현실주의자이기도 하다. 블루 타입의 눈에는 오류와 위험 요소가 잘 보인다. 그건 좋은 일 아니냐고? 다음의 사례를 통해 한번 생각해보자.

절친한 친구들과 식당에서 고양이, 축구, 로켓 등에 대해 이야기하던 중에 누군가 뜬금없는 말을 던진다. 예를 들면 레드 타입 친구가 크리스테르 프그레상(스웨덴 최초 우주인 - 옮긴이)이 우주에 세 번 나갔다고 말하자 옐로 타입 친구가 어릴 때 벡셰에서 크리스테르 프그레상과 같은 동네에 살았다고 자랑하는 것이다.

그러면 블루 타입 친구가 헛기침을 하며 부드러운 목소리로 말할 것이다. 크리스테르 프그레상은 우주에 두 번밖에 안 나갔고, 두 번째로 나갔을 때 무중력 상태에서 약 800킬로그램짜리 암모니아 탱크를 교체했는데 이는 우주 정거장에서 취급된 가장 큰 물체였으며, 그는 벡셰가 아니라 스톡홀름 근처의 나카에 살았다고 알려져 있다고. 그리고 눈 하나 깜빡하지 않고 친절하게 크리스테르가 2009년에 두 번째로 우주에 나갔을 때 52세였음을 감안하면 세 번째로 나갈 일은 아마도 없을 것이라고, 그럴 확률은 희박하다고 덧붙일 것이다.

그냥 포기하시라, 친구들. 이 친구는 원래 모든 것을 꼼꼼히 보는 성격이다. 그렇게 정확하고 객관적인 정보를 제시하니 감히 이의를 제기하기가 어렵다. 그는 그 정보의 출처를 잘 알고 있을 뿐만 아니라 필요하면 책을 가져와서 증명하려 들 수도 있다.

이것이 블루 타입의 행동법이다. 이들이 입을 열 때는 대개 이미 사실 확인이 끝난 후다. 말하자면 구글에서 검색하고 사용 설명서를 읽고 난 후에 비로소 종합적으로 보고하는 것이다. 그러니 그가 마침내 입을 열 때는 그 말을 주의 깊게 듣기 바란다. 이미 머릿속에서 숙고를 거쳐

나오는 말이기 때문이다.

물론 블루 타입이라고 모든 것을 다 알지는 못한다. 세상에 그런 사람이 어디 있겠는가. 하지만 블루 타입이 일단 말을 했다면 그 말은 대체로 옳다고 봐도 좋다.

블루 타입의 자기 인식 및 특징

꼼꼼하다	논리적이다	디테일을 중시한다
사색한다	신중하다	옳다
잘난 체하지 않는다	정연하다	정확하다
철저하다	체계적이다	품질을 중시한다

누가 묻지 않으면 굳이 말하지 않는다

항상 남들보다 잘 안다는데 그게 잘난 체하는 게 아니라고? 물론 보는 사람에 따라 평가가 달라질 수는 있겠지만 대체로 볼 때 자신이 거의 모든 것에 대한 답을 아는데도 요란을 떨지 않는 것은 비교적 겸손한 축에 속한다고 할 수 있다. 전형적인 블루 타입은 어지간해서는 만천하에 내가 진정한 전문가요, 하고 떠드는 요란한 수레처럼 굴지 않는다. 보통은 자기가 가장 잘 안다는 사실을 자기만 알면 그만이라고 생각한다.

이런 성향이 무조건 좋다는 말은 아니다. 많은 사람과 한자리에 모여서 문제를 해결하기 위해 머리를 싸매고 고민했던 경험이 누구에게나 있을 것이다. 나 역시 그랬다. 그런데 언젠가 한 번은 논의를 시작한 지

2시간이 지났을 때 블루 타입이 앞으로 나오더니 해법을 말했다. 모두가 문제라고 여겼던 사안이, 박식한 그에게는 애초에 문제도 아니었던 것이다. 한데 블루 타입은 큰 그림을 잘 못 보기 때문에 즉각적으로 행동하지 않을 때가 있다. 나는 그에게 우리가 문제를 고민하고 있는 것을 알면서도 왜 아무 말도 하지 않았는지 물었다. 그는 여느 블루 타입처럼 우리가 먼저 묻지 않았으니까 그랬다고 답했다.

그런 말을 들으면 부아가 치밀기 십상이다. 하지만 한편으로 나는 그를 이해했다. 그가 논의에 동참하지 않은 것은 동참을 권하지 않은 내 잘못이었다. 그는 자신이 답을 알고 있다는 사실을 아는 것만으로 만족하는 블루 타입이니까 말이다.

정보는 많을수록 좋다

블루 타입은 아무리 많은 정보도, 아무리 자잘한 정보도 마다하지 않는다. "답은 디테일에 있다."라는 말은 모르긴 몰라도 블루 타입이 가장 먼저 했을 것이다. 블루 타입은 아무리 사소한 내용이라고 해도 소홀히 여기지 않는다. 대충 넘어가는 것은 용납되지 않기 때문이다.

잠깐, 이 대목에서 이런 의구심이 들지도 모르겠다. 자잘한 사항을 전부 챙기지 않으면 대충 넘어가는 거야? 블루 타입에게는 그렇다. 완벽히 통제하지 않는 것은 전혀 통제하지 않는 것과 다름없다.

블루 타입에게 새로운 계약서의 세부 항목들을 무시하자고, 마지막의 30개 항목은 실질적으로 의미가 없는 내용이니 그냥 넘어가자고 하면 당신을 뚫어져라 쳐다보며 이 사람이 머리가 어떻게 됐나 생각할 것이다. 물론 그런 것을 굳이 말로 표현하진 않을 것이다. 다만 당신의 말을 깡그리 무시할 뿐. 그러고는 밤에 퇴근도 안 하고 계약서를 면밀히 검토하리라.

몇 년 전에 어느 포장회사의 CEO에게 리더십 교육 프로그램을 판매하려고 했던 적이 있다. 그는 의심의 여지없이 블루 타입이었다. 그는 내게 장황하면서도 다소 건조한 메일을 보냈고 첫 만남을 위해 50분이라는 시간을 냈다. 1시간도 아니고 30분도 아닌 50분. 여기에는 그럴 만한 이유가 있었다. 그는 나를 만나고 나서 점심을 먹어야 하는데 구내식당까지 걸어서 6분 거리였다. 거기에 화장실에 들르는 시간 4분까지 더해서 나온 계산이었다.

처음 만났을 때 그는 방문객용 책상의 한쪽에 있던 의자 하나를 콕 집어 가리키며 내게 앉으라고 했다. 내게 회사까지 찾아오는 데 어려움은 없었는지 묻지도 않았고(주소를 찾기가 어려워서 꽤 고생했건만) 커피나 차를 권하지도 않았다. 인사하면서 웃지도 않았다. 그저 내 명함을 유심히 들여다볼 뿐이었다.

그 회사에 필요한 것을 파악한 후 나는 사무실에 가서 제안서를 작성해 보내겠다고 했다. 사무실에 돌아와서 어떻게 제안서를 작성할지 곰곰이 생각해봤다. 평소에 내가 쓰는 제안서는 10쪽에서 12쪽 분량이었다. 하지만 이 사람에게는 그 정도로 충분하지 않을 것 같았다. 그래서 각고의 노력 끝에 장장 35쪽짜리 제안서를 완성했다.

나는 그 제안서를 출력해서 우편으로 보냈다. 일주일쯤 후에 그에게 전화를 걸어 제안서를 잘 받았는지 물어봤다. 그는 흥미롭게 봤다면서 거래를 진행해도 좋겠다고 했다. 그렇다면 제안을 수락하겠다는 말씀?

그는 이렇게 말했다. "자료가 좀 더 있습니까?"

나를 머리를 벅벅 긁었다. 내 딴에는 제안서에서 프로그램을 꽤 자세히 설명했다고 생각했다. 단계별로 취지와 목표를 명시하고 이해를 돕기 위한 배경 정보와 참고 자료, 발췌문도 실었다.

하지만 영업인에게 포기란 없다. 나는 거의 몸이 부서지기 직전까지 나 자신을 몰아붙였다. 두 번째 제안서는 무려 85쪽에 달했다. 프로그램의 각 단계를 2시간 단위로 상술하고 더 많은 참고 자료, 실습 예시, 분석 도구, 견본을 게재했다. 옐로 타입이라면 현기증이 날 정도로 상세한 제안서였다. 나는 뿌듯한 마음으로 두툼한 제안서를 보냈다.

몇 주 후 그 CEO에게서 다시 연락이 왔다. 나는 그에게 결정을 내렸는지 물었다. 내가 보낸 제안서 정도면 의사 결정의 근거 자료로 손색이 없었다. 하지만 그는 또 "자료가 좀 더 있습니까?"라고 물었다. 이번에는 그가 직접 우리 회사로 찾아오겠다고 했다. 회의실에서 그와 나란히 앉아서 제안서의 목차를 검토하는 데만 90분이 걸렸다. 그는 큰 종이에 갖가지 조항(말하자면 계약서에 깨알 같은 글씨로 들어가는 세부 항목)을 적어 왔는데 항목별로 질문과 메모가 빽빽이 적혀 있었다. 회의 후 그는 무표정한 얼굴로 모처럼 만족스러운 회의를 했다고 말했다. 그러고는 또 묻는 것이었다. "자료가 좀 더 있습니까?"

나는 그를 돌려보내고 멍하게 앉아 생각했다. 자료가 더 있으려나? 나는 내가 가진 자료를 총동원해서 총 15일간 5단계에 걸쳐 진행되는 리더십 훈련을 15분 단위로 쪼개 설명하는 300여 쪽 분량의 제안서를 만들었다. 갖고 있는 자료란 자료는 전부 쏟아부었고 휴식 시간은 어디에 들어가야 하는지, 참가자들에게 구체적으로 무슨 질문을 해야 하는지, 교육 장소는 어떻게 섭외하고 꾸며야 하는지 같은 것도 다 기술했다. 그 제안서에 빈틈이란 눈을 씻고 찾아봐도 없었다고 자신 있게 말할 수 있다. 이렇게 다 떠먹여주다시피 했으니 이제는 그도 만족하리라 생각했다.

1개월 후, 그는 또 자료가 더 있는지 물었다.

있을 턱이 있나.

흔히들 블루 타입은 결정을 잘 못 내린다고 하지만 이는 착각이다. 이 CEO는 결정을 차일피일 미루는 것도, 결정을 못 내리는 것도 아니었다. 굳이 결정을 내릴 필요가 없었을 뿐이다. 그에게는 결정에 이르는 과정이 훨씬 더 재미있었다. 그래서 정말로 자료가 더 있는지 궁금했던 것이다.

점검만 하다 날이 새더라도 점검해야만 하는 사람

앞의 사례에서 엿볼 수 있는 블루 타입의 중요한 특징이 또 하나 있다. 일반적으로 블루 타입은 매우 조심성이 많다. 대개 안전을 최우선으로 생각한다. 레드 타입이나 옐로 타입이 위험을 무릅쓰고 냅다 달려갈 때 블루 타입은 섣불리 움직이지 않고 모든 것을 다시 한 번 검토한다. 좀 더 생각해볼 부분이 있을 수도 있다는 전제하에 일단 진상을 다 파악한 후에 행동에 나선다.

이처럼 이것저것 다 따지는 블루 타입의 특성은 여러 가지 방식으로 표출될 수 있다. 레드 타입과 정반대로 블루 타입에게는 목적지에 도달하는 것보다 목적지까지 가는 길이 더 중요하다. 물론 그러다 보니 결정을 아예 못 내리는 경우도 있고 좀처럼 큰 위험을 감수하지 않으려고 하는 면도 있다. 절대로 위험을 감수하지 않으면 예측 가능한 인생을 살 수 있다는 데 다들 동의할 것이다.

간혹 블루 타입은 위험성을 평가할 수 없어서 아예 아무것도 하지 않으려고 할 때가 있다. 예전에 엔지니어 출신 영업인을 만난 적이 있다. 그의 지론은 최고의 거래란 아직 성사되지 않은 거래라는 것이었다. 위험성 평가는 복잡한 일이다. 저기 저편에 어떤 위험이 도사리고 있을지 누가 알겠는가? 블루 타입은 어떤 일에 임할 때든 차후에 생길 수 있는 위험 요소를 다스리기 위한 방편을 미리 마련해놓는 편이다. 이를테면 알람을 세 번 맞춘다. 1시간이면 충분한 거리라도 2시간 일찍 출발한다. 간밤에 아이들 캠핑 가방을 자기가 직접 싸고 그 후로 누가 건드리지도 않았는데 아침에 일어나서 다시 점검하고 또 점검한다. 주머니에 열쇠가 잘 있는지 한 번 더 확인한다. 열쇠에 발이라도 달리지 않은 이상 당연히 잘 있겠지만 그래도 확인해야만 한다.

이런 성격은 분명 장점이 있다. 블루 타입은 다른 유형들처럼 예상치 못한 당혹스러운 일을 잘 당하지 않는다. 그래서 장기적으로 보면 오히려 많은 시간이 절약된다.

품질이 우선이다

블루 타입은 뭐든 틀리거나 잘못되는 것을 용납하지 않는다. 블루 타입에게는 품질만큼 중요한 게 없다. 블루 타입은 무슨 일을 할 때든 품질이 떨어질 위험성이 감지되면 그 자리에 우뚝 멈춰 서버린다. 이거 한

번 확인하고 넘어가야만 한다.

성급한 일반화의 위험성을 무릅쓰고 말하자면 엔지니어 중 상당수가 블루 타입이다. 이들은 논리적이고, 정확하고, 체계적이고, 사실을 중시하고, 품질을 따진다. 장담할 수는 없지만 자동차 회사 토요타에는 직원 중에 블루 타입 엔지니어가 다수 포진해 있지 않을까 싶다. 품질을 보장하기 위해 다섯 번 질문하는 시스템을 만든 것만 봐도 그렇다. 이는 블루 타입의 전형적인 특징이다.

공장 바닥에 기름얼룩이 있다고 가정해보자. 레드 타입은 가장 가까이 있는 사람에게 호통을 치며 당장 얼룩을 지우라고 명령할 것이다. 옐로 타입은 얼룩을 보고도 금방 잊어버리고는 이틀 후에 그 얼룩을 밟고 미끄러지면서 깜짝 놀랄 것이다. 그린 타입은 누군가 얼룩을 닦아달라고 하면 기꺼이 닦겠지만 아무도 언급하지 않으면 아무 조치도 취하지 않을 것이다.

하지만 블루 타입이라면 이렇게 물을 것이다. 이 얼룩이 왜 생겼을까? 그 답은 개스킷(물이나 기름, 가스가 누설하는 것을 방지하는 패킹 – 옮긴이)이 새고 있기 때문일 수 있다. 물론 이 정도로는 블루 타입의 성에 차지 않는다. 그렇다면 개스킷은 왜 새고 있는가? 품질 불량 때문이다. 어떻게 우리 공장에 품질 불량 개스킷이 있을 수 있는가? 구매팀에 지출을 줄이라는 명령이 하달됐기 때문이다. 그래서 '밀폐력'이 좋은 개스킷 대신 '저렴한' 개스킷을 구매했다. 그렇다면 누가 품질 저하를 감수하고서라도 지출을 줄이라고 명령했는가? 이런 식으로 계속 질문이 이어진다. 최종적인 해법은 그냥 바닥에서 기름얼룩만 닦아내는 게 아니라 구매 전략을 전면 재검토하는 것이 될 수도 있다.

요컨대 블루 타입은 모든 것을 100퍼센트 올바른 상태로 만들기 위해 모든 수단을 동원할 각오가 되어 있다. 블루 타입은 기왕에 어떤 일을 할 거라면 올바르게 해야 한다고 생각한다. 반대로 어차피 올바르게 하지 못할 일이라면 애초에 시작할 필요가 없다고도 본다.

블루 타입은 거짓말을 잘 못하기 때문에 품질을 저해하는 결함이 보이는 족족 지적한다. 설령 그것이 자신에게 악영향을 미칠 수 있다 할지라도 말이다.

내가 어렸을 때 들은 부모님의 대화가 아직도 귀에 선하다. 우리는 이사를 많이 다녀서 집을 많이 사고팔았다. 집에 관한 일은 엔지니어인 아버지가 전담해서 집을 보여주는 일도 아버지가 맡았다. 아버지는 집을 보러 온 사람들에게 온갖 하자를 들춰 보여줬다. 여기에 누수가 있고, 저기 소파 뒷벽에 페인트가 좀 까졌어요. 어머니는 그럴 때마다 속상해했다. 그걸 꼭 집 보러 온 사람들한테 말해야 해? 그래서 어디 집이 팔리겠냐고!

하지만 아버지는 도대체 뭐가 문제인지 모르겠다는 식이었다. 더욱이 아버지는 워낙 정직한 분이라 하자를 알고도 모른 척할 수 없었다. 그런다고 하자가 없어지는 것은 아니니까. 아버지는 우리가 집을 팔아서 큰돈을 못 벌어도 개의치 않았다. 아버지는 언제나 뭐든 있는 그대로 사실을 말씀했다. 그게 아버지의 방식이었다.

매뉴얼대로 사는 사람

블루 타입처럼 똑같은 일을 매번 똑같은 방식으로 수십, 수백 번 반복할 수 있는 사람은 드물다. 블루 타입은 지시 사항을 아무 이의 없이 철저히 준수하는 비범한 능력을 타고났다. 물론 애초에 그 지시 사항을 잘 이해했고 그것이 좋다고 판단했을 때에 한해서지만 말이다.

어떻게 그럴 수 있을까? 따지고 보면 여기에는 논리적인 이유가 있다. 이미 잘 통하는 방식을 굳이 바꿀 필요가 있냐는 것이다. 옐로 타입이나 레드 타입이라면 그냥 지겨워서라도 새로운 방식을 찾을 테지만 블루 타입은 똑같은 방식을 몇 번이고 반복한다.

이케아 캐비닛을 조립한다고 해보자. 레드 타입은 거뜬히 해낼 수 있다는 자신감으로 박스에 뭐가 들었는지 확인도 안 하고 다짜고짜 이것저것 조이고 끼워본다. 옐로 타입은 부품을 죄다 벌여놓고는 가구를 완성해서 제자리에 놓으면 정말 근사할 것이라고 감탄사를 연발한다. 옐로 타입은 미래에 살기 때문에 벌써부터 침실 오른쪽 벽에 새 캐비닛을 놓고 그 위에 할머니의 테이블보를 깔고 예쁜 튤립 화병을 놓은 모습이 눈앞에 선명히 그려진다. 그리고 다소 무계획적으로 조립을 시작한다. 대충 나사를 박으면 되겠다 싶은 곳에 박고 다른 부품으로 넘어간다. 그린 타입은 거대한 부품 상자를 벽에 세워놓고 일단 커피부터 한 잔 마신다. 굳이 서두를 필요가 없다.

그렇다면 블루 타입은 어떨까? 우선 설명서를 두 번 읽고 부품을 하나하나 살펴보며 캐비닛의 각 면이 설명서의 그림과 일치하는지 확인한다. 그리고 부품에 먼지가 앉아 있을 테니까 촉촉한(축축하면 안 된다) 천으로 하나하나 정성껏 닦는다. 혹시 막판에 가서 모자라는 불상사가 발생하지 않도록 나사도 미리 다 세어놓는다. 막판에 가서 부품이 하나라도 남으면 십중팔구 캐비닛을 다시 분해할 것이다. 캐비닛을 조립하는 데 남들보다 시간은 좀 더 걸리겠지만 일단 완성된 캐비닛은 천년만 년 끄떡없을 것이다.

이들은 집에서 텔레비전, 자동차, 전자레인지, 휴대 전화 등 기계에 대해 궁금한 점이 있으면 설명서에서 정확히 해당하는 부분을 찾는다. 봐, 여기 이렇게 적혀 있잖아. 이걸 꼭 지켜야 하는 게 아니면 뭣하러 여기에 써놓았겠어?

여기에 뭐라고 대답해야 할까? 어떻게 해야 설명서와 다른 행동을 유도할 수 있을까? 사실 진정한 블루 타입이 수용할 만한 근거를 찾기란 불가능하다. 블루 타입은 한밤에 반경 10킬로미터 내에 자기 혼자뿐이어도 빨간불에 멈춰 서는 사람이다. 왜냐하면 그게 그들의 방식이니까.

이런 행동법의 장점은 명확하다. 블루 타입은 어디 가서 절대 바가지 쓰거나 사기당하지 않고, 돈을 냈으면 마땅히 받아야 할 것을 받는다. 그리고 자신이 모든 것을 아주 정확히 확인했다는 것을 알고 마음의 평화를 누린다.

주변에 블루 타입이 있다면 분명히 내 말에 공감할 것이다. 평상시에 이들은 무척 차분하고 균형이 잘 잡혀 있다. 어쩌면 그 비결은 무엇이든 그렇게 주의 깊게 관찰하고 확인하는 성정 때문일지도 모른다.

조금의 오차도 용납하지 않는다

몇 년 전에 정원 쪽 테라스를 좀 수리해야겠다 싶었다. 종일 말만 하고 살다 보니 몸을 쓰는 게 좋아서 직접 해보기로 했다. 최소한 일부분

만이라도 내 손으로 해보고 싶었다. 내가 시간에 쫓기는 것을 알고 당시 일흔이 훌쩍 넘었던 아버지가 도와주겠다고 나섰다.

그리고 순식간에 공사가 시작됐다. 공사를 순조롭게 진행하려면 넓은 면적에 걸쳐 쇄석(암석과 큰 옥석을 파쇄해 만든 자갈-옮긴이)을 깔아야 했다. 돌을 실은 트럭이 오기 전에 아버지가 조금 일찍 도착했다. 쇄석 운반용으로 특수 제작된 손수레와, 그런 일을 할 때 항상 사용하는 특수 삽과 함께. 아버지는 왜 내가 일반 삽을 들고 서 있는지 의아해했다. 이런 일에 특수 삽을 써야 한다는 건 상식인데 말이다.

이윽고 트럭이 도착했고, 특별 주문 제작한 쇄석이 진입로에 잔뜩 쏟아졌다. 앞으로 며칠 동안 삽질할 것을 생각하니 벌써부터 피곤해지는 기분이었다. 그래도 당당히 도전할 각오는 서 있었다.

그러면 나이 든 우리 아버지는? 벌써 쇄석 몇 개를 집어서 냄새를 맡고 문질러보며 품질을 검사했다. 그러고는 뭐라고 중얼거리더니 (정확히는 몰라도 품질이 합격이라는 것은 알 수 있었다) 이번에는 한가득 쌓인 쇄석 더미를 통째로 시찰하기 시작했다. 아버지는 손으로 돌무더기의 높이를 재고 보폭으로 그 둘레를 측정했다. 내가 왜 그러시냐고 물어도 아버지는 대답 없이 숫자만 중얼거릴 뿐이었다.

높이 180센티미터, 둘레 5미터, 경사도는 어디 보자……. 30초 후 아버지는 진입로에 있는 쇄석의 부피가 8.75에서 9.25세제곱미터 사이라고 했다. 나는 정확히 9세제곱미터라고 대꾸했다. 아버지는 미심쩍다는 표정으로 그걸 어떻게 아냐고 되물었다. 나는 트럭을 가리키며 대답했다. "저기 적혀 있잖아요." 아버지는 살짝 놀란 눈치였다. 혹시 돌을 일일이 세어볼 생각이냐고 물었더니 그럴 필요까지는 없다고 했다.

이후로 몇 시간 동안 아버지는 정원을 돌아다니며 모든 것을 마땅히 있어야 할 곳으로 옮겨놓고 기포수준기, 다림줄, 양동이 같은 도구도 모두 챙겨 만반의 준비를 끝냈다.

집에서 나오는 경사도는 정확히 미터당 1도여야 했다. 왜? 책에 그렇게 쓰여 있으니까. 아버지는 건축 엔지니어라서 정석이 무엇인지 잘 알았다. 정확히 미터당 1도여야 했다. 한 치의 오차도 용납되지 않았다.

1도와 약 1도는 엄연히 다르다. 전자는 정확한 수치지만 후자는 아주 막연하다. '약' 1도라니. 까딱하면 2도가 될지도 모른다. 1도와 2도면 무려 100퍼센트 차이다. 그야말로 하늘과 땅 차이!

블루 타입의 유명인사

블루 타입 중에서 세계적으로 유명한 사람으로는 알베르트 아인슈타인, 빌 게이츠, 헨리 키신저를 꼽을 수 있다. 한편 스웨덴의 대표적인 블루 타입은 잉에마르 스텐마르크(역대 최다 월드컵 우승 기록을 가지고 있는 전설적인 알파인 스키 선수 - 옮긴이)와 비요른 보리(테니스 선수. 프로 테니스를 인기 종목으로 부상시킨 주역으로 평가된다 - 옮긴이)이다. 혹시 프레드릭 라인펠트 전 총리도 블루 타입이라고 생각할지 모르나 4장에서 살펴봤듯이 실제로는 아니다. 그 무엇에도 동요하지 않고 늘 차분하고 고상한 그의 모습은 정치인으로서 레드 타입의 특성을 숨기고 연기를 하는 것이다. 스테판 잉베스 중앙은행 총재도 전형적인 블루 타입이다. 금리를 더 내리지 않는다고 여기저기서 비난이 빗발쳐도 그는 여전히 의연하고 합리적인 태도로 기존의 입장을 고수했다.

PART 2 08

누구에게나 있는 동전의 양면

차이점은 옳고 그름의 문제가 아니다

이제 각 유형이 서로 어떻게 다른지 대략 감이 올 것이다. 그리고 당신과 주변 사람들이 어떤 유형인지도 감을 잡았을 것이다. 레드 타입과 블루 타입은 쟁점 지향적이고 옐로 타입과 그린 타입은 관계 지향적이다. 레드 타입과 옐로 타입은 행동파고 그린 타입과 블루 타입은 사색파다. 그래서 하루에도 몇 번씩 크고 작은 오해가 빚어진다.

이 책의 제목이 암시하다시피 우리 주변에는 도무지 내 맘 같지 않은 사람들이 있다. 한술 더 떠서 어떤 상황에서도 전혀 이해가 안 되는 사람들도 있다. 가장 상종하기 어려운 부류는 아예 행동이 틀려먹었다 싶을 만큼 우리와 달라도 너무 다른 사람들이다.

내 눈을 뜨게 해준 스투레처럼 다른 사람들을 꼴통이라고 부르라는 소리는 아니다. 하지만 툭 까놓고 말해서 누구나 살다 보면 방금 상대방이 한 말이 도무지 이해가 되지 않아서, 또 상대방의 행동을 보고 나라면 저렇게 안 할 텐데 싶어서 멍해질 때가 있기 마련이다.

이런 당혹감의 출발점은 내가 항상 옳다는 생각이다. 역으로 생각하면 내가 이해할 수 없는 사람은 무조건 틀렸다는 것이 된다. 참 어려운 문제다. 그래서 어떤 현자는 "당신이 옳다고 내가 무조건 틀린 것은 아니다."라고 말했다. 그런데 옳고 그름은 도대체 누가 정하는 걸까?

세상에 완벽한 사람은 없다

정말 뻔한 말이다. 세상천지에 단점 없는 사람이 어디 있겠나. 젊었을 때 나는 평생의 멘토가 될 만한 사람, 부족한 점이라고는 눈을 씻고 찾아봐도 안 보이는 사람을 찾으려고 부단히 애를 썼지만 끝내 못 찾았다. 당연한 일이다. 우리 모두는 자신의 결점을 수용하고 그 속에서 최선의 인생을 사는 수밖에 없다.

그런데 우리가 다른 사람을 '이상한 사람'이라고 할 때 그것은 그 사람의 단점을 두고 하는 말인가? 아니면 그냥 우리가 그 사람을 이해할 수 없다는 말인가? 왜 이런 말을 하는가 하면, 어떤 상황에서는 유익한 특질이 다른 상황에서는 오히려 부적절하게 작용할 수 있기 때문이다. 또한 어떤 상황에서 장점이 되는 특질이 또 너무 극단으로 치우치면 단점이 될 수 있기 때문이다.

그래서 나와 정반대인 사람에게는 내 행동 패턴이 어떻게 보이는지 알아두면 좋다. 거기서 어떤 진실을 건질 수 있다면 미래가 밝다. 결국 중요한 것은 남들이 나를 어떻게 보느냐다. 앞에서도 말했지만 보통 커뮤니케이션의 칼자루는 상대방이 쥐고 있다. 저쪽에서 나를 어떻게 보느냐는 저쪽 마음이다. 내 진심이 무엇이든 간에 말이다. 그래서 이 책에서 말하는 분류법을 알아두면 좋다.

각 유형별 약점과 이면

이제부터는 각 행동 유형의 약점으로 비칠 수 있는 요소에 대해 자세히 이야기해보려 한다. 당연히 이 부분은 예민한 영역이기 때문에 오해하기 쉽다. 내가 사람들을 코칭할 때도 주로 이 부분에서 골치가 아파진다. 그러니 다음의 내용을 읽을 때는 어디까지나 '보는 사람의 입장'에서 그렇다는 점을 유념했으면 좋겠다. 과연 누가 맞고 누가 틀린 것일까? 여기서 말하는 행동 패턴은 주변 사람들의 눈에 비친 것이다. 남들이 보기에는 바보 같은 짓도 본인의 의도는 전혀 다를 수 있다.

그런데 각 유형마다 자신의 강점과 약점에 대응하는 방식이 다르다.

레드 타입과 옐로 타입은 자신의 강점을 부풀리고 자신에게 약점은 없다고 믿는 경향이 있다. 단점에 연연하지 않고 기회와 희소식을 찾는 태도는 성공에 큰 보탬이 된다고 봐도 무방하다. 하지만 이런 태도를 언제까지고 유지할 수는 없게 마련이다.

반대로 그린 타입과 블루 타입은 자신의 약점을 과장하고 때로는 강점을 무시해버리기까지 한다. 그 결과는 뻔하다. 이들은 긍정적인 피드백을 받아도 그냥 한쪽 귀로 흘려버리고 오히려 뭔가 심각하게 잘못된 것으로 화제를 돌리곤 한다. 당연히 이는 대단히 비생산적인 태도다.

자, 그러면 이제 본격적으로 탐색할 준비가 됐는가?

레드 타입 - 공격적, 자기중심적, 독단적

다른 사람들에게 레드 타입에 대해 물어보면 레드 타입 본인의 생각과 전혀 다른 평가를 듣게 될 가능성이 크다. 오랜 컨설팅 경험에 따르면, 레드 타입은 다른 유형보다 더 많은 꼴통에 둘러싸여 살아간다. 많은 사람이 4장에서 읽은 레드 타입에 대한 설명에 공감할 것이다. 나는 그 밖의 부정적인 의견도 많이 들었다. 그런데 다들 레드 타입이 그 자리에 없을 때 그런 이야기를 한다. 그 불같은 성미를 감당할 자신이 없기 때문이다. 당신도 레드 타입에게 진심을 알고 싶다는 말을 들어봤을 것이다. 속에 있는 걸 말하라고 윽박지르지 않던가. 그런데 정말로 속에 있는 말을 하면 별안간 옳고 그름을 따지는 격론의 한복판에 떨어지게 된다. 그러니까 이제부터 나오는 내용은 많은 레드 타입에게 전혀 뜻밖의 이야기일 것이다. 왜냐하면 감히 레드 타입에게 이런 말을 해줄 사람이 많지 않기 때문이다. 그건 웬만한 에너지로는 감당 못할 일이다.

미리 말해두지만 레드 타입이 반드시 다음과 같은 평가에 신경을 쓰리라고 볼 수는 없다. 이들은 관계가 아니라 쟁점 지향적인 사람이기 때문이다. 더욱이 레드 타입은 자기 외의 사람은 다 틀렸다고 본다. 그래도 알아둬서 나쁠 것 없으니 주위 사람들이 뭐라고 하는지 어디 한번 들어나 보자.

❶ 효율성을 위해서라면 규칙도 무시한다

규정을 어겨서라도 남들을 앞지르려고 하는 사람에게 참을성이 없다는 말 말고 또 무슨 말을 할 수 있을까? 공식적인 절차가 너무 더디다 싶으면 레드 타입은 몇 단계쯤 건너뛰고 곧장 최종결정권자를 찾는다.

아름다운 스웨덴의 수도 스톡홀름의 교통 상황을 예로 들어보겠다. 스톡홀름 사람들은 운전할 때 스웨덴 국민 평균보다 좀 더 서두르는 경향이 있다. 여기서 교통 이야기를 꺼낸 이유는 레드 타입의 행동법을 잘 보여주는 사람으로 앞서 언급했던, 예전에 내가 다닌 회사의 창업자였던 비요른의 이야기를 하기 위해서다.

비요른과 나는 시내에서도 웬만하면 차를 끌고 다녔다. 대중교통은 시간을 너무 많이 잡아먹기 때문이었다. 그런데 비요른은 시도 때도 없이 면허를 취소당했다. 그 이유는 그의 관대한 속도 감각 때문이었다.

그는 회사에서 30킬로미터쯤 떨어진 교외에 살았는데 도로 사정이 좋은 날이면 회사까지 차로 40분 정도가 걸린다. 이건 어디까지나 길이 잘 뚫렸을 때 이야기고 여차하면 1시간 30분씩 걸리기도 한다.

그런데 비요른은 굳이 교통의 흐름을 따를 필요성을 못 느꼈다. 표지판에 적힌 시속 70킬로미터, 90킬로미터 등은 그냥 권고사항일 뿐 그에게는 적용되지 않았다. 저런 건 운전 못하는 인간들이나 지키라고 있는 거라는 식이었다.

언젠가 회사 사람들과 커피를 마시며 수도의 심각한 교통난에 대해 이야기하고 있을 때였다. 우리는 스톡홀름이 교통지옥이 되기 일보 직전이라고 봤다. 하지만 비요른은 우리와 문제를 보는 시각이 전혀 달랐다. 오히려 스톡홀름의 교통이 꽤 원활하다고 생각했다. 알고 봤더니 그는 평소에 버스전용차선으로 달리고 있었다. 출퇴근길에 최소 20킬로미터는 버스전용차선을 탔다. 그러니 빠를 수밖에. 비요른은 그게 나쁘다고 생각하지도 않았다. 버스전용차선 이용권을 사면 된다고 했다. 그게 뭐냐고? 그는 버스전용차선으로 다니느라 다달이 약 1200크로나를 벌금으로 냈다.

거의 4주에 한 번씩 단속에 걸렸지만 그래도 상관없었다. 그 덕에 얼마나 많은 시간이 절약되는데! 기껏해야 벌금 좀 내고 마는 정도면 그에게는 밑지는 장사가 아니었다.

이 이야기는 레드 타입의 행동법을 아주 선명하게 보여준다. 레드 타입도 남들처럼 규정 위반이 잘못인 줄은 알지만 그 길이 더 빠르니까 그냥 위반해버린다. 과업을 완수하기 위해서라면 지름길 몇 번 타는 것쯤은 개의치 않는다. 레드 타입은 그야말로 반칙왕이다. 다만, 이들의 의도는 어디까지나 과업을 완수하기 위해서라는 점을 기억했으면 좋겠다.

❷ 직설적 말투로 주변인에게 상처를 입힌다

레드 타입은 너무 통명스럽고 직설적으로 말하기 때문에 많은 사람에게 공격적이라는 인상을 준다. 당연한 현상이다. 물론 사람마다, 또 나라마다 이런 성미에 대한 인식이 달라질 수 있다. 예를 들어 스웨덴과 달리 독일과 프랑스에서는 대립적인 행동이 어느 정도 용인되는 분위기다. 그렇다고 그 나라 사람들이 말다툼을 더 많이 한다는 소리는 아니지만 갈등을 보는 시각이 스웨덴과는 조금 다르다.

아무튼 생각해보자. 많은 사람들이 직장에서 누구나 자유롭게 의견을 개진할 수 있어야 한다고 말한다. 그런데 그 말의 진짜 의미는 무엇일까? 모든 임직원이 서로를 솔직히 대하고 속에 있는 말을 편하게 해야 한다는 뜻으로 해석되기 쉽다. 하긴, 허심탄회한 대화를 좋아하지 않을 사람이 어디 있겠나. 어떤 조직이든 업무 효율을 높이려면 중요한 사안에 대해 조직원들이 솔직한 의견을 주고받을 수 있어야 한다. 그 당위성이야 굳이 설명할 필요가 없을 것이다.

그런데 언제고 자연스럽게 진심을 말할 수 있는 사람이 누구인가? 또 타인의 진심을 언짢아하지 않고 받아들일 수 있는 사람은 누구인가? 사실상 레드 타입 빼고 없다. 레드 타입에게는 그런 게 아무 문제가 안 된다. 이들은 애초에 누구나 자유롭게 의견을 개진할 수 있어야 한다는 말 자체가 쓸데없는 소리라고 생각한다. 어차피 다들 속에 있는 말 다 하고 사는 거 아니었어? 하지만 레드 타입을 제외한 많은 사람이 그런 것을 스트레스로 여긴다. 꾸역꾸역 밀려드는 진실은 이를 받아들이기 어려운 사람에게 큰 부담이 될 수 있다. 심지어 위협적이고 공격적으로 느껴지기도 한다.

노파심에서 하는 말이지만 지금 내가 무엇이 옳고 무엇이 그르다는 말을 하고 있는 것은 아니다. 그저 우리가 모두 다르다는 사실을 밝히고 있을 뿐이다.

그러면 왜 레드 타입의 행동은 종종 위협적이고 공격적이라는 인상을 줄까? 혹시 그들이 순순히 포기할 줄을 모르기 때문은 아닐까? 아무리 사소한 문제라도 자기가 중요하다고 생각하면 격론을 마다하지 않기 때문에? 필요하면 언제고 언성을 높이고 눈을 부라리고 탁자를 내리칠 수 있기 때문에? 종종 아주 무례하게 의사를 표출하기 때문에?

이런 시나리오를 생각해보자. 당신이 어떤 과제를 맡아서 며칠 혹은 몇 주간 거기에 매달렸다. 그런데 슬슬 의구심이 든다. 이 정도면 잘 끝냈다고 볼 수 있을까? 애초에 기대했던 만큼 결과물이 괜찮은가? 이대로 고객에게 보여줘도 될까, 아니면 솔직한 생각을 말해줄 사람에게 한

번 봐달라고 해야 할까?

바로 그때 레드 타입 동료가 당신 곁을 유유히 지나가고 당신은 마침 잘됐다고 생각한다. 그라면 자기 의견을 솔직히 말해줄 게 분명하다. 당신은 그에게 솔직한 평가를 요청한다. 살짝 자부심에 찬 목소리로 당신의 결과물을 차근차근 설명한다. 하지만 레드 타입은 슬슬 짜증이 난다. 왜냐하면 이미 당신이 질문의 답을 정해놓은 데다 계속 당신 혼자 떠드는 소리를 듣는 게 지겹기 때문이다.

그는 단호한 손짓으로 당신의 말을 끊고 말한다. "이거 영 아니야. 별로 마음에 안 들어. 솔직한 말로 허접해. 겨우 이 정도라니 의외인데? 처음부터 싹 다시 하는 게 좋겠어."

그러고는 더 생각할 것도 없이 자리를 뜬다. 당신의 마음은 쑥대밭이 된다. 당신이 무슨 타입이든 마찬가지다.

이렇게까지 괴팍하고 강렬하지는 않더라도, 누구나 이런 비슷한 경험은 했을 것이다. 솔직한 의견을 배려 없이 직설적으로 얘기함으로써 당신의 마음을 쑥대밭으로 만들어버린 누군가가 떠오르는가? 그 사람이 바로 레드 타입이다.

그런데 여기서 레드 타입이 당신을 그렇게 짓뭉개버린 이유가 뭘까? 무슨 의도로 그랬을까? 그야 당신이 부탁한 것을 들어주기 위해서였다. 당신이 솔직한 의견을 청하지 않았는가! "생각나는 대로 솔직히 말해줘!"라고 말한 건 당신이다. 거기에 "절대 화내지 않을게/섭섭해하지 않을게/실망하지 않을게."라는 말까지 덧붙였을 가능성이 농후하다. 레드 타입이 마음의 준비 단단히 하라고 말하지 않던가? 레드 타입에게 솔직한 의견을 구하는 것은 제 발로 늪에 들어가는 것이다.

컨설턴트로 일하면서 나는 레드 타입이 자신에게 중요한 사안, 절대 포기할 마음이 없는 사안에 작정하고 달려들면 잔혹한 광풍이 몰아친다고 입이 닳도록 말했다. 만약에 갈등이 싫다면 그런 상황을 만들지 말아야 한다. 레드 타입은 갈등 따위에 신경도 안 쓴다. 일부러 갈등을 만들지는 않지만 가끔 기분 전환 겸 말싸움을 좀 하는 것도 나쁘진 않다고 여긴다. 레드 타입에게는 그것도 커뮤니케이션의 일환이다.

조언을 하나 하자면 레드 타입과 갈등이 생겼을 때 최악의 대응법은 뒤로 물러나는 것이다. 그랬다가는 심각한 문제가 발생할 수 있다. 자세한 설명은 11장에서 하겠다.

❸ 모든 것을 통제하려고 한다

통제욕이란 간단히 말해서 자기 손으로 상황을 좌우하고 싶은 욕구다. 통제욕이 있는 사람들은 어떤 집단이나 상황에 자신을 맞추는 것을 극도로 불편하게 여기기 때문에 갖가지 전략으로 그런 일을 피하려 한다. 이때 흔히 쓰는 방법이 대화에서 주도권을 유지하기 위해 절대 입을 다물지 않고 틈만 나면 남의 말을 싹둑싹둑 자르면서 자기 생각을 말하는 것이다.

레드 타입은 굉장히 통제욕이 강한 사람으로 비칠 수 있다. 단, 이들은 주변 사람들을 통제하되 자잘한 것까지 통제하진 않는다(자잘한 것에 집착하는 유형은 따로 있다). 레드 타입에게 중요한 것은 자신이 사람들의 행동과, 또 그들이 어떤 사안에 대해 취하려고 하는 행동을 통제하고 있다는 느낌이다.

왜 그런가 하면 자신이 남들보다 좀 더 많이 알고 있다고 생각하기 때문이다. 레드 타입은 자신이 어떤 사안에 대해 누구보다 잘 알기 때문에 다른 사람들이 올바른 방향으로 가도록 감시해야 한다고 본다.

하지만 그 부작용도 명백하다. 다른 사람들이 통제받는 기분을 느끼는 것이다. 어떤 사람들은 이렇게 누군가가 나서서 결정을 내리고 지휘하는 것을 좋아하지만 반대로 거기에 갑갑함을 느끼고 벗어나려고 하는 사람들도 존재한다.

예전에 내가 일했던 회사의 중간관리자 중에 레드 타입이 있었다. 그녀는 굳이 모든 일을 자기가 다 하려고 들지 않았고 여느 간부와 달리 재미있는 업무도 직원들에게 잘 위임했다. 하지만 레드 타입인 만큼 생각과 행동이 매우 빨랐다. 그래서 어떤 일을 맡기고 나서 얼마 후에 살펴보고 아직 아무 진전이 없으면 그냥 자기가 가서 그 일을 해치워버렸다. 그래서 본래 그 일을 하기로 했던 직원이 이제 본격적으로 일을 시작해야겠다고 맘먹었을 때는 이미 일이 다 완료된 후였다. 마감일이 되려면 아직 한참 멀었는데 말이다. 더욱이 이 중간관리자는 블루의 속성도 있었기 때문에 어지간한 직원보다 일을 훨씬 잘했다. 레드는 속도, 블루는 품질과 직결된다.

유감스럽지만 원래 업무를 맡았던 직원의 나태함에 대한 비판의 말도 뒤따랐다. 그녀는 블루 타입답게 세부 사항을 꼼꼼히 보고 레드 타입답게 비판을 꺼리지 않았기 때문에 매우 엄한 사람으로 비쳤다.

❹ 타인에 대한 관심이 적어 보인다

혹시 아예 감정이 없는 사람을 본 적 있는가? 에이, 세상에 그런 사람이 어디 있겠는가. 그런데 다시 말하지만 레드 타입은 그다지 관계 지향적인 사람이 아니다. 이런 성향은 상대방도 비슷한 사람이라면 딱히 문제가 되지 않는다. 하지만 옐로 타입이나 그린 타입처럼 관계를 많이 중시하는 사람과 대화한다면 레드 타입은 무자비하고 몰인정한 사람으로 비칠 수 있다.

예전에 나와 같이 일했던 사람이 있다. 참고로 그는 내가 당시에도 무척 좋아하고 존경했으며 지금도 좋은 친구로 지내고 있는 사람이다. 그렇다, 이번에도 비요른 이야기다.

몇 년 전에 회사가 아주 힘든 시기를 겪고 있었을 때다. 그해 가을은 정말로 고단하고 팍팍했다. 야근을 밥 먹듯이 하고 주말에 출근하는 날도 많았다. 다들 지치고 그 가족들마저 지쳤다. 회사 사람들 모두 톡 건드리기만 해도 무너질 것만 같았다. 그러니 크리스마스 연휴를 조용히 보내며 기력을 충전할 자격이 충분했다.

그래서 그간의 회포도 풀 겸 일본 음식점에 모였다. 신발을 벗고 방석에 앉아 사케를 따랐다. 그리고 누가 스웨덴 사람들 아니랄까 봐 자기 메뉴도 보는 한편으로 남들은 무엇을 주문하려고 하는지 유심히 살폈다. 다들 아무도 시키지 않는 요리는 시키지 않으려 했다. 비요른만 빼고. 비요른은 메뉴판을 쓱 훑어보더니 먹고 싶은 것을 말했다. 자기는 정했는데 우리는 아직이니까 그는 금방 따분해했고, 그래서 뭐라도 해야겠다 싶었는지 내게 말을 걸었다. 마침 우리 딸이 얼마 전에 학교를 옮긴 터라 그는 거기에 대해 물었다.

"전학 간 학교는 어떻대? 우리 꼬맹이 아가씨 적응 잘하고 있나?"

그가 우리 딸에게 관심을 보이다니 반갑기도 하고 의외이기도 했다. 그런데 내가 대답을 꺼낸 지 고작 20초쯤 지났을까, 비요른의 두 눈이 이리저리 헤매는 게 보였다. 식당 안을 두리번대는 그는 '이 친구가 왜 나한테 이 이야기를 하고 있지?'라고 해석되는 표정을 짓고 있었다. 그는 나를 보고 씩 웃었다. 나는 그 웃음을 "자네도 알잖아. 내가 어떤 사람인지. 나 이제 그 이야기는 더 듣고 싶지 않아!"라고 해석했다. 그는 곧 다른 이야기를 시작했다.

일반적인 관점에서 보자면 그때 내가 기분이 좀 상했고 어쩌면 모욕감도 느꼈으리라 생각하기 쉽다. 사람이 어떻게 그렇게 무신경할 수가 있을까? 자기가 먼저 물어봐 놓고 말이다!

비요른이 다른 사람에게 전혀 관심이 없는 냉혈한이라서 그런 걸까? 전혀 아니다. 그도 다른 사람에게 관심이 있지만, 우리 딸이 잘 지낸다는 것을 알았으니 됐다고 생각했을 뿐이다. 그는 평소와 같은 방식으로 그 커뮤니케이션 채널이 닫혔음을 알렸다. 자신이 생각하기에 별로 의미 없는 시시콜콜한 이야기에 억지로 관심 있는 척 추임새를 넣지 않고 그냥 느끼는 대로 행동한 것이다.

여기서 내가 말하는 것은 어디까지나 해석이라는 점을 기억했으면 좋겠다. 어떤 행동을 어떻게 받아들이느냐는 그 행동의 의도와 별개의 문제다. 사실을 말하자면 나는 그냥 그 일을 웃어넘겼다. 비요른을 워낙 잘 알았으니까. 나는 그가 일부러 남에게 상처를 줄 생각은 꿈에도 하지 않는 사람임을 잘 안다. 가끔 남의 속을 뒤집어놓긴 하지만 고의는 아니다. 오히려 내가 아는 사람 중에 비요른만큼 따뜻한 사람도 없다. 다만 그런 성정을 이해하려면 그를 좀 겪어봐야 할 뿐이다.

딸아이가 전학 간 학교가 어떤가 하는 질문에 내가 어떻게 대답했으면 좋았을지 궁금한가?

"좋대요."

이 한마디면 충분했다.

❺ 지나치게 자기중심적이라 협동에 서툴다

자기중심주의라는 뜻의 스웨덴어 '에고이즘(egoism)'은 자아를 의미하는 라틴어 '에고(ego)'에서 나왔다. 그러니까 언어학적으로 보자면 우리는 자아가 강한 사람을 이기주의자와 비슷하게 취급하는 셈이다. 당연한 말이지만 세상에는 이기적인 사람이 많다. 세상에 쌔고 쌘 게 이기주의자다. 물론 이는 어디까지나 행동에 대한 해석이고 그것이 반드시 실제 성격과 일치한다고 볼 수는 없다.

레드 타입의 말본새를 보면 왜 많은 사람에게 이기주의자로 비치는지 알 수 있다.

- '나'는 우리가 이 제안을 받아들여야 한다고 생각해.
- '나'는 그 일을 하고 싶어.
- '내' 생각은 이래.
- '나'한테 좋은 아이디어가 있어.
- 이거 '내' 방식대로 할래, 아니면 틀려먹은 방식으로 할래?

여기에 예리한 눈빛과 특유의 보디랭귀지까지 더해지면 자기가 원하는 것을 기어이 손에 넣고야 마는 사람들이 그려진다. 이들은 자신의 이익을 위해 싸운다. 자기가 그럴 수 있다는 것을 모든 사람에게 알린다. 그리고 항상 '나'를 중심으로 말해서 듣는 사람을, 특히 그린 타입을 불편하게 만든다(이는 자아가 강한 유형인 옐로 타입도 마찬가지다).

뿐만 아니라 레드 타입은 자기가 앞으로 나갈 기회가 보이면 다른 사람을 거리낌 없이 짓밟아버릴 수도 있다. 설사 고의가 아니라고 해도 짓밟는 건 짓밟는 것이다.

그래서 레드 타입은 대개 논쟁에서 승자가 된다. 이들은 그게 당연하다고 여긴다. 언제나 자신이 남들보다 많이 안다고 생각해서 남들은 다 틀렸다는 말을 거침없이 한다. 이런 식으로 행동하는 게 이들의 자존심에 부합한다. 하지만 그 결과로 친구를 잃고, 미움을 사고, 아무도 무리에 끼워주려고 하지 않기 때문에 정보를 차단당한다. 그리고 이런 현실을 깨닫고 나면 다른 사람들을 다 꼴통이라고 말하기 쉽다. 툭 까놓고 말해서 레드 타입이 볼 때는 주변이 꼴통 천지다.

몇 년 전에 나를 포함해 6명이 저녁 식사를 하는 자리에서 있었던 일이다. 그린 타입 남성이 괴로운 얼굴로 컨디션이 영 좋지 않다고 말했다. 회사에서 맡은 직무 때문에 어깨가 너무 무겁다는 것이었다. 과중한 업무량이 부담스러워서 밤잠을 설칠 정도라고 했다. 그런데 밤에 제대로 못 자면 낮에 일하기가 더 힘들어지니까 스트레스만 쌓인다는 거였다. 옆에 앉아 있던 그의 부인은 퀭한 눈을 애써 감추려 했다. 그 자리에 있던 모든 사람의 마음이 무거워졌다. 다들 격려의 말을 하고 그 힘든 상황을 타개할 방법이 뭐라고 생각하는지 조심스레 물었다. 최대한 그를 다독이고 응원했다.

그런데 참석자 중 유일한 레드 타입이 참다 참다 못 참고 마침내 그 중압감에 시달리는 불쌍한 남자에게 호통을 쳤다. 그의 분석은 아주 명료했다.

"거참, 우는 소리도 한두 번이지. 남의 돈 버는 게 어디 쉬울 줄 알았어? 난 앓는 소리 안 해. 가만히 보면 요즘 사람들 걱정이 너무 많아. 난 절대로 너같이 행동하지 않을 거야. 너도 마음 좀 다잡고 정신 차려."

덕분에 저녁 식사 한번 화끈하게 했다. 물론 그날 저녁에 기분 좋게 돌아간 사람은 아무도 없었다.

옐로 타입 - 부주의하다, 경청하지 않는다

재미있고 쾌활하고 지극히 긍정적인 사람. 거의 절대적으로 긍정적인 사람. 물론 이는 어디까지나 본인의 해석이다. 다른 사람들에게 옐로 타입에 대해 물으면 좀 다른 말이 나올 수도 있다. 많은 사람이 앞에서 읽은 내용에 동의하긴 할 테지만 그와 다른 평가도 듣게 될 것이다.

특히 블루 타입에게 물어보면 가장 재미있는 반응이 돌아오리라. 그들은 옐로 타입을 '이기적이다' '얄팍하다' '너무 자신만만하다'라고 말할 것이다. 그 밖에 '말이 너무 많다' '남의 말을 잘 안 듣는다'라는 소리도 나올 것이다. 거기에 '정신 사납다' '부주의하다'라는 평까지 더해지면 그다지 좋은 그림이 나오지 않는다.

이런 말을 들으면 옐로 타입은 진심으로 상처받고 심란해하든가 사납게 반박하든가 둘 중 하나다. 그런데 놀라운 점은 그런 말도 시간이 지나면 그에겐 별것 아니게 된다는 사실이다. 왜냐하면 옐로 타입은 원래 남의 말을 잘 안 듣는 데다가 '선택적 기억력'을 갖고 있기 때문이다. 옐로 타입은 껄끄러운 사실은 그냥 잊어버리고 특유의 긍정성을 발휘해 자신에게는 아무 잘못이나 단점이 없다고 쉽게 믿어버린다.

그러면 이제 옐로 타입이 자기도 모르는 사이에 어떤 일을 벌이는지 알아보자.

❶ 말을 독점한다

옐로 타입은 말재주가 대단히 좋다. 아주 기가 막힐 정도다. 다른 색상들은 옐로 타입의 어휘력, 표현력, 설명력을 따라갈 수가 없다. 옐로 타입은 딱히 애쓰지 않고도 술술 이야기보따리를 풀어서 사람들의 마음을 사로잡는다. 알다시피 대부분의 사람은 남들 앞에서 말하기를 좋아하지 않는다. 그런 상황이 되면 망신을 당할까 무서워 심장이 두근대고 손바닥이 축축해진다. 하지만 옐로 타입은 예외다. 그들은 남들 앞에서 망신당할 가능성을 생각조차 하지 않으며, 설사 백만 분의 일의 확률로 그런 일이 일어난다손 치더라도 다른 재미있는 이야기로 유유히 웃어넘긴다.

하지만 아무리 좋은 것도 과유불급이다. 아무리 잘하는 것도 적당한 선에서 그만둘 줄 알아야 한다. 한데 옐로 타입, 그중에서도 특히 눈치가 없는 옐로 타입은 그런 선을 모른다. 이쯤에서 멈춰야 한다는 생각 자체를 하지 않으니 할 말이 있으면 다 해버린다. 아무도 자기 이야기를 중요하게 생각하지 않는다고 해도 상관없다.

누구나 그렇듯이 옐로 타입도 자기가 잘하는 것을 많이 한다. 옐로 타입이 잘하는 것은 '말'이다. 그러다 보니 대화를 독점하는 경우가 부지기수다. 거기에 남의 말까지 잘 안 들으니 커뮤니케이션은 일방적일 수밖에. 그러나 본인은 그것을 참 흥미진진하게 생각한다.

이처럼 끝을 모르는 옐로 타입의 수다는 많은 사람을 열받게 한다.

도무지 침묵할 줄을 모르니 이기적으로 비치기 십상이다. 떠버리, 촉새, 따발총 같은 표현은 모르긴 몰라도 옐로 타입을 염두에 두고 만들어졌을 것이다.

내가 정말 수도 없이 겪는 일을 이야기해보겠다. 몇 사람이 회의실에 둘러앉아 있다. 그중 우두머리가 아이디어를 내놓는다. 주제는 상관없다. 이윽고 그 아이디어를 논평하는 시간이 되면 옐로 타입들이 저마다 표현만 다르지 사실상 똑같은 말로 그 아이디어를 지지한다. 왜 그러는 걸까? 첫째는 자신이 동의한다는 신호를 보내는 게 중요하기 때문이고, 둘째는 자신이 그 아이디어를 훨씬 잘 표현할 수 있기 때문이다.

몇 년 전, 어느 회사 경영진과 집단역학(집단 구성원의 상호 교섭 관계에 작용하는 힘을 연구하는 사회학의 한 분야 - 옮긴이)을 공부하던 때에 나는 휴대 전화의 스톱워치 기능을 이용해 누가 얼마나 오랫동안 말하는지 기록해보기로 했다. 회의실에는 CEO와 7명의 임원들이 모여 있었다. 영업부장 피에테르는 진성 옐로 타입이었는데 그날 상정된 안건 19개 중 1개가 그의 안건이었다. 비율로 치면 19분의 1로 약 5.3퍼센트였다. CEO가 회의를 개시하자 금세 뚜렷한 패턴이 보였다. 피에테르는 모든 안건에 대해 꼬박꼬박 자기 의견을 말했다.

회의가 끝난 후, 나는 스톱워치의 기록을 보고 깜짝 놀랐다. 그가 전체 회의 시간 중 무려 69퍼센트의 시간 동안 발언한 것이었다. 과장이 아니다. CEO를 포함한 나머지 7인에게는 겨우 31퍼센트의 시간만 돌아갔다.

만일 당신이 옐로 타입이라면 앞의 사례에서 자신의 모습을 발견하고 일부러 아주 안 좋은 사례를 골랐다며 책을 내던졌을지도 모르겠다.

반면에 다른 유형들은 도대체 그런 일이 어떻게 가능한지 의아할 것이다. 그런 일이 가능한 이유는 옐로 타입은 어떤 주제에 관해 아는 게 있든 없든 간에 의견, 주장, 조언을 개진하는 데 아무 지장이 없기 때문이다. 옐로 타입은 자신의 능력을 후하게 평가하는 경향이 있다. 그래서 어떤 생각이 떠오르면 일단 입부터 열고 본다.

레드 타입은 생각을 즉각 행동으로 옮긴다. 옐로 타입은 생각을 즉각 말로 내뱉는다. 옐로 타입이 하는 말은 전혀 정제되지 않고 그냥 불쑥 튀어나오는 경우가 많다. 물론 깊이 생각하고 나오는 말도 있겠지만 대부분은 그렇지 않다. 그런데 그런 말이 거의 예외 없이 아주 '그럴싸하게' 들리니 홀딱 넘어갈 수밖에. 옐로 타입은 귀에 착착 감기게 말하는 요령을 잘 알고 있다. 그래서 그런 사실을 잘 모르는 사람이라면 그냥 그 말이 다 옳다고 생각하는 크나큰 실수를 저지르기 쉽다.

옐로 타입과 대화할 때는 관찰력을 잘 발휘해야 한다. 그래야 그가 잠깐 숨을 돌리는 틈을 타서 잽싸게 치고 들어가거나 대화를 끝낼 수 있다.

❷ 부주의하고 산만하다

그들은 선천적으로 꼼꼼함과는 거리가 멀다. 체계적으로 일하는 것을 따분하게 여기고, 어떤 틀에 자신을 맞추는 것도 싫어한다. 옐로 타입이 기필코 피하려고 하는 것이 있다면 바로 획일적인 시스템에 통제되는 느낌이다.

이에 대한 해법은 모든 것을 머릿속에 저장하는 것이지만 사실상 불가능한 일이다. 모든 것을 기억하는 것이 어디 가당키나 한 일인가? 그래서 옐로 타입은 평소에 깜빡하는 것이 많아서 주변 사람들에게 부주의하다는 인상을 준다. 옐로 타입은 약속을 자주 잊어버린다. 그리고 어떤 결과물을 넘기기 전에 다시 한 번 확인해보지도 않는다. 왜냐하면 자기 생각에 다 됐다 싶으면 절대 뒤를 안 돌아보기 때문이다. 그냥 다음 단계로 훌쩍 넘어가서 다른 일을 처리한다. 하지만 옐로 타입은 자신이 부주의하다는 것을 좀처럼 인정하지 않는다.

세부 사항에 대해서도 이야기해보자. 어떤 일을 하다 보면 세부 사항을 꼼꼼히 따져봐야 할 때가 있다. 하지만 옐로 타입은 그런 것을 잘 안 챙긴다. 아예 그쪽으로 관심이 없다고 해도 과언이 아니다. 옐로 타입은 큰 그림만 보려 한다.

"거참, 왜 사소한 거로 안달복달하고 그래? 봐봐, 결국엔 잘됐잖아!"

셔츠에 실밥이 삐죽삐죽 튀어나와 있어도, 서류에 오타가 잔뜩 있어도 옐로 타입은 그보다 뭔가 새로운 것을 생각해내는 게 더 중요하다고 여긴다.

이런 부주의하고 산만한 경향은 다방면으로 나타난다. 내 주변에는 도대체 시간을 지킬 줄 모르는 사람이 몇 명 있다. 그들은 항상 뭔가를 구상하는 데 열심이고 시간에 대해서는 아주 낙천적으로 생각한다. 약속 시간이 몇 시든 제시간에 나타나지 않기는 매한가지다. 어차피 지각이다. 한술 더 떠서 45분 늦어놓고 겨우 15분 늦었다고 시치미를 뚝 뗀다. 그러고는 정말로 그렇다고 믿어버린다. 그래도 어쩌랴. 그들의 존재만으로도 그 시간이 빛나니 군말 없이 기다릴 수밖에.

③ 싫증을 잘 낸다

장시간 집중하지 못하는 옐로 타입의 성격에 대해 이야기해보자. 옐로 타입은 언제나 새로운 발상을 받아들일 준비가 되어 있다. 하지만 이렇게 시도 때도 없이 새로운 것, 새로운 아이디어를 환영하는 엄청난 개방성이 마냥 좋지만은 않다. 왜냐하면 세상에는 새로운 것이 너무나 많기 때문이다!

그리고 옐로 타입은 '새로운' 것을 곧 '좋은' 것으로 여기기 때문에 항상 주변에서 무슨 일이든 일어나고 있어야 한다. 그렇지 않으면 금방 싫증을 낸다. 옐로 타입은 굳이 이야기 전체를 듣거나 배경 설명을 들으려 하지 않을 뿐만 아니라 중요한 세부 사항이나 정보에도 귀를 기울이지 않는다. 그런 쪽으로는 별로 관심이 없어서 집중력을 잃어버린다. 그러고 나서는 뭘 할까? 간단하다. 다른 일을 하는 것이다. 저글링으로 치자면 한꺼번에 모든 공을 허공으로 던지는 셈이다. 문제는 이 공들을 잠깐 공중에 띄워놓을 수는 있어도 적당한 시점에 적당한 상자 안에 집어넣지 못한다는 점이다. 뒷수습도 안 하고 그냥 자리를 뜨니까 엉뚱한 사람이 그 공에 머리를 맞는 일이 벌어진다.

회의 시간에 옐로 타입은 휴대 전화나 노트북을 만지작대거나 옆 사람과 잡담을 나누기 일쑤다. 자기 딴에는 소리를 낮췄으니까 아무도 눈치 채지 못할 줄 안다. 물론 큰 착각이다. 다들 속으로 짜증을 낸다. 하지만 아무도 뭐라고 하는 사람이 없으면 옐로 타입은 계속 딴짓을 한다. 이렇게 보면 옐로 타입은 꼭 어린아이 같다. 인내심의 한계를 잘도 시험한다. 누구 하나 화가 머리끝까지 치솟아서 폭발해야 정신을 차린다. 물론 그런 상황이 닥치면 상처를 받는다. 자신이 뭐 나쁜 뜻으로 그런 것도 아닌데 날벼락을 맞았기 때문이다.

그런데 쉽게 싫증을 내는 성격은 단순히 회의 시간에 조금 거슬리는 행동을 하는 것을 넘어 훨씬 큰 문제로도 이어질 수 있다. 옐로 타입은 행정이나 후속관리처럼 일상적인 일에는 별로 소질이 없다. 물론 대부분의 옐로 타입은 그렇지 않다고 반발할 것이다. 자기가 보기에는 이 방면으로도 달인의 경지에 있기 때문이다. 하지만 후속관리를 못하는 옐로 타입의 성향은 프로젝트를 원활히 수행하지 못하게 가로막는 장애물이 될 수 있다.

새로운 프로젝트? 좋다! 재미있는 친구들로 역동적인 팀을 꾸리자고? 좋아! 이제 슬슬 프로젝트를 가동해서 아이디어를 발전시키라고? 장난해? 그런 거야 진작 시작했지! 초반부터 미친 듯이 열을 올려서 빨리빨리 진행하자고? 당연히 그래야지! 하지만 그다음은?

프로젝트에서 뭐가 잘 되고 있고 뭐가 잘 안 되고 있는지 점검하는 후속관리는 무척 고된 일이다. 그러자면 뒤를 돌아봐야 하는데 그렇게 따분한 일을 옐로 타입이 할 턱이 없다. 옐로 타입은 후속관리에 공을 들일 만큼 집중력이 좋지 않다. 그래서 팀원들을 믿는다는 말로 자신을 설득한다.

예전에 내가 대형 홈쇼핑 채널의 영업사원들을 교육할 때 웃지 못할 일이 있었다. 나는 영리하고 실적도 우수한 사원과 이야기를 나누고 있었다. 우리는 그녀의 성격 유형에서 단점을 찾아냈고 (처음에 그녀는 단점도 장점이 될 수 있다고 우겼지만 결국에는 수긍했다) 이제 어떤 식으로 단점을 보완하고 자신을 계발할지 계획을 세울 차례였다.

그런데 그 일은 첫 번째 항목에서부터 틀어졌다. 그 항목은 '언제 시작할 것인가?'였다. 그날은 이미 오후 3시가 넘었으니 시작할 수가 없다고 했다. 다음 날은 회의가 꽉 차 있었다. 결국 다음 주로 넘겨야 하는데 그때는 또 출장이 잡혀 있었다. 그다음 주는 가봐야 안다고 했다. 말하자면 본 경기를 시작하기도 전에 패배했달까.

❹ 자기중심적이다

옐로 타입이라고 해서 무조건 다른 유형보다 이기적인 것은 아니지만 겉보기에는 항상 그래 보인다. 왜 그럴까? 대화 중에 거의 자기 이야기만 하기 때문이다. 그리고 다른 사람의 이야기가 좀 재미없다 싶으면 또 불쑥 끼어들어 훨씬 재미있는 이야기를 꺼낸다. 그 '훨씬 재미있는 이야기'란 대체로 자기 이야기다.

2000년대 초반에 내가 한 제약회사에서 워크숍을 진행했을 때 만난 구스타브라는 영업사원 이야기를 하겠다. 구스타브는 옐로 타입의 부족한 면은 다 보여주면서도 정작 자신은 꿈에도 그런 줄 몰랐다. 그는 입만 열었다 하면 자기가 어쨌고 저쨌고 하는 이야기만 했고, 자신이 워크숍 진행자인 것처럼 행동했다. 나한테는 그런 말썽꾸러기들을 요리하는 나름의 요령이 있다. 하지만 일단 그런 사람을 얼마간 관찰하는 것도 쏠쏠한 재미가 있다. 그러고 나서 첫 번째 휴식 시간에 조용히 불러서 신중하게 고르고 고른 말로 행동을 교정해준다.

예를 좀 들어볼까. 내가 좌중에 질문을 던지면 매번 구스타브가 대답했다. 그것은 신속한 판단력, 기민한 행동력, 높은 몰입도를 보여주는 신호라고 볼 수도 있었다. 그가 하는 말이 거의 다 뚱딴지같은 소리만 아니었다면 말이다. 그는 그냥 머릿속에 번뜩 떠오르는 생각을 여과 없이 말했다. 천성적으로 생각을 속에 담아둘 수 없으니 일단 내뱉고 보는 것이다. 내가 다른 사람들의 의견을 들어보고 싶다는 손짓을 해도 그는 대뜸 끼어들어 하던 말을 마저 했다.

내가 누군가를 호명하며 질문해도 구스타브가 대답했다. 정말 대단하지 않은가? 일단 자기가 말을 좀 하고 나서 "스벤, 자네도 똑같이 대답하려고 했지?"라고 묻는 식이었다. 그러면 상대방은 절레절레 고개를 저으며 "뭐하러 물어봐?"라고 반문했다. 이미 그의 행동에 이골이 난 것이었다. 그렇게 구스타브는 내가 고삐를 죄기 전인 오전 내내 발언권을 독점했다. 뭔가 빈틈이 생기거나 단 몇 초라도 정적이 생길라치면 어김없이 끼어들었다.

그는 다른 누구에게도 말할 기회를 허락하지 않았고 자기 말을 모두 진리의 말씀으로 여겼다. 그는 나머지 19명의 기분은 전혀 생각하지 않고 회의실의 공기를 혼자 다 빨아들였다. 재미있게도 나머지 19명은 지금 무슨 사태가 벌어지고 있는지 다 알고 있었다. 하지만 아무도 구스타브에게 맞설 에너지가 없었다. 그들은 내가 어떻게든 그의 입을 막아주기를 바라며 조금은 애처로운 눈빛을 보냈다.

점심시간에 구스타브는 모든 사람에게 들릴 만큼 큰 소리로 워크숍이 아주 순조롭게 진행되고 있는 것 같다고 평했다. 하지만 나머지 사람들은 이제 그의 목소리를 듣는 것 자체를 거북하게 여겼다. 질릴 대로 질려버린 거다.

⑤ 남의 말을 듣지 않는다

옐로 타입은 남의 말을 참 안 듣는다. 그쪽으로는 구제불능이라고 해도 좋을 정도다. 그런데 내가 만난 옐로 타입 중에서 많은 사람이 자기는 남의 말을 아주 잘 듣는다고 자평했다. 당연히 그런 주장을 증명하는

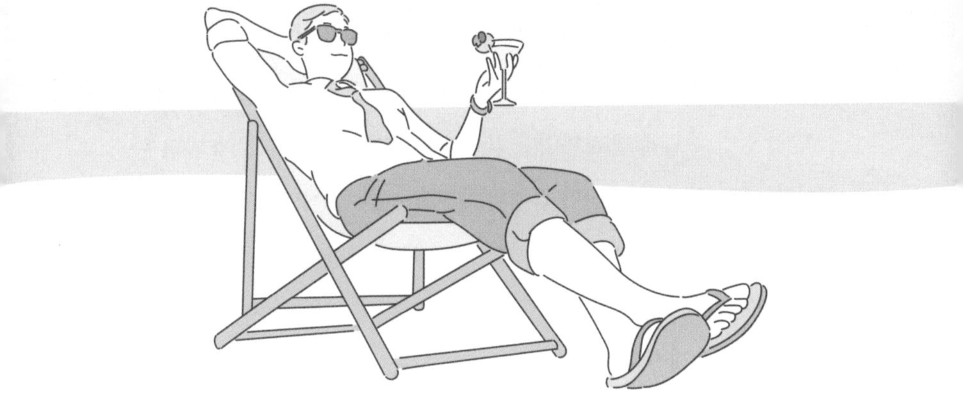

재미있는 사례도 들려줬다. 그런데 사실은 그들의 기억이 잘못됐을 가능성이 크다. 옐로 타입은 자신이 무엇이든 잘 기억한다고 믿지만 실제로는 많은 것이 머릿속 창고로 가는 도중에 유실된다.

사실 문제는 기억력이 아니다. 진짜 문제는 다른 사람의 말에 대체로 무관심한 옐로 타입의 성향이다. 옐로 타입은 똑같은 이야기를 자기가 훨씬 잘할 수 있다고 믿으니까 남의 말을 건성으로 듣는다. 딴생각을 하고 딴짓을 한다. 그저 자기 말만 하고 싶을 뿐이다.

옐로 타입은 재미있는 일만 하고 싶어 한다는 점에서 어린아이와 같다. 어떤 이야기나 대화가 지루하다 싶으면 그냥 귀를 닫아버린다. 물론 이를 해결할 방법도 있다. 당신도 재미있게 말하는 법을 배우면 옐로 타입 친구, 파트너, 동료의 관심을 붙들어 맬 수 있을지 모른다. 사실 화술이란 말하는 기술이 아니라 다른 사람이 귀를 기울이게 하는 기술이다.

만일 당신 주위에 옐로 타입인 친구가 있다면 내 말이 피부에 와닿을 것이다. 그는 당신이 말을 다 끝내기도 전에 전혀 상관없는 말을 늘어놓기 시작할 것이다. 기억력이 나빠서 그렇다고? 아니, 당신의 말이 너무 재미없어서다. 그런데 여기에 정말로 몹쓸 기억력까지 더해진다면 상황이 아주 심각해진다.

사회에서 진정으로 성공한 이들을 보면 대체로 보통 사람보다 남의 말을 더 잘 듣는다. 이들은 말하는 것보다 듣는 것을 좋아한다. 자신이 무엇을 알고 있는지는 이미 잘 알기 때문에 더 많은 것을 배우려면 그냥 입 다물고 상대방의 말을 듣기만 하면 된다. 그렇게 새로운 지식을 습득한다. 옐로 타입도 이렇게 남의 말을 잘 듣고 이해하는 능력을 길러야만 구제불능으로 비치지 않고 자기계발이 정체되지도 않는다. 예를 들면

이 단락에서 내가 말한 내용을 새겨들어야 한다. 내 말이 껄끄럽고 따분하다고 거부한다면 그 무엇도 배울 수 없을 것이다.

그린 타입 - 고집불통, 수동적

그린 타입은 다른 유형들에게 어떻게 비칠까? 한마디로 명암이 공존한다. 그린 타입을 두고 싹싹하고 다정하고 배려심이 많다고 하는 사람들도 있지만 그와 다른 견해도 있다. 갈등이 무서워서 속은 '아니오'면서 말로는 '예'라고 하는 사람이라는 것이다. 그런 사람을 어떻게 상대하지? 그 진심을 어떻게 알 수 있겠어?

특히나 레드 타입과 옐로 타입이 이른바 '침묵의 저항'에 난감해한다. 침묵의 저항은 입을 꾹 다물고 속에 있는 말을 하지 않는 것이다. 일부 그린 타입은 당사자의 등 뒤에서 진실을 말하기도 한다. 그래서 정직하지 못한 사람으로 비칠 수도 있다. 본인으로서는 어디까지나 갈등을 피하기 위해서 그랬다고 해도 어쩔 수 없다.

변화와 관련해서도 할 말이 있다. 그린 타입은 변화의 필요성을 알면서도 변화에 손사래를 치기 때문에 가까운 사람들에게 건방지고, 완고하고, 안일하고, 현실에 안주하는 사람이라는 인상을 준다. 특히 레드 타입에게 어떻게 생각하는지 묻는다면 비판이 빗발칠 것이다.

❶ 고집이 세다

자기 생각을 절대로 바꾸지 않는 사람을 어떻게 상대해야 할까? 이제 다른 길을 택해야 한다는 객관적인 증거가 나와도, 더는 현행 유지가 불가능하다는 게 명백히 드러나도 끝끝내 고집을 꺾지 않고 버티는 사람 말이다.

여기서 그린 타입과 블루 타입의 차이가 드러난다. 블루 타입은 어떤 사안과 관련된 객관적인 사실을 더 많이 확보하려고 하는 반면, 그린 타입은 모든 소란이 잠잠해질 때까지 입을 꾹 다물고 아무것도 하지 않는다. 일단 한번 마음을 먹으면 양보할 줄을 모른다. 왜 그럴까? 왜냐하면 그린 타입은 그렇게 굳게 마음을 먹는 일이 거의 없기 때문이다.

이렇게 생각해보자. 당신이 평생을 고민한 끝에 드디어 콜레스테롤의 위험성, 혹은 우주여행, 브리트니 스피어스에 대한 구체적인 견해를 형성했다. 그런데 웬 남자가 와서 자기가 옳으니까 당신의 견해를 포기하라고 한다.

그런다고 어디 포기하겠는가. 어쩌면 그린 타입이 변화에 소극적인 것은 그런 변화가 옳다는 '감'이 올 때를 기다리고 있기 때문인지도 모른다. 만약에 그런 감이 오지 않는다면…… 뭐, 이들은 워낙 인내심이 강하니까 계속 기다린다.

이들의 고집은 때때로 너무나 비논리적이다. 당신이 어떤 사람에게 현재 확보 가능한 객관적인 사실을 모두 제시했더니 그 사람도 말로는 알았다고 한다. 당신의 말이 논리적이라는 데도 동의한다. 꼭 당신이어서가 아니라 다른 사람이 말했어도 똑같은 반응을 보였을 만큼 그 말에 일리가 있기 때문이다. 그런데 그것과는 별개로 그 사람은 자신의 견해를 전혀 바꾸려고 하지 않는 것이다. 어떤 사람들은 이를 황소고집이라 부른다.

황소고집을 부리는 이유가 뭘까? 좋은 질문이다. 황소고집은 처음

정보를 입수한 출처를 맹신해서 생기는 것일 수 있다. 만약에 당신이 신뢰하는 친구가 쓰레기만 주워도 의사만큼 벌 수 있다고 말한다면 실제로 그런가 하는 것은 중요한 문제가 아니다. 만약에 그 친구가 맥주를 세 잔 마시고 스쿠터를 타도 음주운전으로 걸리지 않는다고 말하면 설사 그 말이 사실이 아니라는 증거가 엄연히 존재한다고 할지라도 이 또한 진실이 된다. 그 친구는 당신이 믿는 좋은 사람이니까 그 말이 진실일 수밖에 없다. 그런 타입은 어떤 사람을 굳게 믿으면 그 사람의 말이 곧 법이 된다. 이처럼 그린 타입은 좀 순진하고 사람을 잘 믿는 편이기 때문에 이용당하기 쉽다. 실제로 그런 점을 악용해 뒤통수를 치는 사람들이 존재한다.

물론 이렇게 완고한 성격이 강점이 될 때도 있다. 하지만 주변인들에게 그것이 똥고집으로 받아들여진다면 골칫거리밖에 안 된다.

❷ 최선을 다해 아무것도 하지 않는다

그린 타입은 남들이 어떻게 하나 탐색하면서 심사숙고하는 경우는 있어도 뭔가에 적극적으로 뛰어드는 모습은 잘 보이지 않는다. 그래서 매사에 무관심한 것처럼 비칠 수 있다. 그게 사실일 때도 많다. 그린 타입은 수동적인 편이어서 뭔가를 행동에 옮기는 경우가 그리 많지 않다.

'그게 뭐 어때서? 집에만 있으면 사고 칠 일도 없잖아?'라고 생각할 수도 있다. 그런데 그린 타입이 모르는 사실이 있다. 다른 사람들은 뭔가를 하고 싶어 한다는 것이다. 하지만 그린 타입은 남들이 모두 자기와 같은 줄 알고 소파를 벗어나지 않는다. 아무것도 하지 않는 것에 만족한다. 그리고 이런 상황을 뒤흔드는 것은 무엇이든 위협으로 여긴다. 그러면 어떻게 될까? 더욱더 수동적으로 처신하게 된다.

언젠가 레드 타입 (옐로 타입 성향도 있었다) 사장이 자기 회사 직원들은 패기도 없고 열의도 없다고 말하는 것을 들었다. 자기가 아무리 구슬리고 닦달해도 직원들이 그냥 가만히 있으니 속이 터진다고 했다. 온갖 아이디어를 제시해봤고 그중에는 아주 흥미로운 아이디어도 있었지만 결국에는 아무 일도 일어나지 않았다. 그린 타입도 좋은 아이디어는 남들처럼 빨리 알아본다. 하지만 레드 타입 동료가 배턴을 쥐고 전력으로 달릴 때 그린 타입은 그냥 앉아서 기다린다. '이거다!' 하는 느낌이 올 때까지 하염없이 기다리며 아무것도 하지 않는다. 어차피 아무것도 안 하는 게 그토록 바라는 것 아니던가.

그 사장이 직원들을 불러서 회사를 어떻게 생각하는지 물었다. 그는 직원들이 열의가 없는 게 빤히 보이니 걱정이었다. 이제 막 중년에 접어든 직원이, 솔직히 굳이 열심히 해야 할 일이 생각나지 않는다고 말했다. 그 말을 듣고 사장은 낙담이 이만저만이 아니었다. 자기가 아무리 노력해봤자 사실상 아무 반응도 기대할 수 없지 않은가.

이런 일은 부부 사이에도 생길 수 있다. 어떤 여자들은 강인하고 조용한 남자에게 끌린다고 한다. 그것 자체는 아무 문제가 없다. 하지만 막상 같이 살아보니 남편이 그저 강인하고 조용하기만 한 남자라면, 정말로 그게 다라면 부인은 불행해질 수도 있다. 어떤 계획을 세웠는데 남편이 시큰둥하면 부인은 혼란스러워진다. 그래서 더 좋은 계획을 세운다. 그러면 남편은 안락의자 속으로 더 깊이 파고든다.

참 역설적이다. 계획이 발전할수록 그린 타입의 열의는 줄어드니 말이다. 그린 타입이 원하는 것은 오로지 평온뿐이다.

나는 20년째 소설을 쓰고 있다. 첫 소설이 출간되기 전까지 내 작품이 책으로 나오는 날이 오기를 간절히 바랐다. 그런 마음을 온 가족이 다 알았다. 내가 동네방네 떠들고 다니진 않았지만 굳이 그런 포부를 숨기지도 않았기 때문이다. 그런데 우리 친척 중에는 관심과 열의를 숨기는 데 도가 튼 사람이 몇 명 있다. 나와 가까운 그린 타입 친척 하나는 내가 얼마나 성공을 염원하는지 잘 알았다. 내가 소설가로 성공하는 게 꿈이고 그 꿈을 이루면 어떤 기분일지 누누이 말했기 때문이다. 그런데도 그는 내게 소설을 쓰는 건 어떻게 돼가냐고 묻지 않았다. 한 5년에 한 번씩, 한 가지에만 너무 심하게 매달리면 실망만 하니까 마음을 편히 먹으라고 할 뿐이었다. 거기에 대고 내가 "올해는 꼭 출간합니다. 죽어라 쓸 거예요!"라고 하면 "아이고, 너무 애쓴다."라고 대답했다. 너무 애쓰는 것은 그린 타입의 천적이다. 왜냐하면 그것은 '수고'를 뜻하기 때문이다. 그린 타입은 모든 일이 술술 풀려야 한다는 마음가짐으로 산다.

이렇게 무심하고 열의가 부족한 사람 앞에서는 제아무리 영감이 번뜩이는 사람이라고 해도 김이 팍 샐 수 있다. 나는 계속 소설 쓰기에 매진하기 위해 다른 사람들에게서 에너지를 얻는 요령을 터득했다. 하지만 그린 타입은 이런 것을 이해하지 못한다. 사람들이 끼어드는 것을 성가시다며 싫어한다. 그러지 말고 우리 그냥 여기 앉아서 열심히…… 아무것도 하지 맙시다.

③ 애매하게 말하고 애매하게 생각한다

그린 타입은 민감한 문제에 대해 확실한 입장을 밝히는 것을 꺼린다. 이들도 남들처럼 의견이야 많지만 굳이 옥상에 올라가서 자기 의견을 외치고 싶어 하진 않는다. 이유는 간단하다. 괜히 시끄러워질 수 있기 때문이다. 그러다 보니 자기 생각을 말할 때 애매한 표현을 쓸 때가 많다. "그건 불가능합니다."라고 말하지 않고 "거기에는 몇 가지 장애물이 있을 것 같다는 생각이 들기도 합니다."라고 말하는 식이다. 물론 둘 다 의미는 같다. 제시간에 끝낼 수 없다는 소리다. 하지만 직접적인 표현을 쓰지 않으면 그만큼 감수해야 할 위험도 줄어든다. 뭔가에 대해 확실하게 입장을 밝히면 그 입장을 떠받치기 위해 노력해야 한다. 이 얼마나 골치 아픈 일이란 말인가.

그린 타입은 후회할 일을 만드느니 안전한 길을 택한다. 자기 생각을 모호하게 말하면 현재의 사안에 대해 책임지지 않아도 된다. 불확실한 상황에 자신의 명성을 걸지 않아도 된다. 어떤 것에 대한 입장이 없다는 것은 그것에 대한 '반대' 입장도 없다는 것이다. 참 답답한 소리라고? 하지만 그린 타입이라면 이 말에 수긍할 것이다. 내가 예전에 만난 어떤 그린 타입은 항상 남들과 같은 생각이라고 했다. 아니, 그래서 그 생각이 도대체 뭐란 말인가?

그런데 남들에게 그린 타입이 모호하게 보이는 이유가 단지 원만한 관계를 유지하려고 하기 때문일까? 전혀 아니다. 진짜 이유는 그린 타입이 다른 유형들만큼 정확한 성격이 아니기 때문이다. 레드 타입이라면 레이디 가가의 음악을 혐오한다고 말할 것을, 그린 타입은 레이디 가가보다 좋은 가수가 많다고 말한다. 블루 타입이라면 지난 화요일 아침 이후로 3.65킬로그램이 빠졌다고 말할 것을 (물론 업무 시간이 아니라 잠깐 차 마시는 시간에 그런 말을 할 것이다) 그린 타입은 최근에 그냥 몇 킬로그램이 빠졌다고 말한다.

이는 그린 타입이 레드 타입이나 블루 타입만큼 쟁점 지향적인 사람이 아니기 때문이다. 그린 타입은 객관적인 사실에 대해 말하지 않는다. 그 대신 관계와 감정에 대해 말한다. 그러니 정확하게 말하기가 더 어렵다. 감정이 어디 정확하게 측정 가능한 것이던가? 난 당신을 지난달보다 정확히 12퍼센트 더 사랑해. 말도 안 되는 소리.

❹ 변화를 거부한다

자, 이제 정말로 큰 장애물을 만났다. 그린 타입이 다수인 집단에서 변화를 도모할 요량이라면…… 건투를 빈다. 특히 대대적인 변화를 일으킬 생각이라면 정말로 그 일이 고생할 가치가 있는 것인지 따져보기 바란다. 거기에 더해 빠른 변화까지 바란다면 흐음, 그냥 접는 게 나을지도 모른다.

변화에 대한 그린 타입의 생각은 이렇다.

- 지금보다 나을 거란 보장이 없잖아.
- 예전이 더 좋았어.
- 이런 건 한 번도 해본 적 없어.
- 원래 남의 떡이 더 커 보이는 법이야.

무슨 소리인지 알겠는가? 물론 변화가 항상 좋은 결과를 내진 않지만 그렇다고 무조건 빼면 쓰겠는가! 위와 같은 심정을 드러내는 게 무조건 나쁘다는 말은 아니지만 정말로 변화가 필요할 때는 이런 태도가 굉장히 위험하게 작용할 수도 있다.

한때 내가 이런저런 모임에 가면 자주 하던 질문이 있다. "집에서 식사 때 앉는 자리를 얼마나 자주 바꿉니까?" 그러면 많은 사람이 씩 웃으면서 습관적으로 원래 앉던 자리에 앉는다고 대답했다.

이 질문에 대한 그린 타입의 반응을 보면 우리가 문제에 직면했음을 알 수 있다. 나는 식탁에서 앉는 자리를 바꾼다는 생각만 해도 얼굴이 하얗게 질리고 이마에 땀이 송골송골 맺히는 사람을 적잖게 봤다. 예전에 일 때문에 만났던 수네라는 남자는 점심때 꼭 지켜야 하는 규칙과 절차가 있어서 그게 조금이라도 어긋났다 하면 남은 하루에 먹구름이 꼈다. 그는 구내식당 벽화 앞에 자리를 찜해놓고, 날이 바뀌고 달이 바뀌고 해가 바뀌어도 무조건 그 자리에 앉아서 점심을 먹었다.

그게 언제든 식당에 갔는데 그 자리를 다른 사람이 차지하고 있으면 그는 발걸음을 우뚝 멈췄다. 그나마 그 사태를 빨리 알게 되면 창가에 있는 비상용 자리로 향했다. 원래 자리만큼 좋진 않아도 그럭저럭 괜찮은 곳이었다. 하지만 그 자리에서 점심을 먹어야 할 때면 내내 '자기' 자리를 뺏어간 사람을 노려봤다. 물론 말은 한마디도 안 했다. 다만 종일 부루퉁해 있을 뿐이었다. 이 또한 그린 타입의 주특기다. 꿍해서 보는 사람들을 불편하게 만드는 것. 비상용 자리까지 다른 사람이 선점했으면 그는 그냥 발길을 돌렸고 그날 하루는 완전히 망친 날이 됐다.

또 하나 이야기해볼까. 우리 어머니, 이제는 돌아가셨지만 내가 평생 잊지 못할, 사랑하는 우리 어머니는 녹색의 화신이었다. 어머니는 우리 부부의 아이들을 어릴 때부터 많이 돌보고 챙겼다. 언젠가 우리 부부가 다른 집에 금요일 저녁 식사 초대를 받았을 때 일이다. 나는 어머니에게 마음의 준비를 할 시간이 필요하다는 것을 알기 때문에 몇 주 전에 미리 아이들을 좀 봐달라고 말씀드렸다.

그런데 약속 당일에 우리를 초대한 집의 부인에게서 전화가 왔다. 남편이 아파서 식사를 미뤄야겠다는 거다. 나는 어머니에게 전화로 사정이 그렇게 돼서 우리도 집에 있기로 했다고 전했다. 어머니는 아무 말씀이 없으셨다. 나는 아이들이 할머니를 무척 보고 싶어 하니까 그래도 오셨으면 좋겠다고 했다. 어머니는 굉장히 망설이는 눈치였다. 나는 어차피 달라질 것은 없다고 대답했다. 어머니는 짐을 싸셨고 우리도 손님방을 준비해놨으니 같이 주말을 보내기 좋은 기회였다. 그래도 어머니는 망설이면서 달라질 게 왜 없냐고, "너희가 집에 있잖아."라고 하셨다. 그리고 마음이 편치 않다며 생각을 좀 해보고 다시 전화하겠다고 했다.

어머니는 무엇이 문제였을까? 사실 어머니 입장에서 바꿔야 할 것은 전혀 없었다. 원래대로 하룻밤 주무시면서 토요일까지 손주들과 있으면 됐다. 더욱이 이제는 손주들을 돌보실 필요도 없어졌다. 우리가 어머니를 모시겠다는 것이었으니까. 그런데 이게 어머니에게는 예정과 전혀 다른 상황이었다. 우리가 집에 있었기 때문이다. 그게 문제였다. 아내와 내가 안 나간다는 것. 어쩌면 어머니는 미리 어떤 텔레비전 방송을 봐야겠다고 정해놨던 것일지도 모른다. 어쩌면 아이들에게 특별한 요리를 해줄 계획이었을 수도 있다. 어쩌면…… 나도 모르겠다. 말씀을 안 했으니 확실히 알 수가 없다. 여하튼 이런 변화가 좀 더 생각할 시간이 필요할 만큼 심각한 것이었음은 분명하다. 결국에는 어머니가 오시긴 했다.

곁가지로 또 재미있는 일화가 하나 있는데 어머니 세대의 특징을 보여주는 이야기이기도 할 것이다. 그날 내가 4시 30분에 모시러 갔더니 어머니는 왜 이리 늦었냐고 하셨다. 나는 원래 5시에 오기로 했으니까 30분이나 일찍 온 것 아니냐고 했더니 어머니가 뭐라고 했는지 아는가?

"나는 벌써 4시부터 준비 다 끝내고 기다리고 있었어."

⑤ '화목한 공동체'에 집착해 역효과를 불러온다

그린 타입에게 두 번째로 심각한 딜레마다. 그린 타입은 실랑이하는 것을 극도로 싫어한다. 이들에게는 원만한 관계를 유지하는 것만큼 중요한 게 없다. 문제는 이들의 방식이 때때로 유효하지 않다는 데 있다.

갈등은 두 가지 관점에서 볼 수 있다. 하나는 '조화주의' 또는 '조화에 대한 집착'의 관점이다. 이 관점에서는 모든 것의 중심이 타인과 사이좋게 지내는 것이다. 합의에 이르는 자체가 목표가 된다. 그러면 당연히 갈등을 유발하는 사람은 골치 아픈 문제아가 된다. 갈등은 리더십 부족, 커뮤니케이션 부족, 불화를 알리는 징후다. 그래서 갈등을 억누르고 갈등이 존재하지 않는 척한다. 문제아와는 아무도 상종하지 않으려 하기 때문이다.

이런 행동은 식탁에 올라온 사슴 대가리를 그냥 보고만 있는 것과 같다. 사슴 대가리에는 뿔이 그대로 남아 있고 주변에 파리가 날아다닌다. 식탁에 앉은 모든 사람이 사슴 대가리를 뻔히 보면서도 아무 말 하지 않는다. 뿔 사이로 음식을 건네기까지 한다. 나중에는 정말로 식탁 위에 사슴 대가리가 존재하나 싶은 생각이 들지도 모른다. 그러다 마침내 누군가가 저 사슴 대가리를 처리해야 한다고 말한다! 그 순간 이 사람은 분란 유발자가 된다. 이제 꼼짝없이 저 끔찍한 사슴 대가리를 처리해야만 하기 때문이다. 그냥 좀 잠자코 있지!

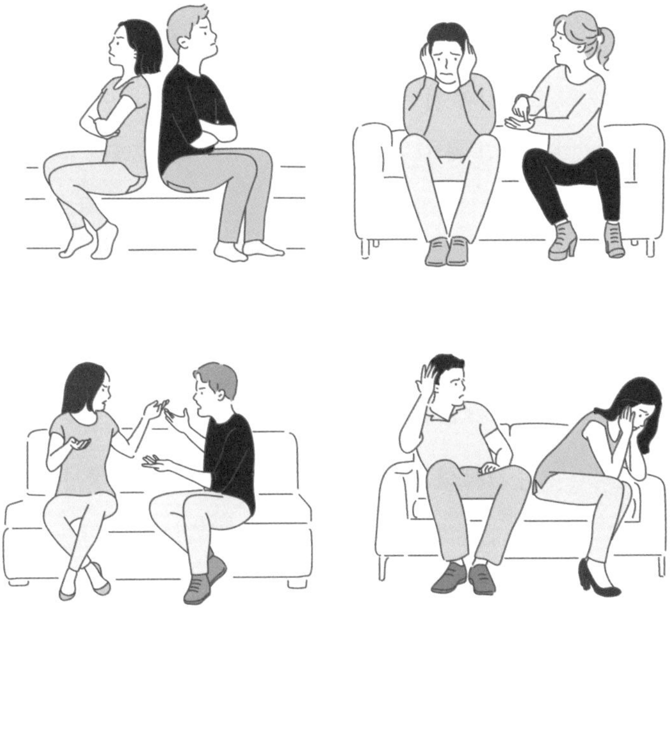

하지만 생각해보자. 항상 모든 사람의 합의를 도모하는 일은 어차피 용 써봤자 실현할 수 없는 일이다. 아무리 불화를 꽁꽁 봉해놓아도 결국에는 누군가 그 봉인을 뜯어내게 마련이다. 그러면 어떻게 될까? "으악, 이게 뭐야?" 멀리서도 악취가 코를 찌른다. 조화주의는 역설적으로 갈등을 부른다.

이와 정반대인 다른 하나의 관점은 '갈등주의'다. 이는 갈등의 존재를 인정하는 것은 물론이요, 갈등을 자연스러운 것으로 보는 관점이다. 갈등주의의 핵심은 사소한 분쟁의 소지가 보이는 순간 그 싹을 잘라버리는 것이다. 레드 타입과 일부 옐로 타입은 선천적으로 이런 데 능하다. 이들은 뭔가 틀어진 게 보이면 틀어졌다고 말한다. 그래서 문제를 초장에 잡을 수 있다. 사슴 대가리에서 썩은 내가 나기 전에 처리하는 것이다. 다시 말해 갈등주의는 오히려 조화를 부를 때가 많다.

하지만 그린 타입은 그냥 귀를 닫아버린다. 그린 타입은 모든 사람이 한마음이라는 환상을 어떻게든 유지하려 한다. 만장일치가 더 좋잖아? 갈등이 없으면 세상이 얼마나 더 살기 좋겠어?

이쯤에서 누구나 겪게 되는 상황을 한번 생각해보자. 직장에서 회의에 들어갔다. 참석자는 10명쯤이라고 하자(인원수는 당신의 상황에 맞게 적당히 가감하면 된다). 참석자 중 한 사람(상사도 좋고 누구든 좋다)이 방금 프레젠테이션을 마치고 다른 사람들의 생각을 듣고 싶어 한다. 그는 기대감에 찬 얼굴로 주위를 둘러보며 피드백을 기다린다.

만일 그 자리에 레드 타입이나 옐로 타입이 있다면 방금 들은 아이디어에 대한 견해를 피력할 것이다. 레드 타입은 그 아이디어가 좋으면 좋다 싫으면 싫다 할 것이고 옐로 타입은 그 아이디어를 듣고 머릿속에 떠오른 생각을 말할 것이다. 블루 타입 한두 명은 몇 가지 질문을 할 수도 있다.

그러면 그린 타입은? 아무것도 하지 않는다. 그냥 의자에 얌전히 앉아서 묻어간다. 누가 직접 묻기 전에는 아무 말도 하지 않는다. 초조하게 주위를 두리번거리며 제발 누군가 그 아이디어는 허튼소리라고 말해주기를 기다린다. 자기가 직접 반대 의견을 내놓기에는 사람이 너무 많다. 뭔가 극적인 말이나 부정적인 말을 꺼냈다가는 모든 사람의 눈길이 쏠릴 텐데 그런 것은 질색이다. 진심을 말하면 격론이 벌어질 텐데 그린 타입은 그런 데 휘말리고 싶지 않으므로(사실 그런 자리에 '있는' 것조차 질색이다) 그냥 침묵을 지킨다.

그러면 발표자는 어떻게 생각할까? 모든 사람이 자신에게 동의한다고 생각하지 않겠는가? 회의 참가자 중 절반 정도는 속으로 그런 한심한 아이디어는 세상에 또 없을 거라고 생각하는 줄도 모르고 말이다. 그러다 진실이 구물구물 기어 나오면(언젠가는 반드시 나오게 되어 있다) 어떻게 될까? 그렇다, 갈등이 생긴다.

회의실을 나와 커피 자판기 앞에 서면, 혹은 화장실에 들어가면 무슨 말이 나올지 뻔하다. 바로 진실이다. 그린 타입은 압박감을 해소하기 위해 등 뒤에서 남의 이야기를 하기 때문이다. 사람이 두세 명밖에 없으면 흔쾌히 불쾌한 심사를 털어놓는다. 이쪽 방면으로는 도가 텄다. 당사자의 눈길을 피할 수만 있다면 믿는 도끼에 발등 찍힌다고 할 만큼 험담을 잘한다.

블루 타입 - 비판적이고 의심이 많다

완벽주의자인 블루 타입조차도 비판을 받을 때가 있다. 비판의 이유는 '몸을 사린다' '방어적이다' '완벽주의다' '속을 모르겠다' '우유부단하다' '보수적이다' '독립심이 부족하다' '질문이 너무 많다' '의심이 많다' '따분하다' '쌀쌀맞다' '냉담하다' 등이다. 어휴! 이 형식주의 수호자들은 대체로 단점 목록도 아주 길다!

모든 위험 요소를 피하려다 보니 아무것도 시작하지 못하는 사람, 지나치게 비판적이고 의심이 많은 사람, 매사에 너무 꼬치꼬치 따지고 비판을 하는 통에 주변 사람들의 사기를 위험한 수준으로 떨어뜨리는 사람. 블루 타입은 자신을 현실주의자라 여기지만 남들의 눈에는 비친 모습은 비관주의자다.

❶ 지나친 완벽주의가 주변 사람들을 힘들게 한다

처음부터 솔직하게 말하겠다. 객관적 사실과 세부 사항을 따지는 것도 정도가 있다. 그 선을 넘어서 과도하게 파고드는 것도 분별없는 짓이다. 7장에서 내게 리더십 교육 프로그램을 제안받았던 CEO를 기억하는가? 그는 끝내 원점을 벗어나지 못했다.

그렇게 뭐든 빠삭하게 알려고 하는 블루 타입 때문에 주변 사람들이 난감해질 수 있다. '적당한' 선에서 만족하는 사람들은 끊임없는 질문 공세와 파고 파고 또 파는 꼼꼼함을 견디지 못한다. 하지만 블루 타입은 '적당한' 선을 용납하지 않는다.

꼼꼼한 성격은 여러 가지로 표출될 수 있다. 이를테면 책상 위에 서류가 모서리를 딱딱 맞춰서 정돈되어 있어야만 직성이 풀린다든가, 완벽한 메일을 보내기 위해 열다섯 번쯤 고쳐 쓴다든가, 간단한 엑셀 스프레드시트나 파워포인트 슬라이드를 다 만들어놓고 최종 마무리 작업에 몇 시간을 쏟아붓는 것이다. 이런 완벽주의는 때로 관계를 불편하게 하는데, 다음의 예를 통해 알아보자.

나는 벽지를 바꾸고 소품을 교체하는 등 집 꾸미기를 좋아한다. 몇 년 전에는 주방을 리모델링 했는데 식구들의 도움을 많이 받긴 했지만 나 혼자서 한 일도 많았다. 땀을 뻘뻘 흘리면서 고생했지만 끝나고 나니 그렇게 뿌듯할 수가 없었다. 비전문가치고는 꽤 잘했다고 생각했다.

얼마 후에 친구 한스가 우리 집에 왔다. 나와 오래전부터 알고 지낸 그는 아는 것도 많고 재주도 많다. 그는 내가 주방 공사에 혼신의 힘을 쏟았고 결과물에 만족한다는 사실을 잘 알고 있었다. 그가 주방에 들어와서 쓱 둘러보더니 나직이 말했다.

"깔끔하게 잘했네. 근데 저기 찬장 문 비뚤어졌다."

뭐, 썩 듣기 좋은 말이 아닐 수 있다. 하지만 한스로서는 그런 말을 하는 게 지극히 논리적인 행동이었다. 실수가 눈에 보이는데 완벽주의자로서 어떻게 그냥 넘어간단 말인가. 그가 비판한 대상은 내가 아니라 내 작업의 결과물이었다. 그냥 찬장 문이 똑바르지 않다고 말한 것뿐이었다.

❷ 사소한 것에 집착한다

예전에 내가 어떤 조직에서 행동과학을 교육했을 때 일이다. 수강생은 약 20명으로 모두 같은 부서 근무자였다. 교육 첫날 오후에 나는 각 수강생이 작성한 검사지를 토대로 성향을 분석한 결과를 나눠줬다. 다들 자기에 대한 평가를 흥미롭게 읽었고 대체로 흡족해하는 분위기였다. 단, 수강생 1명만 빼고.

그녀는 자신에 대한 분석 결과에 잔뜩 뿔이 나 있었다. 완전히 틀려먹었다는 것이다. 그에 대해 다른 수강생들 앞에서 논의해도 된다는 허락을 받고서 나는 그녀에게 어떤 부분이 마음에 들지 않는지 물었다. 그녀는 자신과 다른 부분이 한두 개가 아니라고 했다. 예를 들어 결과지에는 그녀가 사소한 것에 집착하는 경향이 있다고 쓰여 있는데 본인은 전혀 그렇지 않다는 것이었다. 나는 다른 수강생들의 얼굴에 슬며시 떠오른 미소를 보았다. 동료들은 다 아는 것을 본인만 모르는 듯했다. 나는 그녀에게 사소한 것에 집착한다는 분석 결과가 나온 이유가 무엇이라고 생각하는지 물었다. 그녀는 모르겠다고, 전혀 감이 안 잡힌다고 대답했다. 솔직히 그 분석법이 별로 쓸 만한 것 같지 않다고 했다.

나는 그녀가 사소한 것에 집착하지 않는다는 것을 보여주는 예를 들어달라고 했다. 그녀는 얼마든지 말해줄 수 있다며 이런 이야기를 했다. 그녀에게는 자녀가 3명 있고 저마다 항상 붙어 다니는 친구가 또 3명씩 있었다. 그래서 그녀는 저녁에 집에 들어가면 현관에 뒤엉켜 있는 온갖 신발을 폴짝폴짝 뛰어넘어서 안으로 들어가야 했다. 그러고 나서 매트의 먼지를 털고 신발을 차근차근 정리했다. 그녀는 280 사이즈 신발들을 맨 뒤에 둔다고 했다. 그 신발을 신고 온 애들이 가장 늦게 집에 들어왔으니까 그렇게 하는 게 논리적으로 옳았다.

그리고 주방에 들어가면 무엇이 그녀를 기다리고 있었을까? 여기저기 널브러진 음식 부스러기였다. 애들이 샌드위치를 먹고 난 주방은 가히 전쟁터를 방불케 했다. 이것저것 치우고 제자리에 가져다 놓고, 청소기를 돌리고, 식탁과 조리대를 다 닦는 데까지 20분이 걸렸다. 그제야 그녀는 외투를 벗고 좀 쉴 수 있었다.

이런데도 내가 사소한 것에 집착하는 사람이라고요? 말도 안 되는 소리!

다른 수강생들은 배꼽을 잡고 웃었다. 그녀는 도대체 뭐가 그렇게 재미있는지 모르겠다는 얼굴로 주위를 둘러봤다. 그녀가 생각하기에는 무엇 하나 절대 사소한 것에 집착한다고 할 수 없는 행동이었다. 집이 난장판이니까 어쩔 수 없이 그러는 것일 뿐.

여기에는 재미있는 뒷이야기도 있다. 몇 년 후에 나는 전혀 다른 장소에서 그녀를 마주쳤다. 그녀는 나를 꼭 껴안으면서 그때 그 분석 결과가 100퍼센트 정확했다고 말했다. 나는 깜짝 놀라서 어떻게 된 일인지 물었다. 그녀는 그 후로 한동안 그 결과지를 핸드백에 넣어 다니면서 자신에게서 실제로 관찰되는 항목이 있으면 체크를 했다고 한다. 그랬더니 결국에는 모든 항목에 체크를 하게 됐다는 것이다. 이제 그녀는 그 분석법을 무척 마음에 들어 했다. 아주 기가 막힌다나.

③ 냉담한 태도로 주변 사람들을 불편하게 만든다

이런 경험이 있을 것이다. 평소에 좋게 보던 사람이 있어서 같이 이야기를 좀 해보면 좋겠다 싶은 마음에 일부러 다가가 말을 건다. 그런데 잠시 후 당신 혼자서만 말을 하고 있다는 것을 알게 된다. 더욱이 만약 당신에게 옐로 성향이 있다면 중간중간 대화가 어색하게 끊기는 것도 느낄 것이다. 물론 그 전에 진짜 대화다운 대화가 있었다면 말이지만. 어쩌면 상대방이 꼼지락대면서 당신과 이야기를 나누고 싶지 않다는 신호를 보내는 게 감지될지도 모른다.

도대체 이 사람이 왜 이럴까? 당신은 그냥 어젯밤 축구 경기가 어땠는지, 지난여름에 가족과 어디에 다녀왔는지, 이번 연휴에 무엇을 할지 이야기하고 있는 것뿐인데? 무슨 문제라도 있나?

그렇다, 문제가 있다. 이 사람은 낯선 사람과 오래 이야기하는 것을 별로 좋아하지 않기 때문이다.

이 대목에서 당신은 "잠깐만!"이라고 할지 모르겠다. 우리가 같이 일한 게 벌써 석 달째인데 집에서 키우는 개 이름이 뭔지 물어보는 것 정도는 괜찮지 않을까? 하지만 이 사람은 물리적으로나 심리적으로나 남에게 침범당하고 싶지 않은 사적 영역이 꽤 넓은 편이다. 그래서 어떤 사람을 아주 잘 알게 된 후에야 비로소 마음을 연다. 뭐든 하고 싶은 말이 있으면 바로바로 해야 직성이 풀리는 레드 타입이나, 모든 사람이 자신에게 관심이 있는 줄 알고 어두운 비밀까지 말해버리는 옐로 타입과는 전혀 다르다. 사람이 많지 않고 주변 환경이 통제되어 있으면 사적인 이야기를 꺼내는 그린 타입과도 다르다.

이들은 굳이 대인관계에 공을 들이지 않기 때문에 타인에게 무심하다는 인상을 주기 쉽다. 그렇다고 블루 타입이 몰인정한 사람들은 아니다. 다만 욕구의 차원이 남들과 다를 뿐이다.

블루 타입은 혼자 있거나 가족과 있는 것을 좋아한다. 그러다 보니 주변 사람들은 블루 타입이 냉담하게 거리를 둔다는 느낌을 받는다. 블루 타입이 사적 공간을 중시하는 게 빤히 보이기 때문에 차갑게 느껴질 수 있다. 특히 옐로 타입과 그린 타입이 그런 느낌을 많이 받는다. 그래서 그들은 블루 타입 친구를 차갑고 따분한 인간이라 부른다. 이 사람이 왜 이렇게 쌀쌀맞게 굴지? 나 같은 건 안중에도 없나?

❹ 모든 정보를 통제하는 데 시간을 낭비한다

우리 부부와 친하게 지내는 한 여성은 집을 나설 때 꼬박꼬박 핸드백에 열쇠뭉치가 잘 있는지 확인해야 직성이 풀린다. 그것도 집을 나오기 전에 한 번, 나와서 또 한 번 확인해야 한다.

1980년대 내가 은행에서 일할 때, 순전히 ATM 명세서에 찍힌 통장 잔액이 정확한지 확인하기 위해 꼬박 30분간 줄을 서서 기다리는 사람들이 있었다. 한참을 기다려봤자 어차피 똑같은 컴퓨터로 확인하는 것이니 잔액이 다를 리 없었다. 하지만 세상일은 모르는 법. 확인해서 나쁠 것 없지. 기왕이면 두 번 확인해야지. 혹시 세 번 확인하는 것도 가능했으면 그들은 그렇게 하고도 남을 사람들이었다.

이런 통제욕은 어디서 나오는가? 블루 타입이 남들의 말을 믿지 못하고 자기가 들은 정보를 믿지 못하는 이유는 무엇인가? 에이, 믿기야 믿는다. 하지만 기왕이면 내가 직접 확인해서 위험 요소를 확실히 없애는 게 낫다고 생각한다. 물론 그게 바로 남을 안 믿는 것이다. 어쨌든 이들은 뭐든 자기가 직접 확인해야 한다. 가능하면 녹음도 하고 문서로도 남기고 말이다.

앞서 말했다시피 여기서 내가 말하는 것은 어디까지나 남들이 해석하는 행동 패턴이다. 아무튼 블루 타입은 모든 것을 한 번 더 확인한다. 왜냐하면 모든 것을 한 번 더 확인하는 것이 '가능하기' 때문이다. 그렇게 다 확인했으면 이제 결정을 내리면 된다.

내 친구 중 하나는 엑셀을 아주 잘 사용한다. 하지만 그 사용법이 남다르다. 이 친구도 공식을 기입하고 데이터를 입력하는 것은 똑같다. 하지만 상사에게 중요한 파일을 보내기 전에 꼭 계산기로 모든 수치를 재확인한다.

이게 도대체 뭐하는 짓인가? 만약에 레드 타입이 이 말을 들었으면 꼴통 중에서도 상꼴통이라고 할 것이다. 옐로 타입이 들으면 웃겨 죽으려고 할 것이다. 하지만 블루 타입은 그의 행동을 대번에 이해하리라. 이론적으로 볼 때 엄연히 엑셀에도 오류가 존재할 가능성이 있으니 말이다. 비록 그가 엑셀 함수를 직접 작성했다고 해도 뭐가 어떻게 잘못될지는 모를 일이다. 안전이 제일이다.

하지만 주변 사람들은 이것을 어떻게 받아들일까? 다음 항목을 읽어보기 바란다.

⑤ 회의적인 태도로 피곤하게 군다

엑셀을 의심하는 이 친구는 당연히 사람들에게 자신의 행동을 납득시키기가 쉽지 않다. 그가 그렇게 자기가 하는 일은 물론이고 남이 하는 일까지 죄다 두 번, 세 번씩 확인하는 것을 많은 사람이 겪어서 알고 있다. 사람들은 블루 타입의 행동에서 자신들에 대한 불신이 드러나면 노발대발한다.

그의 행동에는 시간을 끔찍하게 많이 잡아먹는다는 아주 사소한 문제도 있다. 물론 그만큼 일하는 시간을 늘리면 되긴 한다. 하지만 그만큼 관계는 악화될 수 있다. 당신에게 현재 상황을 타개할 만한 아이디어가 떠올라서 다른 사람에게 말했는데 그 사람이 다짜고짜 그 아이디어를 조각조각 해부한 후 각 항목에 대해 꼬치꼬치 묻는다면 얼마나 신이 나겠는가?

당연히 뭐든 오래 들여다보면 잘못된 부분을 발견할 확률이 높다. 그리고 당신의 아이디어가 옳은 것만으로는 부족하다. 블루 타입에게는 당신의 자격도 증명해 보여야 한다. 블루 타입은 당신을 어떤 분야의 권위자로 인정할 때 당신의 말에 더욱 열심히 귀를 기울일 것이다. 하지만 그 과정이 험난할 수 있다.

나는 이 주제로 여러 차례 강연을 하고 교육 프로그램을 진행했는데 그럴 때마다 복잡한 질문을 던지는 사람을 보면 대체로 엔지니어, 기술 영업직, 재무관리직이다. 가끔 조세 전문 변호사도 있다. 이들은 블루 타입인 경우가 적지 않고 나를 별로 대단치 않게 여긴다. 단순히 20년째 이 일로 먹고살고 있다고 해서 내가 이 분야에 일가견이 있다고 볼 수는 없기 때문이다(앞에서 사소한 것에 집착한다는 소리를 들었던 여성을 생각해보자).

이럴 때 당신이 할 수 있는 일은 이들이 인정하는 증거의 기준이 남들보다 훨씬 높다는 사실을 받아들이는 것이다. 별수 없다. 준비를 잘해 가서 당신이 하는 말이 진실임을 증명한다면 비로소 이들도 당신을 신뢰할 것이다.

각 유형의 대표적 특징

각 유형의 특징들을 설명하는 대표적인 단어들을 하단에 표로 정리했다. 당신과 타인이 가진 성격을 설명하고 이해하는 데 도움이 될 것이다. 쭉 읽어 내려가다 보면 '내가 이런 성격도 가지고 있나' 싶은 것도 있을 것이다.

RED	YELLOW	GREEN	BLUE
지배적	고무적	안정적	분석적
추진력	외향적	참을성	조사
야심	설득력	신뢰감	신중함
의지력	달변	관심	체계적
단호함	개방적	자제력	정밀함
문제 해결자	긍정적	다정함	정확함
정력적	공감	끈기	논리적
경쟁적	낙천적	경청	관습적
활기참	창조적	친절함	거리감
호기심	즉흥적	신중함	객관적
단도직입적	감성적	지지	완벽주의자
주도자	관심욕	이행자	꼼꼼함
결단력	예민	조력	탐구
조급함	즐거움	충심	규칙 준수
독단적	매력적	배려	짜임새

PART 3

내 맘 같지 않은 사람들과 잘 지내는 법

PART 3 09

행동 유형 분류법 내 것으로 만들기

새로운 지식을 배울 때 중요한 것

지금까지 각 타입별 행동 유형에 대해 살펴봤다. 이제 이 지식을 완전히 당신의 것으로 만들게 돕는 중요한 조언을 하고자 한다. 바로 배움에 관한 이야기다.

새로운 지식을 습득하는 게 쉽지만은 않다. 해야 할 것도, 읽어야 할 것도, 배워야 할 것도 많다. 어디서부터 시작해야 할까? 출발점은 거의 예외 없이 당신의 관심사가 무엇이냐에 따라 결정된다.

나 같은 경우에는 주변 사람들에 대한 스투레의 평가(온통 꼴통 천지라는 그의 지론)에 눈을 뜨면서 학구열이 생겼다. 하지만 그 후로 이 지식을 습득하기까지 오랜 세월이 걸렸다. 다양한 분야의 많은 책을 읽고, 많은 교육을 받고, 많은 자격증을 땄다. 그리고 수천 시간의 강연을 진행했다. 중년에 접어들어서야 내가 사람들의 행동법을 그럭저럭 안다고 말할 수 있게 됐다.

아무튼 내가 여기까지 오는 데에는 많은 시간이 걸렸다. 식관력이 없어서 그랬는지도 모른다. 하지만 사람들을 가르치는 방법과 사람들이 새로운 것을 습득하는 원리는 좀 알고 있다. 그리고 나는 인간보다 중요한 주제는 없다고 생각한다. 직업이 무엇이고 어떤 인생을 살든 간에 우리는 반드시 사람들과 부대끼게 되어 있다.

예컨대 당신은 이런 사람일 수 있다.

- 동료와 함께 일하는 직장인
- 고객을 만나는 영업사원
- 공식적인 서열은 없지만 다른 사람들을 통솔하는 프로젝트 관리자
- 직원들을 관리하는 부서장
- 간부와 평사원 사이에 있는 중간 관리자
- 2명 이상의 상사를 둔 평사원
- 가게를 운영하는 자영업자
- 10대 자녀를 둔 부모
- 부인을 둔 남편
- 남편을 둔 부인
- 학부모 모임 회장

이 책에서 내가 소개하는 지식은 어떤 분야에서든 활용할 수 있다. 인간을 이해하는 것은 자신의 목표를 원활히 성취하기 위해 반드시 필요한 조건이다.

다음 도표를 보자. 다른 데서 이 도표를 접한 사람도 있을 텐데, 이론

적인 지식이 현실적인 능력으로 전환되는 경로를 보여주고 있다. 물론 책을 읽는 것도 그 경로 중 하나다. 그러니 이 책 읽기를 잘했다. 독서는 배움에 박차를 가하는 훌륭한 수단이다. 하지만 이 책에 실린 이론적 지식을 그냥 아는 데서 그치지 않고 잘 활용해야만 실질적인 결과를 얻을 수 있을 것이다.

학습의 원뿔(Cone of learning)

학습에 적극적으로 참여할수록 기억의 수준이 달라진다

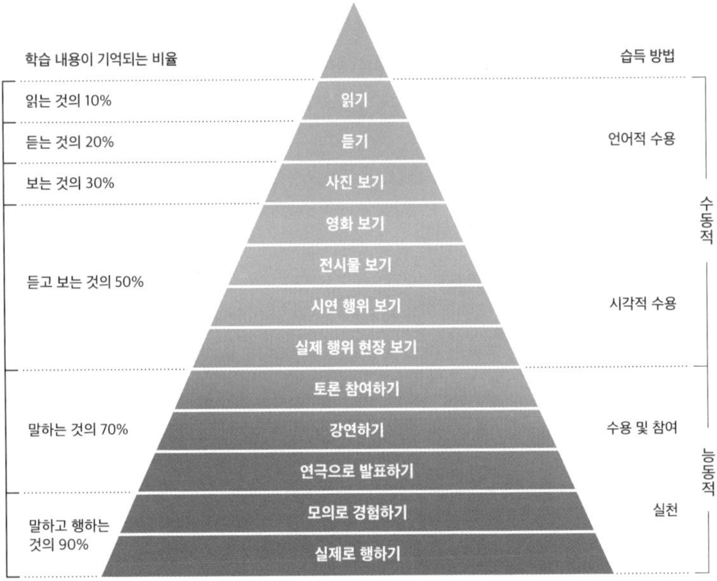

브루스 하이랜드가 에드거 데일의 자료를 토대로 만든 모형
Edgar Dale, *Audio-Visual Methods in Teaching (3rd Edition)*, Holt, Rinehart, and Winston (1969)

어떻게 배워야 할까

나는 매년 이 주제로 수차례 세미나를 열고 강연을 한다. 하지만 내가 가르쳐주는 것만으로는 부족하다. 청중의 참여가 필수다. 그래서 나는 정교한 교수법을 토대로 개발된 선진적인 교육 프로그램을 이용한다. 그러나 거기서 더 나아가려면 그 이상이 요구된다.

내 사명은 더 많은 사람이 이 시식을 자기 것으로 만들게 하는 것이다. 그러면 더 많은 사람이 더 많은 갈등을 피할 수 있을 것이다. 사실 나는 갈등을 싫어하지 않는다. 갈등을 어떻게 처리해야 하는지 아니까 별로 개의치 않는다. 하지만 갈등으로 인해 생산보다 파괴가 더 많이 일어난다면 다른 길을 찾아서 전진할 수 있어야 한다고 본다. 인생은 시행착오만으로 살 수 없다. 되도록 피해야 하는 실수도 있는 법이다.

이 책에서 설명하고 있는 행동 유형 분류법은 외국어를 배우듯이 배워야 한다. 학교에서 영어나 스페인어 같은 외국어를 배워본 적이 있다면 내 말이 무슨 뜻인지 알 것이다. 시험을 치려고 스페인어를 공부하는 것과 실제로 스페인어를 쓰는 것은 전혀 다른 문제다. 매년 여름휴가 전에 한 번씩 스페인어 책을 보며 기억을 되살린다고 스페인어가 유창하게 나오진 않는다. 진짜 스페인 사람을 만났을 때, 그냥 식당에서 요리를 주문하는 수준을 넘어서 제대로 말이 통하려면 실제로 스페인어로 말하는 연습을 해야 한다. 지름길은 없다. 그러므로 이 책을 읽고 밖에 나가서 배운 것을 써먹는 것은 대환영이다. 다만 처음에는 잘못된 추측으로 인해 당혹감을 느낄 때가 종종 있을 것이다.

PART 3 10

처음 만난 사람을 5분 만에 파악하는 방법

보디랭귀지에서 실마리를 찾아라

사람이 보여주는 특유의 보디랭귀지는 서로를 분석하는 데 매우 요긴한 정보로 사용되며, 유형에 따라 다르게 나타날 수 있다. 그러면 이런 질문이 생긴다. 혹시 다른 사람인 척 보디랭귀지를 쓰는 것도 가능할까? 물론 다른 유형의 보디랭귀지를 배우는 것은 가능하다. 하지만 완벽하게 자기 본래의 보디랭귀지를 버리고 다른 유형의 보디랭귀지만을 드러낼 수 있는지 여부는 아직 학계에서도 의견이 분분하다.

보디랭귀지는 사람이 의식적으로든 무의식적으로든 행하는 모든 종류의 '비언어적' 커뮤니케이션을 가리킨다. 보디랭귀지는 사람에 따라서도 달라지고 집단에 따라서도 달라진다. 따라서 사회 · 문화적 차이점을 보여주는 지표로도 작용한다.

우리가 쓰는 언어는 약 10만 개의 단어로 구성되어 있고 그중에서 대다수의 사람이 자주 쓰는 단어는 5000개 정도다. 그중에서 날마다 사용하는 단어는 1000개 정도로 알려져 있다. 그런데 보디랭귀지는 일부 학자의 의견을 들어보면 약 70만 개의 신호로 구성되어 있다고 한다. 물론 그 개수에 대해서는 수많은 이견이 있을 수 있겠지만 여기서 중요한 점은 수치가 아니다. 정말로 중요한 것은 우리의 상상을 초월할 정도로 많은 몸짓 신호가 존재한다는 사실이다.

여기서 그 신호들을 모두 살펴보지는 않겠지만 유형에 따라 보디랭귀지에 어떤 차이가 있는지 살펴보는 것도 재미있을 것 같다. 단, 보디랭귀지는 기분과 상황에 따라 크게 달라질 수 있다는 점을 기억하기 바란다.

각 유형의 보디랭귀지에 대해 살펴보기 전에 보디랭귀지에 대한 일반적인 이야기를 짧게 하고자 한다.

자세

당신이 편안하고 자연스러우면서도 흐트러지지 않은 자세를 취하면 대부분의 사람은 당신을 자존감이 강한 사람으로 본다. 반대로 몸을 움츠리면 체념하거나 실망한 것으로 해석할 수 있다. 당신이 등을 대나무처럼 꼿꼿하게 세우고 있으면 사람들은 그것을 지배의 신호라고 받아들인다. 말하자면 당신이 주변 사람들에게 존경을 요구한다고 생각할 수 있다. 하지만 그런 자세는 군인 출신으로서 몸에 밴 것일 수도 있다.

시선

눈은 여러 가지 용도로 사용된다. 불안정한 눈빛은 대개 그 사람이 다른 데 신경을 쓰고 있다는 신호다. 반대로 눈을 깜빡이지도 않고 계속 상대방을 응시하는 것은 전혀 다른 인상을 준다. 거짓말하는 사람은 눈을 똑바로 못 마주친다고 하는데 이제는 이런 사실이 잘 알려져 있기 때문에 거짓말을 밥 먹듯이 하는 사람들은 남의 눈을 똑바로 보며 거짓말하는 요령을 익혔다. 그러니 뭐든 단정적으로 말할 수는 없다(참고로 무의식중에 자신의 목을 붙잡으면 거짓말하고 있을 확률이 높다는 게 좀 더 정확한 분석이다). 불쾌하거나 끔찍한 광경을 보면 많은 사람이 손으로 얼굴을 가린다. 그리고 생각이 필요할 때는 대부분 잠시 눈을 감는다.

고개와 표정

보통 상대방의 말에 동의하는지 아닌지에 따라 고개를 끄덕이거나 가로젓는다. 대화에 고도로 집중할 때는 고개를 한쪽으로 기울이기도 한다. 우울할 때는 보통 고개를 숙이거나 이맛살을 찌푸린다. 놀랐을 때는 눈썹을 추켜세우고, 뭔가가 마음에 들지 않을 때는 그쪽을 향해 코를 까딱 든다.

손

손짓은 그야말로 보디랭귀지의 대명사다. 당신은 사람들과 악수할 때 손을 얼마나 세게 쥐는 편인가? 짧은 악수만으로도 그 사람에 관해 많은 것을 알 수 있다. 힘없는 악수는 남의 말을 잘 따르는 성격을 암시하는 경우가 적지 않다. 반대로 악수할 때 굳게 손을 쥐면 대체로 단호하다는 인상을 준다. 다만 손을 너무 세게 쥐는 사람은 사실 남의 말을 잘 따르는 성격이지만 상대에게 단호하다는 인상을 주고 싶어서 그러는 경우가 많다. 주먹을 쥐는 것은 보통 좋은 소식과 관련이 없고 공격성을 뜻한다. 어떤 사람들은 초조할 때 옷을 만지작거리며 머리카락이나 실밥을 뜯어낸다. 이는 다른 데로 관심을 돌리고 싶다는 의미일 때가 많다. 뒷짐을 지는 것은 일반적으로 권력과 안정을 뜻한다.

그리고 아까 거짓말에 대해서 한 말이 기억나는가? 누가 거짓말을 하는지 알려면 거짓말한다는 비난을 받았을 때 손바닥을 가슴에 얹고 씩씩대는지 보면 된다. "내 말이 거짓말이라고? 네가 어떻게 나한테 그런 말을 해?" 이런 반응은 자신의 정직함을 강조하기 위한 의도에서 나오지만 사실은 불필요한 과민반응이기 때문에 주위 사람들을 대번에 경계 태세로 만든다. 분명히 뭔가 구린 구석이 있는 것이다.

영역

사람은 누구나 자기만의 사적 영역이 있다. 예를 들면 대화할 때 상대방으로부터 유지하는 거리가 여기에 속한다. 친교 거리는 0.5~1미터, 사교 거리는 1~4미터다. 여기서 친교 거리란 두 사람이 서로를 잘 알 때 상대에게 허용하는 거리다. 사교 거리는 낯선 사람과 대화하는 경우에 해당한다. 하지만 이는 문화의 영향을 아주 많이 받는다. 예컨대 북유럽 사람들은 남유럽 사람들보다 친교 거리가 확실히 더 멀다.

당연한 말이지만 보디랭귀지에 대한 속설이 모든 사람에게 적용되지는 않는다. 흔히 대화 중에 왼쪽 위를 힐긋 보면 거짓말하는 것이라고 하는데 왼손잡이에겐 이 법칙이 적용되지 않는다. 왼손잡이는 오른쪽 위를 본다.

보디랭귀지의 차이를 잘 보여주는 예는 불확실성에 대한 반응이다.

그린 타입은 뭔가가 불확실할 때 등을 뒤로 기울인다. 같은 상황에서 레드 타입은 불확실성을 없애기 위한 방편으로 대화를 지배하기 위해 몸을 앞으로 숙인다.

이제부터 유형별 보디랭귀지에 어떤 차이가 있는지 구체적으로 알아볼 것이다. 실생활에서 사람들이 여기 나열된 행동을 보이는지 잘 관찰해보자. 하지만 보디랭귀지는 개인별로 편차가 크다는 점을 명심하기 바란다. 물론 세계적으로 모든 사람이 쓰는 보편적인 표현도 있긴 하다. 가령 사람의 표정은 어느 정도 전형성이 있어서 누군가를 경멸할 때 나오는 눈빛은 어느 나라에서나 비슷하다. 하지만 차이가 나는 부분도 대단히 많으니 평소에 사람들을 잘 관찰해서 분석력을 예리하게 갈고 닦아야 한다. 다음의 이야기들은 간단한 길라잡이라고 생각하면 좋겠다.

레드 타입의 보디랭귀지 - 단호하고 힘차다

레드 타입의 보디랭귀지는 기본적으로 다음과 같은 특징을 보인다.

- 타인과 거리를 유지한다
- 힘차게 악수한다
- 거리낌 없이 몸을 앞으로 숙인다
- 직접적으로 눈을 맞춘다
- 통제하는 몸짓을 쓴다

앞서 말한 대로 레드 타입은 일반적으로 확실하게 눈에 띄는 보디랭귀지를 쓴다. 멀리서 봐도 레드 타입임을 알아볼 수 있을 정도다.

현재 당신이 북적이는 광장을 보고 있다고 해보자. 유심히 보면 빠른 걸음으로 자기 앞을 가로막은 사람들을 비집고 광장을 가로지르는 사람이 있을 것이다. 바로 레드 타입이다. 레드 타입은 정면의 한 점을 응시하며 잰걸음으로 어렵지 않게 광장을 가로지른다. 레드 타입은 남에게 길을 비켜주지 않고 남들이 옆으로 비켜서게 한다. 그 걸음은 힘차고 단호하다. 레드 타입은 다른 사람들이 당연히 길을 터주리라 생각한다.

레드 타입은 어떤 사람을 처음 만났을 때 일정한 거리를 유지하는 편이다. 악수는 다정하진 않지만 힘차며, 손에 힘을 줘서 자신에게 결정권이 있음을 보여준다. 일부 연구에서는 이를 우두머리 수컷의 행동이라고 칭하지만 사실은 여성에게서도 나타난다. 레드 타입은 언제나 자신이 중요한 사람이라는 것을 확실히 하고 싶어 한다.

레드 타입에게서 함박웃음은 기대하지 말자. 레드 타입은 엄숙한 표정을 잘 짓는다. 특히 회의석상에서 그렇다. 심지어 친목 모임에서조차 어느 정도 거리를 유지한다. 레드 타입은 다른 사람을 두 팔 벌려 꼭 껴안지도 않는다. 단, 술기운이 돌면 이야기가 달라질 수 있다.

분위기가 껄끄러워지면(레드 타입이 있을 때는 이런 상황이 꽤 빨리 찾아온다) 레드 타입은 탁자 위로 몸을 숙이고 아주 강력하게 자기 의견을 피력한다. 이때는 시선을 거의 고정했다고 해도 좋을 만큼 직접적으로 상대에게 눈을 맞춘다.

이들이 실제로 사용하는 몸짓에는 대체로 통제의 의도가 배어 있으므로 이에 대해서도 마음의 준비를 해둬야 한다. 레드 타입은 아무 거리낌 없이 사람을 지목한다. 삿대질이 무례하다는 생각 따위는 하지 않는다. 레드 타입은 사람을 가리킬 때 한 손가락만 내밀기도 하고 손 전체를 쓰기도 한다. 그리고 손바닥이 아래를 보게 해서 뻗는 경우가 많다. 이게 당하는 입장에서 어떤 느낌인지 알고 싶으면 다른 사람한테 한번 그렇게 해달라고 해보자.

목소리

레드 타입의 목소리는 대체로 기운차다. 레드 타입은 남들이 다 듣도록 언성을 높이는 것을 꺼리지 않기 때문에 그 목소리가 아주 잘 들린다. 물론 레드 타입도 불안하거나 걱정할 때가 있긴 하지만 그런 심정이 목소리에는 잘 묻어나지 않는다. 레드 타입의 음성은 그렇게 심하게 떨리는 일이 없다.

이것은 레드 타입이 갖고 있는 비밀이기도 하다. 이들은 내심이야 어떻든 간에 늘 확신에 찬 듯한 목소리를 낸다. 절대 더듬지도 않고 우물쭈물하지도 않기 때문에 언제든 치고 나갈 준비가 되어 있는 것처럼 들린다. 그리고 레드 타입은 사람들이 자기 말을 듣지 않으면 똑같은 말을 더 큰 소리로 되풀이한다. 그래서 기어코 자기 생각을 전달한다. 또한 레드 타입은 초장부터 주도권을 잡기 위해 강한 언어를 사용하니 미리 마음의 준비를 해둬야 한다.

레드 타입은 아무렇지 않게 남의 말을 자르는 데도 선수다(물론 레드 타입만이 보이는 특징은 아니며 옐로 타입도 그렇다). 이들은 끊임없이 숨을 고르면서 대화에 끼어들 틈을 찾는다. 만약에 그런 틈이 잘 생기지 않으면 다짜고짜 큰 소리로 끼어들어서 대화를 점령해버린다.

말과 행동의 속도

레드 타입은 매사에 서두른다. 이들에게는 빠른 것이 곧 좋은 것이다. 이는 말과 행동에서도 마찬가지다. 레드 타입은 모든 말과 행동을 맹렬한 속도로 해치운다. 많은 레드 타입이 신속함을 성공의 척도로 여기기 때문에 늘 분주하다. 그리고 진로에 수정이 필요하면 서서히 변화를 주지 않고 두어 번의 급격한 변화로 처리해버린다.

옐로 타입의 보디랭귀지 - 밝고 활기차다

옐로 타입의 보디랭귀지는 기본적으로 다음과 같은 특징을 보인다.

- 스킨십이 거리낌없다
- 느긋하고 유머러스하다
- 다정하게 눈을 맞춘다
- 표현력이 풍부하다
- 가까이 다가온다

옐로 타입의 보디랭귀지는 대체로 매우 개방적이고 매력적이다. 옐로 타입은 별로 웃을 일이 없을 때조차도 시종일관 웃음을 잃지 않는다. 농담을 많이 하고 매우 느긋하다. 잘 모르는 사람의 집에 가서도 두 다리 쭉 뻗고 소파에 드러누울 수 있다. 옐로 타입에게는 별일 아니다. 옐로 타입은 어떤 상황에서든 안정감을 느끼면 그런 심리가 겉으로 확연히 드러난다. 말하자면 속내를 잘 감추지 못하는 성격이다. 또한 신속하고 확실하게 움직인다. 그리고 대체로 강한 자신감을 발산한다.

이들은 사적 영역에 비교적 관대한 편이다. 어떤 사람들은 남들과 너무 가까이 앉는 것을 싫어하지만 옐로 타입은 사람들에게 아주 가까이 다가간다. 이들은 먼저 사람들에게 다가가서 포옹한다. 그가 남자든 여자든 상관하지 않는다. 그저 그날 기분과 분위기에만 영향을 받을 뿐이다. 그럴 때 적잖은 사람이 깜짝 놀라서 움찔하는데 옐로 타입은 그런 반응을 탐탁지 않게 여긴다.

간단한 신체 접촉 역시 오해의 소지가 있다. 예컨대 별 뜻 없이 팔이나 다리를 어루만지는 행동이 그렇다. 옐로 타입에게는 자기가 한 말을 강조하기 위한 자연스러운 행동이다. 하지만 상대방에게는 은밀한 초대로 해석될 수 있다. 그러면 당연히 끝이 좋지 않을 위험이 있다.

이들은 눈을 맞추는 데도 거리낌이 없다. 이들의 눈빛은 강렬하면서도 유쾌하고 다정하다.

목소리

옐로 타입의 목소리에서는 시종일관 강한 열의가 느껴지며 실제로도 열의가 넘친다. 물론 자기가 하고 싶지 않은 활동이라면 아예 처음부터 열의를 보이지 않지만 말이다. 이런 열의는 명랑한 웃음과 격정적인 말이 되어 나오기 때문에 멀리서도 다 들린다. 옐로 타입의 목소리에는 열정, 기쁨, 활기가 담겨 있다. 옐로 타입은 보통 말을 할 때 노래하는 것처럼 뚜렷한 선율이 존재한다.

일반적으로 옐로 타입은 상대방에게 공감하는지 안 하는지가 확연

히 드러난다. 100퍼센트 공감하거나 아예 안 하거나 둘 중 하나이기 때문이다. 이는 목소리의 높낮이, 말의 속도와 기운으로 알 수 있다. 또한 그때그때 어떤 기분인지 목소리에서 다 티가 난다.

말과 행동의 속도

옐로 타입은 말하는 속도가 매우 빠른 편이다. 말을 너무 빠르게 하다 보니 반쯤은 씹혀서 제대로 들리지 않는 사람을 본 적 있는가? 무슨 말인지 짐작이야 할 수 있겠지만 때로는 아예 해석이 불가능한 경우도 있다. 입놀림이 생각의 속도를 따라가지 못하는 것이다. 이렇게 하고 싶은 말이 너무 많아서 입이 따라가지 못하는 게 옐로 타입의 특징이다.

그린 타입의 보디랭귀지 - 수줍고 조심스럽다

그린 타입의 보디랭귀지는 기본적으로 다음과 같은 특징을 보인다.

- 느긋하고 가까이 다가온다
- 체계적으로 행동한다
- 등을 뒤로 젖힌다
- 매우 친근하게 눈을 맞춘다
- 작게 움직인다

그린 타입은 항상 그렇진 않아도 대체로 동작이 느릿느릿하다. 주변과 완전히 조화된 느낌이 들면 이들은 느긋한 보디랭귀지로 차분함과 자신감을 드러낸다. 충동적으로 움직이지 않고 갑자기 손을 쳐들거나 고개를 젖히지도 않는다. 공손하면서도 여유 있게 행동한다.

그린 타입은 대체로 몸짓이 작은데 이런 몸짓은 사람이 많지 않을 때 적합하다. 이들은 사람이 많으면 불편함을 느껴서 다소 폐쇄적이고 과묵하게 변한다. 그리고 이런 심리가 보디랭귀지를 통해 잘 드러나는 편이다. 자기 딴에는 숨기려고 해도 항상 숨겨지진 않기 때문이다. 그린 타입은 심란하거나 긴장한 티가 잘 난다.

그린 타입은 앉아 있을 때 주로 등을 뒤로 젖힌다. 이는 조금 역설적인데 이들이 사람들에게 가까이 다가가는 것을 꺼리지 않기 때문이다. 옐로 타입처럼 그린 타입도 신체 접촉을 좋아한다. 다만 상대방과 잘 아는 사이여야 한다는 조건이 있다. 그린 타입이 친해졌다는 신호를 확실히 주기 전에 함부로 신체 접촉을 시도하면 안 된다. 그랬다간 선을 넘기 십상이다. 그린 타입은 사적 영역을 누구보다 철저히 지킨다.

그린 타입은 레드 타입과 여러 면에서 정반대 성향을 보이는데 조심스러운 행동거지를 거의 철칙으로 여긴다는 면에서 그렇다. 그린 타입은 일부러 남들의 눈에 띄지 않으려고 할 때가 적지 않다. 왜 그럴까? 자신에게 이목이 쏠리는 것을 원치 않기 때문이다.

그린 타입은 웬만해서는 다정한 얼굴을 하고 있다. 그렇지 않을 때는 중립적인 표정을 유지한다. 이들에게서 과장된 웃음이나 호들갑스러운 환영을 기대하면 곤란하다. 하지만 친한 사람을 대할 때는 또 전혀 다르다. 그린 타입은 상대방을 좋은 친구라고 생각하면 아주 친밀하게 대한다. 반대로 이제 막 알게 된 사이라면 그린 타입에게 그런 대접을 받기까지 시간이 좀 걸릴 것이다.

그린 타입을 대할 때는 그쪽에서 먼저 다가올 때까지 기다려야지, 억지로 다가가면 안 된다. 시간이 지나 신뢰가 생기면 그린 타입도 긴장을 풀고 좀 더 자연스럽게 행동할 것이다.

목소리

그린 타입은 목에 힘을 주지 않는다. 자기 목소리로 다른 사람들의 목소리를 묻어버리는 일이 거의 없다. 그래서 그린 타입의 말을 들으려면 좀 더 귀를 쫑긋 세워야 한다. 그린 타입은 많은 사람 앞에서 말할 때도(정말 피치 못할 상황이라면 그렇게 할 것이다) 셋이서 둘러앉아 이야기할 때처럼 말한다. 혹시 자기 앞에 앉아 있는 100명의 사람이 안 보여서 그러나 싶을지도 모른다. 그린 타입은 대체로 목소리가 작기 때문에 무슨 말을 하는지 잘 안 들릴 수 있다.

하지만 이들의 목소리는 항상 부드럽고 따스하다. 속도는 느린 편이고 높낮이는 일정하며 변화무쌍하지 않다.

말과 행동의 속도

일반적으로 그린 타입은 레드 타입과 옐로 타입보다 느리지만 블루 타입만큼 느리진 않다. 사실 그린 타입에게는 속도가 아무런 의미 없다. 속도가 너무 빨라서 부서원들의 협력을 해칠 위험이 있으면 그린 타입은 속도를 늦춘다. 이때 마감이 언제냐는 중요하지 않다. 항상 가장 중요한 것은 사람들의 기분이다.

블루 타입의 보디랭귀지 - 티가 안 난다

블루 타입의 보디랭귀지는 기본적으로 다음과 같은 특징을 보인다.

- 타인과 거리를 두는 편이다
- 서 있거나 앉아 있거나 둘 중 하나다
- 대체로 폐쇄적인 보디랭귀지를 사용한다
- 직접적으로 눈을 맞춘다
- 말할 때 몸짓을 쓰지 않는다

블루 타입은 한마디로 보디랭귀지가 없다고 할 수 있다. 물론 과장을 좀 보태자면 그렇다는 소리다. 블루 타입의 보디랭귀지에는 해석할 거리가 별로 없다. 얼굴도 몸도 신호를 많이 보내지 않는다.

영업인들과 보디랭귀지에 대해 이야기하다 보면 어떤 사람은 도통 해석이 불가능하다는 말을 자주 듣는다. 혹시 그 사람이 얼굴 근육 하나 씰룩이지 않고 미동도 없이 앉아 있지 않더냐고 물어보면 대부분 고개를 끄덕이며 사람이 어떻게 그럴 수 있는지 참 대단하다고 혀를 내두른다. 그가 바로 블루 타입이다. 별로 움직이지도 않고 성질조차 내지 않는 사람한테서는 당연한 말이지만 딱히 건질 게 없다. 다시 말해 뚜렷한 보디랭귀지가 없으니 그 사람에 대해 뭔가 알 수 있는 게 없다.

많은 블루 타입이 매우 극적인 발언을 할 때도 무표정을 유지한다. 언젠가 블루 타입 부서장이 부서의 해체가 결정되었다면서 직원 300명의 정리해고 계획을 세워야 한다고 말하는 것을 들었는데 그때 그의 얼굴에서는 불필요한 근육의 움직임이 단 하나도 포착되지 않았다.

그러고 보면 왜 많은 사람이 블루 타입에게 감정이 없다고 하는지 알 것도 같다. 물론 정말로 그들에게 감정이 없는 것은 아니다. 앞에서도 한 말이지만 블루 타입은 내향적이라서 웬만해서는 감정을 겉으로 드러내지 않는다.

꼭 나쁜 일이 있을 때만 그런 것도 아니다. 오래전에 텔레비전 퀴즈쇼에서 한 여성 출연자가 500만 크로나(원화로 약 6억 원 - 옮긴이)의 상금을 획득하는 장면을 봤다. 카메라 뒤에서 남편이 환호성을 지르는 게 다 들리는데도 그 여인은 담담한 미소만 머금은 채 미동도 없이 앉아 있었다. 사회자가 웃으면서 두 팔을 휘휘 저었고 시청자들은 잠시 누가 우승자인지 감을 못 잡았다. 그때 그녀의 입에서 나온 말은 "감사합니다. 즐거웠어요."가 다였다. 몸도 거의 움직이지 않았다. 설마하니 이미 그녀가 백만장자였기 때문에 그런 것은 아닐 테다. 블루 타입은 원래 그렇다. 아마 그녀도 내심 적잖이 기뻤을 것이다.

이런 성향은 블루 타입이 많은 사람 앞에서 말할 때 더욱 확실하게 드러난다. 그린 타입처럼 블루 타입도 굳이 사람들의 이목을 끌고 싶어 하지 않는다. 하지만 차이점이 있다면 그린 타입은 자신에게 관심이 집중될 때 땅이 꺼지기를 바라지만 블루 타입은 동요하지 않고 그대로 서서 무표정한 얼굴을 하고 미동도 없이 청중을 바라본다.

한편으로 블루 타입은 사적 영역이 비교적 넓다. 이들은 남들과 거리를 유지할 때 더 편안함을 느낀다. 물론 상대방과 얼마나 잘 아는 사이냐에 따라 적정 거리가 달라지긴 하지만 사적 영역이 옐로 타입보다는 훨씬 넓다. 다른 사람이 너무 가까이 다가오면 블루 타입의 보디랭귀지는 다소 폐쇄적으로 변한다. 팔짱을 끼고 다리를 꼬아서 거리를 유지하고 싶다는 신호를 보내는 것이다.

블루 타입은 다른 유형보다 움직임이 적어서 서 있을 때는 몸을 흔들지 않고 그냥 가만히 서 있는다. 꼬박 1시간 동안 똑같은 위치에 서서 강의를 해도 아무렇지 않다. 앉아 있을 때도 시종일관 거의 같은 자세를 유지한다. 한마디로 요지부동이다. 목석같은 사람, 이라고 혹자는 평한다.

그런데 블루 타입이 다른 유형들보다 잘하는 게 있으니 바로 타인의 눈을 뚫어져라 쳐다보는 것이다. 이들은 다른 사람과 눈을 맞추는 데 전혀 주저함이 없다.

목소리

블루 타입의 목소리는 힘이 없다고 할 수는 없지만 항상 절제되고 가라앉아 있어 자신을 다스리고 있다는 인상을 준다. 평소에 블루 타입은 골똘히 생각에 잠긴 사람처럼 말하는데 그것은 마치 한마디 한마디를 세상에 내보내기 전에 모두 저울에 달아보는 것처럼 느껴진다.

일반적으로 블루 타입의 목소리에는 변화가 거의 없다. 텔레비전 편성표를 읽을 때든 국회의원 당선 소감을 발표할 때든 목소리가 다 비슷비슷하다. 장단이나 선율 없이 그저 적혀 있는 것을 읽을 뿐이다.

이 점은 특히 음악가들을 난감하게 만든다. 음악가들이 보기에는 그렇게 무미건조한 화법도 없다.

말과 행동의 속도

느리다. 어떤 유형과 비교해도 느리다. 레드 타입과 옐로 타입은 거의 음속으로 말한다. 하지만 블루 타입의 속도는 전혀 다르다. 말하는데 한 세월이 걸린다. 나아가 이들은 속도에 전혀 관심이 없다. 앞서 언급한 대로 그린 타입도 느린 편이긴 하지만 이들은 팀의 사기와 원활한 협력을 위해 자신의 속도를 조절할 줄 안다. 하지만 블루 타입은 그 어떤 것에도 구애받지 않고 자신만의 속도를 일정하게 유지한다.

얼마 전에 블루 타입 청년을 만났는데 그는 무엇을 하든 꽤 오랜 시간이 걸린다고 했다. 그렇다고 그가 그것을 큰 문제로 생각하는 것은 아니고 그냥 사실이 그렇다고 말할 뿐이었다.

PART 3 **11**

나와 다른 사람을 효과적으로 상대하는 방법

이해할 수 없는 사람이랑 잘 지내려면 에너지가 필요해

언젠가 어떤 사람이 내게 지성적인 사람의 기준을 아냐면서 농담 반 진담 반으로 '나한테 동의하면 지성적인 사람, 아니면 꼴통'이라고 했다.

나는 당신이 이 말을 올바로 이해할 수 있을 만큼 지성적인 사람이리라 생각한다. 하지만 꼭 농담이 아니더라도 우리는 종종 남들을 보며 왜 저렇게 모자라나 의아해할 때가 있다. 서문에서 밝혔다시피 나는 어릴 때 아주 지성적으로 보이는 사람들이 완전히 꼴통처럼 행동할 수도 있다는 사실에 적잖이 충격을 받았다. 그들은 내가 보는 것을 못 봤다. 어떤 사람들은 이를 두고 적당한 '지적 탄력성'이 부족해서 그렇다는 표현을 쓰는데 그건 너무 예절 교육을 잘 받아서 꼴통이라는 말을 입에 담질 못하니까 하는 소리다.

그렇다면 사람들이 서로 전혀 다른 방식으로 생각하고 행동하는 현실에 어떻게 대처해야 할까? 그리고 한 사람이 그때그때 다른 성격을 발휘하는 게 가능할까? 재미있는 질문이다. 만약에 우리가 100퍼센트 카멜레온처럼 행동하는 게 가능하다면 한번 시도해보는 것도 좋지 않을까? 물론 우리에게 자연스러운 것은 본연의 모습, 그러니까 자신의 기본 행동을 보여주는 것이다. 하지만 또 한편으로는 이런저런 이유로 주변 사람들에게 적응해야 할 필요성을 느끼기도 한다. 흔히들 다양한 상황과 사람에 대처하기 위해 융통성과 적응성이 있어야 한다고 말한다. 적응의 필요성은 끊임없이 생긴다. 그리고 본디 적응에 노력과 에너지가 많이 필요하다는 점을 반드시 알고 있어야 한다.

자신의 기본 행동을 보여주는 건 편안하고 자연스러운 행위다. 반대로 상황과 사람에 '올바로' 대처하기 위해 적응하는 것은 '인위적인' 행위다. 그러다 보니 그에 걸맞은 능력과 에너지가 필요하다. 만약에 무엇이 '올바른' 대처인지 확실히 알 수 없다면, 혹은 훈련이나 노력이 부족해 현재 상황에서 올바르다고 믿는 역할을 수행할 수 없다면 당신은 당혹감에 우물쭈물하며 스트레스를 받는다. 그래서 에너지가 더 많이 소모되고 그 결과로 기본 행동이 점점 더 선명하게 표출된다. 그럴 때 우리의 기본 행동에 익숙하지 않은 사람은 깜짝 놀랄지도 모른다.

나도 모르게 그에게 적응 중

이상적인 세상에서는 모든 사람이 본연의 모습대로 살아도 만사 형통할 것이다. 모든 사람이 화목하게 지내고 갈등이란 존재하지 않을 것이다. 이런 세상을 유토피아라고 한다. 하지만 실제 세상은 그렇게 호락호락하지 않다. 책의 서두에서 말했듯 다른 사람들을 다 바꿀 수 있다고 생각한다면 크게 실망만 할 뿐이다. 단 한 사람만 바꿀 수 있어도 정말로 놀랄 일이다.

당신이 레드 타입이든 옐로 타입이든 그린 타입이든 블루 타입이든, 혹은 몇 가지 유형이 섞인 사람이든 간에 당신은 언제나 소수자다. 대부분의 사람은 당신과 다르다. 당신이 아무리 완벽한 사람이라 할지라도 동시에 모든 유형의 특질을 다 가질 수는 없다. 그러니 당신이 만나는 사람에게 적응해야 한다. 사실 커뮤니케이션이란 적응의 문제다.

이 대목에서 잠깐, 싶을지도 모른다. 그 말은 사실이 아니야. 나는 언제나 나답게 살 수 있어. 단 한 번도 다른 사람에게 적응하려고 안 했어도 지금껏 별 탈 없었어. 여태 잘 살았다고.

아무렴, 그렇겠죠.

사람은 원래 자기 위주로 생각한다. 하지만 다른 사람에게 당신의 본심이 올바로 전달되리라고 생각하면 안 된다. 당신이 만나는 사람 중 대다수가 당신의 말을 곧이곧대로 듣지 않고 있다.

그런데 사실 당신은 자각하지 못하더라도 이미 적응하며 살고 있다. 우리는 항상 서로에게 적응한다. 이것은 사회적 게임의 일환으로, 눈에 보이든 보이지 않든 항상 그런 커뮤니케이션이 진행되고 있다.

이 책에서 내가 말하는 내용은 대체로 잘 통하는 분류법이다. 이 분류법을 알면 상대를 알기 위해 억측을 할 필요도, 상대에게서 원하는 것을 끌어내기 위해 도박을 할 필요도 없다. 그냥 처음부터 조율이 필요한 부분을 적당히 조율하면 된다. 단, '대체로'라는 점을 유념하기 바란다. 세상에 빈틈없는 시스템이란 존재하지 않으므로.

왜 타인을 알아야 하는가

예전에 워크숍에서 만났던 사람의 이야기를 해볼까 싶다. 그는 자기 분야에서 대성공을 거둔 사업가로 매우 인기가 좋은 호감형 인물이었다. 편의상 아드리아노라고 부르자. 아드리아노는 명백한 옐로 타입이었다. 그는 특유의 선견지명으로 야심찬 계획을 세웠고 실행에 옮겼다.

그런데 그때까지 그는 자신이 어떤 사람인지, 남들의 눈에는 어떻게 보이는지 생각해본 적이 없었다. 굳이 그럴 이유가 없었다. 그러다 누가 내 워크숍에 참석해보라고 설득해서 오긴 왔는데 거기서 무슨 일이 기다리고 있을지는 전혀 예상하지 못하고 있었다.

그날 주제는 다양한 행동 유형을 이해하는 방법이었다. 점심 식사 후에 보니 아드리아노는 무슨 고민이 있는 것 같았다. 심각한 얼굴을 하고 보디랭귀지가 매우 폐쇄적으로 변해 있었다. 내가 자리로 돌아가서 각 유형을 열심히 설명하는 동안 그는 의자 속으로 점점 더 깊이 침몰했고 나는 그가 다른 데 생각이 팔린 것이라 확신했다.

나는 그에게 무슨 고민이 있는지 물었다. 마침내 그가 폭발했다.

"이건 아니야! 이런 말도 안 되는 소리가 어딨어! 이런 식으로 사람들을 구분하는 게 말이 돼? 사람들을 이론의 틀 속에 쑤셔 넣다니!"

알고 보니 그는 자신이 각종 유형의 사람들에게 적응해야 한다는 것이 마음에 들지 않았던 것이다. 거꾸로 남들이 자신에게 적응해야 한다는 생각은 못했다. 아니, 그가 정말로 심란한 이유는 그 적응이라는 것이 자신과 사람들을 농락하는 짓처럼 보였기 때문이다. 그래서 마음에 들지 않았다. 전혀.

누군가가 나서서 다른 누구도 아닌 아드리아노 본인이야말로 이 주제에 귀를 기울여야 할 사람이라고 콕 집어 말했다. 그가 모든 갈등을 불러일으키는 사람이라는 게 이유였다. 그러자 사나운 논쟁이 불붙었고 나는 30분 후에 타임아웃을 요청해야 했다.

나는 아드리아노의 심정을 충분히 이해한다. 그리고 그런 의견을 개진한 것을 지금도 고맙게 생각한다. 그가 걱정하는 것은 적응의 역효과였다. 모든 사람이 타인에게 적응하면 아무도 자기 본연의 모습을 지킬 수 없지 않겠는가. 그가 볼 때, 자기가 아닌 다른 사람 행세를 하는 것은 세상에서 가장 지독한 거짓말이었다.

그의 말에는 일리가 있다. 하지만 우리에게는 언제나 선택권이란 게 있다. 타인에 대해 아는 게 많아질수록 우리는 결정을 내리기가 쉬워진다. 그렇다면 이 게임에 합류하겠는가, 아니면 혼자만의 길을 가겠는가? 선택은 언제나 각자의 몫이다.

아드리아노는 이 분야의 전문가인 내가 그를 속속들이 설명할 수 있고 그의 언행이 이러저러할 것이라는 예를 제시할 수 있다는 점을 매우 분하게 여겼다. 그러나 사람들을 설명하는 데 사용되는 분석 도구를 손에 넣은 후에는 입을 다물었다.

이 이야기는 우리가 마주 앉아서 그 문제를 놓고 대화를 나누는 해피엔딩으로 끝났다. 이 일을 계기로 나는 남들까지 갈 것도 없이 나 자신이 이 지식을 이용할 때 주의해야 한다는 교훈을 얻었다. 옐로 타입에게는 그의 방식으로 다가가야 하는 것이다.

이제부터 각 유형을 효과적으로 상대하는 방법을 알아볼 것이다. 나는 각 유형에 대한 적응법을 논하는 단락을 두 부분으로 나누었다. 전반부에서는 당신이 그 유형과 '통하려면' 어떻게 해야 하는지, 다시 말해 어떻게 해야 그 사람의 마음을 열고 그 사람이 우리에게 이해받고 있다는 흐뭇한 기분을 느끼게 할 수 있는지를 이야기한다. 후반부에서는 그 유형과 발전적으로 협력해 그들을 '내 편'으로 만드는 방법을 알아본다. 당연한 말이지만 각 유형이 '원하는' 것이 발전을 위해 가장 '필요한' 것과 항상 일치하진 않는다.

당신은 좋은 일을 많이 할 수 있다. 그렇게 하는 쪽을 선택만 한다면 말이다.

레드 타입에 적응하는 법 - 그들이 기대하는 것

❶ 빠르면 빠를수록 좋아

레드 타입은 다른 사람들이 너무 느리다고 여긴다. 말이 너무 느려서 요점을 파악하기가 어렵고, 일도 너무 답답하게 한다는 것이다. 이들의 눈에는 자신을 제외한 모두가 쓸데없이 시간을 많이 잡아먹는 것처럼 보인다.

이미 앞에서 레드 타입은 성미가 급해서 매사에 빨리 결과를 보고 싶어 한다고 말했다. 그래서 누군가가 종일 심사숙고하고 앉아 있으면 레드 타입은 미칠 지경이 된다.

레드 타입에게는 생각이 곧 행동이다. 뭐든 신속하게 실행해야 한다. 레드 타입이 싫어하는 게 있다면 바로 끝없이 이어지는 토론이다. 그런 것을 보면 뚜껑이 열린다.

결론 좀 더 서두르자! 속도를 내자! 더 빠르게 말하고 행동하자. 레드 타입처럼 시계를 자주 보자. 회의 시간을 절반으로 줄일 수 있다면 그렇게 하자! 레드 타입을 차에 태우고 갈 때는 조금 과속해도 화를 내지 않는다(반대로 속도가 너무 느리면 자기한테 운전대를 넘기라고 할지도 모른다).

❷ 빙빙 돌리지 말고 단도직입적으로 말해줘

이제 잘 알겠지만 레드 타입은 요점만 간단히 말하는 성격이고 남들도 그들이 원하는 것을 자신처럼 빨리 말할 수 있길 바란다. 만약 당신이 빙빙 돌려서 말하는 성격이라면 유감스럽지만 레드 타입과 대화할 때 애로 사항이 있을 것이다. 당신이 타당한 이유도 없이 말을 낭비하면 레드 타입은 지겨워할 것이다. 그리고 레드 타입은 수다쟁이를 단번에 알아본다.

일반적으로 사람들은 어떤 문제를 꺼내기 전에 먼저 배경부터 설명한다. 때로는 해법을 말하기 전에도 배경부터 이야기한다. 하지만 레드 타입 앞에서는 꿈도 꾸지 말자. 절대 안 통한다.

결론 레드 타입이 당신 이야기에 집중하기를 바란다면 잡담은 생략하자. 간단명료함이 생명이다. 당신이 전하고자 하는 메시지에서 가장 핵심적인 부분에서부터 말을 꺼내자. 가령 레드 타입 상사에게 재무제표를 보여준다면 맨 아랫줄에 적힌 총계부터 말하자. 그게 바로 레드 타입이 그 자리에 앉아서 기다리고 있는 정보다. 세부 사항은 무조건 그다음이다.

쓸데없는 말은 단 한마디도 꺼내면 안 된다. 하지만 배경 지식을 미리 숙지해두자. 질문이 들어올 수도 있기 때문이다. 당신이 확실히 모른다고 생각하면 레드 타입은 객관적 사실과 근거에 대해 무섭게 파고들 것이다.

자료도 당연히 일목요연하게 작성해야 한다. 온갖 미사여구가 든 장문의 글은 곤란하다. 참고로 제안 배경과 내용, 견적을 간단히 써두는 것은 괜찮다.

❸ 현재에 집중해줘!

레드 타입은 현재를 산다. 그에게는 지금 여기서 일어나고 있는 일이 가장 중요하다. 이런 성격 덕분에 현재의 안건에 남다른 집중력을 발휘할 수 있다. 따라서 레드 타입과 대화할 때는 절대로 주제에서 벗어나는 말을 하면 안 된다. 그렇다고 레드 타입이 창의적인 발상이나 새로운 아이디어를 배척하는 것은 아니다. 다만 그게 현재의 논의를 진전시키는 데 도움이 돼야만 그 가치를 인정할 뿐이다.

반대로 레드 타입이 보기에 당신이 샛길로 새서 시덥잖은 소리나 늘어놓고 있는 것 같다면 갈등의 도화선에 불이 붙는다. 신속하게 용무를 파악해서 처리해버리는 게 가장 효율적이라 보기 때문이다. 참으로 명쾌하지 않은가?

결론 절대 주제에서 벗어나지 말자! 그러려면 레드 타입을 만나기 전에 미리 할 말을 정확하게 정리해놓는 편이 가장 좋다. 혹시 홍미진진한 대화를 나누다가 뇌리를 스치는 생각이 있다면 일단 메모를 해뒀다가 대화가 마무리된 후에 혹시 그 이야기를 꺼내도 될지 물어보자. 아니면 다시 약속을 잡는다.

레드 타입이 몇 시냐고 물으면 그냥 시계를 보여주자. 괜히 아직 시간이 많이 남았다고 말하면 안 된다. 그건 레드 타입이 판단할 사안이다. 그리고 이 시계를 어디서 샀느니 하는 말을 꺼내서도 안 된다.

❹ 지금 우리는 '비즈니스' 이야기를 하고 있다는 걸 명심하도록!

비즈니스를 비즈니스로 처리하는 게 무슨 대단한 능력처럼 느껴지진 않을 것이다. 그런데 정말 그럴까? 한번 생각해보자. 혹시 당신이 영업직에 종사하고 있다면 영업 관련 강의를 들으면서 고객과 인간관계를 잘 맺는 게 중요하다는 말을 많이 들었을 것이다. 고객과 인간적으로 친밀한 사이가 돼야 내 편으로 끌어들일 수 있다는 말이다.

좋은 조언이다. 그렇게 하자. 필요한 만큼 인간적인 관계를 발전시키자. 단, 레드 타입에게는 금물이다. 예를 들어 당신이 처음 만난 레드 타입과 회의를 시작했는데 그 사람에게 지난 연휴에는 뭘 했고 어제 축구 경기는 재밌게 봤는지 따위를 묻는 것만큼 어리석은 짓도 없다. 그 사람에게는 그런 것이 전혀 중요하지 않다. 그 사람은 대화를 하거나 친목을 도모하려고 그 자리에 나온 것이 아니다. 비즈니스를 하려고 왔을 뿐이다. 레드 타입은 상대방이 친구가 되려고 하면 짜증이 나서 공격적으로 나온다.

레드 타입의 용건은 단 하나, 비즈니스다. 당신이 살갑게 굴면 레드 타입은 알랑방귀 뀌는 것이라고 판단해 당신의 엉덩이를 뻥 차버릴 것이다(물론 비유하자면 그렇다는 말이다). 그는 자기가 남들에게 그렇게 알랑방귀 뀔 생각은 꿈에도 하지 않으므로 남들도 자신에게 그러지 않기를 바란다. 그리고 레드 타입을 잘 모른다면 함부로 칭찬해서도 안 된다. 칭찬은 고이 접어서 주머니 속에 넣어두기 바란다.

결론 할 얘기만 하자. 역설적으로 들리겠지만 사실 레드 타입이야말로 제일 영업하기 쉬운 상대다. 레드 타입과 비즈니스를 하려면 그냥 그 사람의 사무실로 가서 상품이나 서비스를 제안한 후에 어떻게 생각하는지 물어보면 그만이다. 어젯밤 축구 경기 같은 것은 이야기할 필요 없다. 지난주에 그 사람을 마트에서 봤다는 말도 불필요하다. 어차피 그쪽은 당신을 못 봤을 테니까.

그러다 레드 타입이 당신을 자신에게 도움이 되는 괜찮은 사람이라고 판단해서 신뢰한다면 이제는 자기가 먼저 자동차가 어떻고 요트가 어떻니 지난번 정부의 제안이 어땠니 하는 말을 꺼낼 것이다. 그럴 때는 같이 장단을 맞춰도 된다. 단, 딱 그때만이다. 그리고 대화가 불시에 중단돼도 당황하지 말자. 레드 타입은 친목 도모를 할 만큼 했다 싶으면 대화를 단칼에 끝내버린다. 당신이 뭘 잘못해서 그런 게 아니다. 그냥 그 대화에 싫증이 나서 그런 것이다.

⑤ 정확하게 네 의견을 말하라고!

모순처럼 들릴 수 있지만 레드 타입은 당신도 자신만큼 강단이 있기를 바란다. 그들은 평소에 모든 것을 직접 결정하고 싶어 하면서도 또 한편으로는 우유부단한 사람을 상대하는 것을 무척 싫어한다. '그건 대답하기가 쉽지 않네요' '글쎄요' '뭐라고 해야 할지 모르겠습니다' 같은 말을 들으면 레드 타입은 부아가 치민다.

레드 타입은 당신을 판단할 때 얼마나 소신 있는 사람인지 본다. 물론 그의 말을 경청하긴 해야 하지만 당신의 주관도 뚜렷해야 한다. 그렇지 않으면 약한 사람으로 찍혀서 가치를 인정받지 못할 것이다.

우리 누구나 동질감이 느껴지는 사람을 좋아한다는 사실을 잊지 말자. 레드 타입은 날마다 같은 레드 타입을 만나는 게 아니기 때문에 실제로 레드 타입을 만나면 놀라고 기뻐한다. 동지! 반가워! 나는 레드 타입들이 서로 만나서 격렬한 논쟁을 앞두고 결연한 의지를 불태우면서도 기대감에 차서 두 손바닥을 비비는 모습을 많이 목격했다.

결론 눈 하나 깜빡하지 말고 의견을 말하자. 결국에 가서는 양보해야 할지 몰라도 처음부터 굽히고 들어가진 말자. 물론 반대 의견을 들으면 레드 타입은 씩씩대고 발을 구르고 언성을 높이고 주먹을 흔들어댈지도 모른다. 이런 행동 앞에서 적잖은 사람이 뒷걸음질을 친다. 고함 듣길 좋아할 사람이 있겠는가?

그런데 레드 타입 앞에서 뒤로 물러나며 날 잡아 잡수시오 하는 것만큼 어리석은 짓도 없다. 레드 타입에게 그런 빌미를 제공하는 순간 당신은 레드 타입이 매우 중요하게 여기는 것, 곧 존중받을 자격을 상실한다. 레드 타입은 존중하지 않는 사람을 그야말로 쥐 잡듯이 잡는다. 그리고 이후로도 계속 함부로 대하며 결국에는 완전히 깔아뭉개버린다. 굳이 신경 쓸 필요 없는 하찮은 사람 취급하는 것이다.

최선의 대응법은 폭풍의 한복판에 굳게 서서 그 사람이 틀렸다고 말하는 것이다. 레드 타입은 당신이 굴복하지 않으리란 것을 알게 되면 즉시 방향을 바꾼다. 당신이 소신 있게 옳은 소리를 한다면 말이다.

❻ 죽으면 지겹도록 쉴 텐데 지금은 게으름 피울 시간이 없어

만약에 당신의 상사가 레드 타입이라면 정말 열심히 일하는 사람일 것이다. 어쩌면 당신이 만난 그 누구보다도 열심일지 모른다. 레드 타입 상사는 한꺼번에 여러 가지 일을 처리하고 모든 상황에 완벽한 통제권을 발휘할 것이다.

일이 잘 풀리진 않더라도 레드 타입은 개의치 않는다. 하지만 다른 사람들도 열심히 업무에 매진하기를 바란다. 야근을 굳이 해야 하는지 물어볼 필요도 없다. 그렇다고 일 중독자가 되라는 말은 아니지만(인생에는 일 말고 다른 좋은 것도 많다) 레드 타입 상사의 입장에서 보자면 근면성이야말로 최고의 자질이다. 당신이 근면한 노동으로 열의를 보여준다면 레드 타입에게 무척 높은 평가를 받을 것이다.

결론 열심히 일하는 티를 팍팍 내자. 그렇다고 5분마다 레드 타입의 집무실에 들어가서 간밤에 11시 30분까지 회사에 남아 있었다고 알릴 필요는 없다. 그런다고 저쪽에서 감탄하리란 보장도 없고 도리어 무슨 별것도 아닌 일에 그렇게 많은 시간이 걸렸냐고 물을 수 있다. 그러지 말고 주기적으로 당신이 무엇을 했는지 보고하고 노력의 '결과물'을 보여주자. 단, 간략하게 보고하고 보여줘야 한다.

자율성을 발휘해도 좋다. 제안할 것이 있으면 떳떳이 하자. 웬만해서는 싸움을 각오해야 할 테지만 레드 타입은 당신의 투지를 마음에 들어 할 것이다. 단, 오해하지 않기 바란다. 레드 타입이 마음에 들어 하는 것은 '당신'이 아니라 당신의 '투지'다. 물론 레드 타입 상사가 당신을 좋아할 수도 있겠지만 항상 그런 것은 아니니 열렬한 찬사를 기대하진 말자.

레드 타입에게 숙지시켜야 할 것

레드 타입이 당신에게 바라는 것을 들어주고 맞춰주기란 쉬운 일이 아니다. 그러자면 그냥 항복을 해버리는 꼴이기 때문이다. 좋은 결과를 내기 위해서는 앞서 언급한 것 말고도 신경 써야 할 것들이 있다. 레드 타입은 자신의 결점과 실패를 못 본 척하기 때문에 더 좋은 결과를 내도록 당신이 요령껏 도와줘야 한다. 다음과 같은 점을 숙지해두자.

❶ 자잘한 이야기가 지겨워도 들으라고!

기본적으로 레드 타입은 세부적인 내용으로 깊이 들어가는 것을 싫어한다. 따분하고 시간을 잡아먹기 때문이다. 레드 타입을 여러 가지로 비판할 수 있겠지만 너무 꼼꼼해서 탈이라는 말은 어울리지 않는다. 레드 타입은 언제나 목적지에 이르는 과정보다 목적지에 도달하는 것 자체를 더 중요하게 여긴다. 뭔가를 정밀히 분석하거나 일단 멈춰서 사소한 부분을 검토하는 것은 그의 천성에 맞지 않는다.

결론 세부 사항도 중요함을 인지시키자. 레드 타입이 최종적으로 더 좋은 결과를 얻도록 돕고 싶다면 말이다. 현재 하고 있는 작업에서 사소한 것 같아도 중요한 요소를 두세 가지만 신경 써도 더 좋은 성과와 수익이 나온다고 설명해주자.

이때 레드 타입은 씩씩대면서 당신의 조언을 따르지 않으려고 하는 게 보통이니 미리 마음의 준비를 해두자. 하지만 당신이 입심이나 설득력이 좋은 사람이라면 레드 타입에게도 조언이 통할 것이다. 알다시피 레드 타입은 앞으로 나아갈 수만 있다면 한계에 도전하는 것도 잘한다.

❷ 서두르다 된통 망해!

누차 말했듯이 레드 타입의 세상에서는 만사가 급박하게 돌아간다. 그로 인해 생기는 위험성은 분명히 알 수 있다. 전속력으로 달리는 게 좋은 생각일 수도 있지만 그러자면 다른 모든 것, 무엇보다도 다른 모든 사람이 자신과 발맞춰 달리고 있어야 한다. 한데 레드 타입은 대체로 남들보다 앞서 치고 나간다. 그러면서 남들이 못 쫓아온다고 역정을 낸다.

레드 타입에게는 자신을 멈춰 세워줄 사람, 아직 다른 사람들은 미처 상황을 파악하지 못했다는 것을 일깨워줄 사람이 필요하다. 프로젝트를 처음부터 끝까지 혼자서 수행할 수는 없는 노릇이므로(본인은 그런 게 가능하다고 믿고 감히 시도할 테지만) 함께할 팀이 있어야 한다.

이런 말 들어봤을 것이다. 서두르다 망한다고.

결론 서두르다가 오히려 시간을 손해 본 경우를 이야기해보자. 너무 급하게 움직이면 어떤 위험이 있는지 알려주는 거다. 다른 사람들이 빠른 속도를 쫓아올 수 없다는 점을 지적하고, 모든 사람이 프로젝트의 취지와 상황을 제대로 이해하는 편이 좋다고 분명히 일러 주어야 한다. 포기하지 말자. 아무리 능력이 출중하다고 해도 혼자서 모든 일을 처리할 수는 없다고 확실히 말하자. 강제로라도 레드 타입이 다른 사람들을 기다리게 만들자.

이후에 그 일에 대해 이야기하면서 레드 타입이 속도를 좀 늦춘 덕분에 거둔 성과와 이득을 알려주는 것도 잊지 말 것!

❸ 무작정 부딪쳤다가 손해볼 수 있어

레드 타입은 위험을 개의치 않는다. 많은 레드 타입이 순전히 스릴을 느끼려고 일부러 위험한 상황을 찾는다. 참고로 남들이 위험한 행동이라고 생각하는 것을 레드 타입은 전혀 위험하다고 생각하지 않는다.

하지만 레드 타입에게는 이익과 불이익 사이의 균형을 맞춰줄 사람이 필요하다. 당연한 말이지만 불이익이란 재미없는 것이어서 레드 타입은 그냥 무시해버리기 일쑤다. 위험의 실체를 알려면 보통은 세부 사항을 따져봐야 하는데 이에 대해서는 이미 앞에서 이야기했다.

레드 타입은 뒤를 돌아보지 않고(피곤하게 지나간 일을 왜 따져!) 주로 현재와 미래를 보기 때문에 누군가가 좀 노골적으로 과거의 사례를 들이밀 필요가 있다.

결론 과거에 위험했던 상황을 거론하자. 그것은 무모한 사업을 벌였을 때일 수도 있고, 스키장에서 헬멧도 안 쓰고 활강하거나 상사를 꼴통이라고 욕했을 때일 수도 있다. 객관적 증거를 제시하면서, 새로운 프로젝트를 시작하기 전에 이런저런 조건을 따져보고 한 번 더 생각할 것을 요구하자.

이번에도 역시 당신이 옳은 것이니까 부디 포기하지 말기 바란다. 또한 다행히도 이들은 객관적 정보를 잘 이해한다.

❹ 모든 일을 잘하려면 인간관계는 기본이야

레드 타입은 인간관계에 중점을 두지 않지만 모든 유형이 그런 것은 아니다. 레드 타입이 관계를 맺고 발전시키는 방식은 여러 가지로 표현될 수 있겠지만 이들에게 주로 제기되는 불만은 사생활에서조차도 인간관계를 자기 마음대로 하려고 들 때가 많다는 것이다.

주변 사람들은 레드 타입의 강압적인 성격에 혀를 내두른다. 하지만 레드 타입의 입장에서는 일부러 그러는 경우는 거의 없고 그냥 어쩌다 보니 그렇게 되는 것일 뿐이다. 계란 프라이를 하려면 일단 계란을 깨뜨려야 하지 않느냐는 식이다.

레드 타입은 모르겠지만 다른 유형들은 괜히 부딪히기 싫어서 레드 타입에게 등을 돌린다. 그러다 보면 중요한 정보가 레드 타입에게만 공유되지 않을 수도 있다. 레드 타입은 금요일 밤 맥주 파티에 초대받지 않는 것쯤이야 대수롭잖게 여길지 몰라도 중요한 결정에서 배제된다 싶으면 이야기가 달라진다. 최악의 경우에는 주변 사람들이 고의로 자신에게 중요한 정보를 숨기고 있다고 의심할 수 있다. 그러면 순식간에 권력 투쟁이 발발한다.

결론 인간관계의 중요성을 숙지시키자. 손해를 보지 않고 완벽한 투명성을 보장받기 위해서는 다른 사람들에게 적응해야 한다는 사실을 깨우쳐주자. 레드 타입은 그런 생각을 단 한 번도 해본 적이 없을 수 있다. 주로 자신만, 자신의 것만 생각하기 때문이다. 하지만 그 누구도 혼자 힘으로 만사를 처리할 수 없다는 사실을 알게 되면 비로소 속도를 늦추고 다른 사람들을 챙길 것이다.

많은 사람이 아이에게 첫 이가 난 날, 휴가 때 갔던 별장, 사고 싶은 요트 등에 대해 이야기하는 것을 중요하게 생각한다는 사실을 알면 레드 타입도 그런 말을 귀담아들으며 대화에 적극적으로 참여할 것이다. 그리고 레드 타입이 그런 대화의 의의를 깨달으면 지금껏 닫혀 있던 문이 열린다. 이로써 레드 타입의 상대도 그에 대해 새로운 사실을 알게 될지 모른다.

❺ 너, 무례했어. 행동 조심해

레드 타입은 성미가 불같다. 한마디로 언제 터질지 모르는 폭탄이다. 언제 폭발해서 주변 사람들의 위장병을 도지게 할지 모른다. 정작 본인은 그런 줄도 모른다. 고함 좀 치는 것도 커뮤니케이션의 일환이라고 생각하니까.

망나니를 좋아하는 사람은 아무도 없지만 모든 사람이 그런 말을 입 밖에 내진 않는다. 레드 타입이 다른 사람을 짓밟으면 당신이 나서서 그런 식으로 행동하면 안 된다고 분명히 얘기해야 한다. 그럴 때 레드 타입은 순진한 얼굴을 하고 무슨 말인지 못 알아듣겠다는 식으로 나올 것이다. 내심 자기를 두려워하지 않는 사람이 있다는 사실에 조금 놀랄 테지만.

결론 레드 타입이 잘못된 행동을 보이면 즉시 반발해야 한다. 비행, 폭언, 괴롭힘, 불필요한 분노는 용납하지 않는다는 점을 똑똑히 알려주자. 성인다운 행동을 요구하고 만일 레드 타입이 신경질을 내면 그냥 그 자리를 뜨자. 역정을 내도 뜻대로 안 된다는 사실을 가르쳐주는 게 중요하다.

레드 타입은 오래전부터 그런 식으로 떼쓰고 으르렁거리는 것으로 자기 뜻을 관철해왔다는 점을 기억하자. 어렸을 때부터 말싸움으로 자기가 원하는 바를 이뤘을 것이다. 가족들도 그 불같은 성깔을 겪고 공습경보가 울릴 때마다 굴복했을 것이다. 레드 타입은 지금껏 감히 자기에게 대든 사람이 거의 없었으니까 누가 좀 차분하게 대화하자고 하면 오히려 더 큰 소리로 역정을 낸다. 레드 타입이 가장 듣기 싫어하는 소리가 목소리 좀 낮추라는 말이다. 절대 굴복하면 안 된다.

옐로 타입에 적응하는 법 - 그들이 기대하는 것

❶ 즐겨! 좋다 좋다 좋다 좋다 기분이 좋다

옐로 타입은 유쾌하고 아늑한 분위기를 좋아한다. 같이 있는 사람들이 모두 좋은 친구이고 찬란한 태양이 빛나고 있다면 알다시피 옐로 타입은 최상의 상태가 된다.

그런데 옐로 타입은 주변 사람들의 기분에 매우 민감하게 반응한다. 같이 있는 사람들이 불쾌한 기분으로 서로 으르렁대며 공격을 퍼부으면 제아무리 옐로 타입이라고 해도 즐거움이 싹 가신다.

결론 옐로 타입과 함께 즐기자. 옐로 타입의 말도 안 되는 농담에 귀를 기울이고 온갖 어린아이 같은 말에 같이 웃으면서 느긋하고 편안하고 따스한 분위기를 조성하자. 그러면 옐로 타입도 당신을 더 좋게 보고 당신의 말에 더 귀를 기울일 것이다. 이건 절대 손해 보는 장사가 아니다. 옐로 타입은 기분이 좋을 때 최상의 모습을 보이기 때문이다. 창조성도 최고조에 이르고 긍정적인 기운이 마구 발산된다.

❷ 난 자세히 들여다보는 덴 취미 없어

옐로 타입의 관심을 붙들어놓기란 솔직히 쉽지 않다. 옐로 타입인 상사, 직원, 고객, 친구, 이웃은 싫증을 잘 낸다. 이런 옐로 타입의 관심을 떼어내고 그를 잠재우고 싶다면 자꾸만 세부 사항을 거론하는 게 즉효약이다.

옐로 타입은 세세한 것을 따지는 대화를 못 견딘다. 어차피 그런 이야기를 꺼내봤자 기억도 못할뿐더러 자기가 굳이 그렇게 깊이 알 필요도 없다고 생각한다. 옐로 타입의 강점은 나무가 아닌 숲을 보는 것이다. 그러니 향후 10년에 대한 큰 그림을 그려달라고 하는 것은 좋지만 구체적으로 그것을 실현할 방법을 설명해달라고 하면 곤란하다.

결론 온갖 잡다한 내용은 가능한 한 쳐내자. 무조건 거시적인 질문으로 시작하자. 이것이 지속적으로 옐로 타입의 관심을 끄는 가장 좋은 방법이다. 당신이 최신 서라운드 오디오 시스템을 설치하는 방법을 잘 안다고 해서 굳이 그 방법을 옐로 타입 친구에게 구구절절 이야기할 필요는 없다. 옐로 타입에겐 맞지 않는 일이다. 옐로 타입은 그 시스템을 작동시키는 방법만 알면 그만이다.

이런 면은 옐로 타입이 레드 타입보다 더하면 더했지 덜하지 않다. 그러니 옐로 타입은 무엇이 '어떻게' 돌아가는지는 관심 없고 그것이 '제대로' 돌아가기만 하면 그만이라는 사실을 명심하자. 괜히 설명서를 꺼내지 말자. 어차피 안 읽는다.

❸ 늘 그렇듯 '감'이 최우선이야

옐로 타입이 황당무계한 결정을 내려놓고 그냥 '감'이 좋아서 그랬다고 할 때마다 누군가 나한테 1달러를 줬다면 나는 진작 매끼를 호텔에서 해결하는 갑부가 됐을 것이다. 어떤 사람들은 정말로 직감에만 의존할 때 더 결정을 잘 내린다는 연구 결과도 있다. 옐로 타입들은 이 연구 결과를 거론하기 좋아하니까 거기에 대해서는 아무 말도 하지 말자.

옐로 타입은 무엇이든 '감'이 좋아야 한다고 생각한다. 그리고 감만 좋으면 객관적인 사실 따위는 깡그리 무시해버릴 수 있다. 그렇다고 오해하진 마시라. 옐로 타입은 바보가 아니다. 옐로 타입도 세상에는 객관적 사실을 꼼꼼히 따지는 사람들이 있다는 것과 그런 과정이 중요하다는 것을 모르진 않는다. 다만 자신은 그런 데 관심이 없고 직감을 따르고 싶을 뿐이다.

옐로 타입에게 결정을 맡기고 싶은가? 그렇다면 엑셀 스프레드시트는 최대한 멀리 치워놓고 활짝 웃는 얼굴로 물어보자. 감이 어때? 그러면 옐로 타입도 무슨 뜻인지 바로 알아듣고 답을 줄 것이다.

결론 옐로 타입은 직감에 의존한다는 사실을 인정하자. 옐로 타입은 안전지대가 꽤 넓기 때문에 위험을 크게 두려워하지 않는다. 이런 성향에 적응하자. 옐로 타입과 통하기 위해서 당신도 직감을 따르는 모습을 보여주자. 그런 방식이 아무리 틀려먹은 것 같아도 옐로 타입의 마음을 사려면 어쩔 수 없다. 당신이 직감을 따르면 옐로 타입은 당신에게 동질감을 느낀다. 그래서 당신을 최고의 친구로 여긴다. 그러면 태양이 당신을 환히 비출 것이다.

④ 새 것이 제일 좋아

레드 타입이 속도를 좋아한다면 옐로 타입은 최신을 좋아한다. 새로운 것은 곧 좋은 것이다. 왜 아니겠는가? 창조와 발명이 없다면 발전의 수레바퀴가 우뚝 멈춰 서지 않겠는가.

우리는 모두 일상에서 적당한 수준의 흥분감을 원한다. 한데 무엇에 흥분하느냐는 저마다 다르다. 옐로 타입은 새로운 것을 접할 때 흥분한다. 이들은 이른바 '얼리 어답터'라서 새로운 것이 나오면 보통 남들보다 먼저 사용해본다. 평소에 최신 유행 옷을 입고 다니는 사람, 아직 흔치 않은 신형 모델 차량을 가장 먼저 사는 사람이 누구인지 생각해보자. 최신 휴대 전화를 갖고 다니는 사람은 누구이고, 몇 달 후에 맛집으로 소문 날 식당을 먼저 알고 이용하는 사람은 누구인가?

이들은 어떻게 그 모든 것에 대한 정보를 섭렵하는 걸까? 글쎄. 아무래도 시간을 쪼개고 쪼개서 최신 정보를 수집하는 게 아닐까 싶다. 이들은 새로운 업무 방식과 새로운 영업 기법도 남들보다 먼저 도입한다. 순전히 재미있다는 이유로.

결론 옐로 타입이 열심히 최신 정보를 습득하도록 놔두자. 그러면 옐로 타입은 기분이 아주 좋아진다. 옐로 타입에게 뭔가를 팔고 싶으면 '시제품' '전에 없던' '이번에 새로 개발된' 같은 표현을 사용하자. 그러면 당신 앞의 잠재 고객이 군침을 흘릴 것이다.

"아직 아무도 안 써봤다고? 그럼 이 몸이 테스트해봐야지!"

그리고 당신을 아주 재미있고 흥미로운 사람, 무엇보다도 아주 혁신적인 사람이라 평가하며 좋아할 것이다. 다만, 최신 정보에 정통한 사람이 되기란 만만찮은 일이므로 미리 왕성한 에너지로 무장하기 바란다. 그러면 그는 당신을 사랑할 것이다. 하지만 만약에 당신보다 새로운 것에 더 정통한 사람이 나타난다면 순식간에 그 지위를 빼앗길 수 있다는 사실 또한 명심하자.

⑥ 우리는 모두 친구!

이제 다 알겠지만 옐로 타입은 사람을 좋아한다. 이들은 많은 사람에게 둘러싸여 있을 때 최상의 모습을 보인다. 물론 옐로 타입이라고 만나는 사람을 다 좋아하진 않지만 그래도 대부분의 사람에게 적당히 여지를 준다.

당신이 할 일은 당신도 옐로 타입만큼 마음이 열린 사람임을 보여주는 것이다. 당신이 너무 폐쇄적인 모습을 보이면 옐로 타입은 달가워하지 않는다. "지난번에 내가 말 걸었는데 왜 대답 안 했어? 내가 우리 개 이야기했을 때 왜 안 웃었어? 왜 나한테 이렇게 안 알려주는 게 많아? 네 꿈이 뭐야?" 흐지부지한 만남은 옐로 타입에게 강한 불안감을 유발하기 때문에 관계가 긍정적으로 발전하지 않는다. 만일 당신이 레드 타입이나 블루 타입이라면 이런 쪽으로 특별히 더 신경을 써야 한다.

> **결론** 싹싹하게 굴자. 같이 어울릴 여유가 있다는 것을 보여주고, 많이 웃고, 개방적인 보디랭귀지를 쓰자. 옐로 타입이 어디 출신이냐고 물으면 그냥 런던이라고 대답하지 말고 런던에서도 첼시에 살았고, 템스강을 따라 조깅하는 것을 좋아했으며, 옥스퍼드 스트리트를 걷다가 소매치기를 당한 적이 있고, 식당에서 당신 바지에 감자칩을 쏟은 사람과 결혼해서 살고 있다고 말하자. 그리고 이렇게까지 해야 하나 싶을 정도로 옐로 타입에게 인간적인 관심을 확실히 보여주자. 사실 옐로 타입에 대해 알아가는 것은 일도 아니다. 이쪽에서 안 물어도 본인이 이것저것 다 말해주니까 말이다. 그래도 진심으로 관심을 표하자.
>
> 하나 더, 옐로 타입은 아침에 매우 약하다는 사실을 기억해야 한다.

옐로 타입에게 숙지시켜야 할 것

옐로 타입의 좋은 기분을 유지시키려면 장단을 잘 맞춰줘야 한다. 그런데 그러다가 불거지는 문제가 있다. 옐로 타입이 무언가를 제대로 완수하는 일이 별로 없다는 거다. 언젠가 옐로 타입들끼리 모여서 문제를 해결하려고 하는 자리에 같이 있었던 적이 있다. 그들은 모두 한꺼번에 말을 하면서도 즐거워했고, 내가 잘 되어가고 있냐고 물었더니 “최고예요!”라고 대답했다. 하지만 정작 종이는 백지상태 그대로였다. 옐로 타입들과 함께 전진하려면 그냥 좋은 분위기를 조성하는 정도로는 부족하다. 일단 그들과 주파수를 맞춘 다음에는 다음과 같은 조치를 해야 한다.

❶ 듣는 척하지 말고 제대로 들어!

툭 까놓고 말해서 옐로 타입은 이견의 여지없이 경청 능력이 최악인 유형이다. 그런데 본인들은 인정을 잘 안 할 것이다. 왜냐하면 최악이라는 말 자체에 내포된 부정성을 받아들이고 싶지 않기 때문이다. 그리고 많은 옐로 타입이 자신은 남의 말을 잘 들어주는 줄 안다. 대단한 착각이다. 물론 남의 말을 잘 들어주는 옐로 타입들도 있긴 있다. 단, 상대방이 자기가 듣고 싶은 이야기를 할 때나 이미 대화를 통해 자기가 원하는 것을 얻었을 때에 한해서다.

옐로 타입은 남의 말을 듣지 않고 그냥 자기 말을 하고 싶어 한다. 자기가 무엇이든 남들보다 훨씬 잘 표현할 수 있다고 믿기 때문이다.

결론 구체적인 계획을 짜고 끊임없이 확인하자. 옐로 타입을 상대할 때 꼭 필요한 게 바로 행동 계획이다. 배우자와 여름휴가에 대해 이야기할 때든 동료와 현행 프로젝트에 대해 논할 때든 간에 미리 대화의 계획을 착실히 세워야 한다. 당신이 전할 메시지, 그리고 들어야 하는 대답을 사전에 확실히 정해야 한다. 행복한 옐로 타입을 잘 설득해서 질문에 아주 구체적인 답변을 하게 해야 한다. "그래, 약속대로 4시까지 갈게."라든가 "그럼요, 내가 그 고객한테 합의 사항을 알릴게요."라는 말을 꺼내도록 만들어야 한다.

하지만 유감스럽게도 옐로 타입은 아무것도 기록해두지 않을 테니 만약 사안이 중대하다면 당신이 추후에 또 확인을 해야 한다. 물론 용케도 옐로 타입이 메모를 하게 만들었다면 이야기가 달라지지만 그렇지 않은 경우에는 당신의 말이 한쪽 귀로 들어갔다가 다른 쪽 귀로 흘러나갔을 공산이 크다.

❷ (넌 좀 일찍 와야겠다) 시간 약속 엄수!

옐로 타입은 천성이 시간에 대해서 낙천적이다. 당신이 아무리 일을 빨리 끝낸다 해도 옐로 타입이 생각한 만큼 빠른 경우는 거의 없을 것이다. 그럴 수밖에 없는 것이 옐로 타입은 생전 계획이나 체계를 세우는 일이 거의 없기 때문이다. 내가 같이 일해본 사람들 중에도 하루에 8개 회의에 참석할 수 있다거나 주방을 리모델링하는 데 이틀이면 충분하다고, 혹은 스톡홀름 중심가를 30분이면 다 돌 수 있다고 생각하는 이들이 있었다. 옐로 타입은 이렇게 낙천적이다.

그로 인한 문제도 뚜렷하다. 옐로 타입이 원하는 것을 모두 다 하기란 불가능한 데다 애초에 옐로 타입은 어떤 일에 시간이 얼마나 소요될지를 생각지도 않는다. 설령 그가 다른 사람에게 시간이 얼마나 걸릴지 물어본다고 해도 어차피 그 대답을 제대로 듣지도 않고 그냥 틀렸다고 생각해버린다. 자기가 제일 잘 안다고 생각하는데 어련할까.

또 다른 문제는 본격적으로 일을 해야 할 때 안 한다는 것이다. 혹시 침실에 페인트칠을 하겠다고 휴가를 내놓고 오후 3시가 다 되도록 페인트통을 따지도 않는 사람을 본 적 있는가? 일단 다른 것부터 끝내고 해야지, 라면서 말이다. 무슨 악의가 있어서 그러는 것은 아니고 정확성이 요구되는 것을 현실적으로 생각할 줄 모르고 또 한편으로 시간은 어차피 무한하다고 진심으로 믿기 때문에 그렇다.

최근에 옐로 타입 친구 몇 명과 저녁 식사를 한 적이 있다. 우리가 만나기로 한 레스토랑은 식사 시간이 90분으로 제한되어 있어서 혹시라도 25분쯤 늦게 가면 애피타이저와 디저트를 포기해야 하는 곳이었다. 시간 조정은 허용되지 않았다. 그날 나와 한 친구는 15분 일찍 도착했다. 우리는 곧장 테이블로 가서 나머지 사람들을 기다렸다. 시간이 흘렀다. 그로부터 45분 후, 그러니까 약속 시간에서 25분이 지난 시점에 우르르 도착한 옐로 타입 친구들은 지각에 대한 농담을 하며 신나게 웃었다. 우리는 별수 없이 메인 디시만 주문해서 먹고 다음 손님들이 테이블을 내놓으라고 하기 전에 얼른 계산을 끝냈다. 그런데 이상하게도 그 친구들은 나중에 그 이야기가 나오자 자기들이 단 몇 분 늦은 것으로 기억했다. 식사 코스의 3분의 1을 먹지 못한 걸 깡그리 잊어버리고서 말이다.

결론 옐로 타입과 약속을 잡을 때는 반드시 정확하게 잡자. 비행기가 저녁 8시에 출발하니까 그때까지 안 오면 같이 못 간다고 확실히 못박아두자. 더 명확하게는 비행기 이륙 2시간 전에 집 앞에 차를 끌고 나타나지 않으면 콱 심장마비로 죽어버릴 거라고. 참는 것도 한계가 있지 계속 그렇게 지각을 해대면 우정에 금이 갈 거라고!

이런 방법도 있다. 저녁 식사가 7시라면 다른 사람들은 다 시간 맞춰 오라고 하되 옐로 타입 친구들은 6시 30분까지 오게 하는 것이다. 어차피 그래도 가장 늦게 올 테지만. 그러면서도 핑계는 아주 근사할 것이다. 파란만장한 대서사시를 들을 준비를 해두자. 아울러 옐로 타입은 자신의 낙천적인 시간 감각을 절대 인정하지 않으리란 점도 알아두자. 분명히 시간에 맞춰 출발했는데 중간에 예기치 못한 일이 생겼다고 할 것이다.

③ 체크리스트를 만들어보는 게 어때?

내가 본 것 중에 가장 어수선한 책상은 하나같이 옐로 타입 소유였다. 이들의 모니터에는 포스트잇이 잔뜩 붙어 있어서 저러고도 화면이 보이나 싶을 정도다. 차고는 아수라장이고 다락은 미어터진다. 눈에 잘 보이는 것만 이 정도다. 옐로 타입에게 다이어리를 좀 보여달라고 해보자. 가방이나 옷장도 좋다. 그러면 이게 왜 여기서 나와, 싶은 게 한둘이 아닐 것이다. 그런데 이건 그냥 물질적인 예에 지나지 않는다.

옐로 타입은 시도 때도 없이 회의를 깜빡하고, 물건을 잃어버리고, 주차장에서 차를 세워둔 곳을 까먹고, 열쇠를 분실한다. 어디 그뿐인가. 많은 옐로 타입이 하루를 계획하는 능력이 없다. 마트를 몇 번이고 왔다 갔다 하며 그때그때 조금씩 장을 본다. 사야 할 것을 적어놓지 않기 때문이다. 왜 안 적는가 하면 마트에 가기 전에는 뭐가 필요한지 생각을 못하기 때문일 수도 있고, 사야 할 것 20가지 정도야 거뜬히 외울 수 있다고 생각하기 때문일 수도 있다.

옐로 타입은 자신의 능력을 무척 후하게 평가한다는 점을 기억하기 바란다. 이들은 자기가 세상에서 기억력이 제일 좋고, 뭐든 절대로 잊어버리는 법이 없다고 큰소리친다.

결론 정말로 옐로 타입을 돕고 싶다면 체계적으로 소지품을 관리할 수 있게 도와주자. 간단한 정리법을 마련해주자. 장을 보러 간다면 사야 할 품목을 직접 적어주자. 안 그러면 당신의 옐로 타입 파트너는 그중 절반을 까먹을 테니까.

옐로 타입에게 체계를 만들어주자. 도표나 체크리스트 형태의 체계가 가장 절실히 필요한 유형이 바로 옐로 타입이라는 점을 잊지 말자. 그런데 유감스럽게도 정작 본인들은 그런 것을 싫어한다. 남이 만든 체계에 틀어박히기를 거부한다. "뭐 하나 마음대로 못하고 자잘한 것 하나하나 다 계획대로 하라니, 민주주의 국가 맞아?"라고 말이다. 그러니 교섭력을 발휘하자. 너무 심하게 밀어붙이면 강한 반발이 생기기 쉽다.

❹ 다른 사람에게도 말할 기회를 줘!

옐로 타입도 레드 타입처럼 자존심이 강하다는 점에는 의심의 여지가 없다. 옐로 타입은 관심받기를 좋아하고 누구보다 빨리 무대 중앙으로 뛰어든다. 자기가 중심이 될 때 가장 즐거워한다. 옐로 타입은 누구보다 크고 빠르게 말하며 자신의 존재감을 과시하기 때문에 자연스럽게 스포트라이트를 받는다.

이런 태도에는 명백한 단점이 있다. 다른 사람들이 설 자리가 없어진다는 것이다. 대화 자리에서 옐로 타입 혼자 시종일관 자기의 경험이나 생각만 낭랑하게 말하는 경우가 얼마나 많은지 모른다. 주제가 전쟁이든 기아든, 다이어트·자동차·회사 임원·정원 일이든 뭐든 간에 옐로 타입은 자기가 주인공인 이야기를 잘도 꺼낸다. 딱히 할 이야기가 없으면 만들어서라도 한다.

그리고 이들의 생각은 주로 '나'로 시작한다. 나는 ~하고 싶어, 나는 ~라고 생각해, 나는 ~할 수 있어, 나는 ~를 알아, 나는 ~할 거야 등등. 아주 자연스러운 현상이다. 이들은 다른 사람들을 좋아하지만 그보다 훨씬 더 좋아하는 게 바로 자기 자신이기 때문이다.

결론 타인을 존중하게 하자. 옐로 타입은 자기 옆에 다른 사람들도 존재한다는 사실을 알아야 한다. 그가 혼자서 공기를 다 빨아들이도록 방치하면 절대 안 된다. 용기 있고 끈기 있게, 대화가 됐든 무엇이 됐든 간에 남들도 끼어들 틈을 줘야 한다고 똑똑히 일러줘야 한다. 물론 이런 말을 다른 사람들이 있는 자리에서 하면 안 된다. 그랬다가는 역효과가 나기 십상이다. 그런 비판을 받으면 옐로 타입은 굉장히 언짢아할 수 있다. 속으로 '다른 사람들은 다 자기만 생각하니까 나라도 나를 생각해야지'라고 생각할 것이다. 따라서 이런 피드백은 신중하게, 한편으로는 긍정적으로 전달해야 한다. 또한 상대방이 옐로 성향이 얼마나 강한가에 따라 강도를 조절해야 한다.
그리고 그 과정에서 당신이 옐로 타입의 적이 될 확률이 높으니 미리 마음의 준비를 해두자. 이것은 위험을 무릅써야 하는 일이다. 누구든 자기밖에 모르는 사람이라는 소리를 들으면 불쾌감이 극에 달한다. 옐로 타입도 바보가 아니니까 당신의 말이 무슨 뜻인지 알 것이다. 하지만 당신의 분석이 틀렸다고 생각할 것이다. 그러니 당신이 고생을 해야 할 것이다. 아주 많이. 그게 싫으면 그냥 친구를 바꾸든가.

⑤ 이 일은 반드시 네가 해야 해!

옐로 타입은 일보다 말을 더 많이 한다. 이들은 자기가 해야 하는 일에 대해 말하기만 좋아하지 실제로 그 일을 수행하지는 않는다. 여기에 관해서는 이미 여러 차례 말했다.

물론 꼭 옐로 타입이 아니어도 많은 사람이 일을 선뜻 시작하지 못하고 특히 따분한 일이라면 최대한 미루려 할 것이다. 하지만 옐로 타입은 이를 넘어서서, 어떤 마뜩잖은 일을 해야 할 때 단 한 발짝도 내디디려 하지 않는다. 예를 들어 불만이 있는 고객에게 전화를 걸거나, 발코니 공사를 마무리 짓거나, 약국에 가야 할 때 대체로 그렇다. 단조롭고 시시한 일은 하지 않는다. 그러면서 핑계는 또 상상력을 발휘해 얼마나 잘 갖다 붙이는지 모른다.

옐로 타입은 미래 위주로 생각하기 때문에 미래에 대한 이야기를 많이 하지만 정작 그 미래로 나아가기 위한 수고는 하지 않는다. 이들만큼 허무맹랑한 계획이나 말도 안 되는 목표를 많이 세우는 사람들도 없다. 옐로 타입은 생각하는 것을 다 말로 표현하기 때문에 주변 사람들은 "와, 진짜 끝내준다!" 하며 정말로 그 생각이 실현될 줄로 믿는다.

결론 옐로 타입 친구를 돕고 싶다면 그 친구가 직접 삽을 들고 땅을 파도록 만들자. 그 등을 밀되 부드럽게 밀자. 아이를 어르고 달래듯이 다정하면서도 단호해야 한다. 그런데 옐로 타입은 당신이 윗사람 행세를 한다고 생각하면 까다롭게 나올 수 있다. 생각을 행동으로 옮기기 위해서 다른 어느 유형보다도 도움이 많이 필요한 유형이 분명한데도 그런 도움을 싫어한다. 통제받는 것을 싫어하기 때문이다. 이들은 자유로운 영혼이라 아무한테도 복종하지 않는다.

그러니 교섭력을 발휘해야 한다. 부드럽고 다정한 말로 이제 무엇을 해야 하는지 파악됐으니 그것을 실행하는 게 중요하다는 사실을 일러주자. 지금도 인기가 많지만 그 일을 마무리 지으면 인기가 더 올라갈 것이라고, 모든 사람의 존경과 사랑을 받게 될 것이라고 잘 설득하자.

너무 단순하지 않냐고? 사실이 그렇다. 그렇게 노골적으로 타인의 자존심을 띄워주는 것에 대한 당신 안의 거부감을 극복하기만 하면 된다. 이 방법은 실제로 잘 통한다.

⑥ 잘못한 건 확실히 알아야 해!

우리는 누구나 잘못을 저지른다. 그리고 세상에 더는 개선될 수 없는 것, 더는 개선될 수 없는 사람이란 존재하지 않는다. 이는 옐로 타입도 다 아는 사실이다. 옐로 타입도 남들이 정신을 차리고 자기를 계발해야 한다는 데는 동의한다. 세상에 완벽히 무결점인 사람은 존재하지 않는다는 것도 인정한다. 여기까지는 아무 문제가 없다. 하지만 옐로 타입 본인도 개선이 필요할 수 있다는 점을 이해시키려고 하면 문제가 발생한다. 특히 그런 비판이 공개적으로 나오면 갈등이 불거진다.

옐로 타입은 비판을 잘 받아들이지 못한다. 체면이 깎이기 때문이다. 저 인간은 내가 무슨 말만 하면, 내가 뭐만 했다 하면 다 싫대! 내가 옐로 타입을 만나서 그 사람의 성격 유형에 대한 피드백을 주면 처음에는 이야기가 순조롭게 진행되다가 '발전이 필요한 영역'이라는, 약점을 말하는 항목이 나오면 분위기가 싹 달라진다. 부정적 피드백에는 초고속으로 철벽 수비에 돌입한다.

직접적으로 험한 말이 오가진 않지만 방 안의 기류가 급속히 냉각된다. 자기를 돌아보는 능력이 부족하다는 말을 꺼내기도 전에 초고속으로 방어벽이 세워진다. 옐로 타입도 마음속으로는 자기에게 약점이 있다는 사실을 안다. 다만 거기에 대해서 이야기하고 싶지 않을 뿐이다.

결론 옐로 타입에게 부정적인 피드백을 줄 때는 뚝심 있게 나가야 한다. 우선 호의적인 분위기를 조성해야 한다. 그리고 당신이 전하려는 메시지를 무사히 전달하려면 수위를 잘 판단하자.

원한다면 주먹으로 탁자를 쾅 내리쳐서 옐로 타입의 정신을 번쩍 들게 한 다음 끝까지 밀어붙일 수도 있다. 하지만 나는 이 방법을 권하지 않는다. 차라리 같은 말을 여러 번 되풀이하는 편이 낫다.

옐로 타입에게 부정적인 피드백을 줄 때는 명쾌하게 말해야 한다. 당신의 주장을 뒷받침할 객관적 사실을 최대한 확보해서 만반의 준비를 하고 가야 한다. 옐로 타입은 능구렁이 같은 면이 있다. 당신이 정말 작정하고 비판하며 대충 넘어가지 않을 생각인 것을 알면 옐로 타입은 갖은 말로 당신을 홀리려 들 것이다. 그는 연막을 치는 데 일가견이 있다. 희뿌연 연기 속에서 길을 잃지 않도록 조심하자.

그리고 반드시 당신의 질문에 대한 답을 받아내야 한다. 옐로 타입이 메시지를 이해했는지 확인하자. 당신이 한 말을 종이에 적게 하자. 당신의 피드백을 따라 말하게 하자.

아울러 앞으로의 실천 계획도 세워야 하지만, 이건 다음번으로 미루자. 일단 지금은 옐로 타입을 이 정도까지 끌고 온 것만 해도 장하다고 할 것이다. 여기서 더 나가면 당신의 에너지가 고갈될 위험이 있다.

하나만 더! 긍정적인 피드백을 줄 때는 굳이 이 고생을 할 필요가 없다. 어차피 옐로 타입이 먼저 좋다고 달려들 테니까.

그린 타입에 적응하는 법 - 그들이 기대하는 것

❶ 감이 좋아야 하는데…… 안 좋아. 내 얘기 좀 들어봐

그린 타입에게는 언제나 안전이 중요하다. 이들은 아직 일어나지 않은 온갖 일을 걱정한다. 위험한 것을 피하고 불안을 잠재우기 위해 이불을 머리끝까지 덮어쓴다. 눈에 안 보이면 존재하지도 않는다는 식이다. 그린 타입은 위태로운 곳에는 안 가려고 한다. 어떻게든 안정감을 찾으려 하고 무모한 도박에 대해서는 아예 듣고 싶어 하지도 않는다.

하지만 당신도 알다시피 세상은 위험한 곳이다. 도처에 수많은 위험이 잠복해 있다. 언제 어떤 일이 일어날지 모르는 게 세상이다. 인간관계가 끝장날 수도 있고, 병이 들 수도 있고, 배우자에게 버림받을 수도 있고, 자녀에게 무시당할 수도 있다. 직장을 잃을 수도 있고, 상사에게도 바보 취급당할 수도 있고, 많은 사람들과 불화를 겪을 수도 있다. 출근길에 교통사고를 당할 수도 있고, 목에 작은 생선 가시가 걸려 한순간에 죽을 수도 있다.

우리네 인생은 이토록 위태롭다. 무슨 일이든 일어날 수 있다. 내가 다년간 코치로 일하면서 만난 그린 타입 중 상당수가 이런 잠재적 위험 때문에 마치 몸과 마음이 마비되는 듯한 무력감을 느낀다고 했다. 이들은 위험이라는 괴물이 만들어내는 온갖 요란한 생각에서 빠져나오는 길을 잘 찾지 못한다. 그래서 행동할 힘을 완전히 잃어버린다. 더욱이 딱히 뭔가를 해야 할 필요성을 못 느끼기 때문에 집에만 있는 편이다. 이불 밖은 위험한 법이니까.

100년 전에 스웨덴에서 미국으로 건너간 사람들은 그린 타입이 아니었다. 그린 타입이 이민선에 몸을 실었을 리 없다. 가다가 무슨 변고가 생길 줄 알고? 설령 그 이역만리 땅에 무사히 닿는다고 해도 마땅히 먹고살 게 있다는 보장이 없잖아? 스웨덴 사람이 거기서 떼돈을 벌었다는 성공담은 십중팔구 사기야. 그리고 어찌어찌해서 직업을 구하고 살 곳을 찾는다고 쳐도 그게 무조건 좋은 직업, 좋은 집이라는 보장도 없잖아. 여기 고향 땅에서 살던 것보다 훨씬 더 비참하게 살아야 하면 어쩔 거야? 적어도 여기서는 뭐가 어떻게 돌아가는지 알지만 거기서는 무슨 일이 터질지 어떻게 알아?

다시 과거로 돌아가 증명할 길은 없지만 내가 볼 때 당시 스웨덴을 떠난 사람들은 주로 레드 타입과 옐로 타입이 아니었을까 싶다. 남은 사람 중에는 그린 타입과 블루 타입의 비중이 컸을 것이다.

결론 그린 타입의 두려움에 대해 경청할 준비가 돼 있음을 보여주자. 그린 타입이 그 무엇보다도 두려움에 큰 영향을 받을 수 있다는 사실을 인정하고 열린 자세를 취하는 것이다. 반대로 아무것도 걱정할 필요 없다는 식으로 말하면 곤란하다. 그린 타입에게 그 두려움은 가벼이 여길 수 없는 것이라서 그런 말이 통하지 않는다. 그리고 그 말은 사실이 아니기도 하다. 세상에는 걱정해야 할 게 많다. 우리는 누구나 걱정이 있다. 다만 그린 타입은 남들보다 걱정이 더 많을 뿐이다.

대신 그린 타입 친구가 미지의 것에 대한 자신의 두려움을 직시할 수 있게 도와주자. '감이 안 좋아도 용감히 전진할 수 있게' 설득하자. 어린아이에게 차갑고 무시무시해 보이는 물속에서 수영하는 방법을 가르쳐줄 때처럼 살살 밀면서 앞으로 나아갈 수 있게 도와주자.

❷ 이미 아무것도 안 하고 있지만 더욱 아무것도 안 하고 싶다

앞에서 그린 타입의 수동성을 언급한 것을 기억할 것이다. 그린 타입은 그 어떤 것도 사소한 일이라고 무시해버리지 못한다. 진취적이고 주도적인 생활 방식은 그들의 평정을 깨뜨린다. 그린 타입은 그런 것을 달가워하지 않는다. 당신이 자꾸만 새로운 할 일을 제시하면 그린 타입은 심기 불편해한다.

그린 타입은 굳이 행동할 필요가 없을 때 기분이 더 좋다. 그린 타입은 금요일 저녁이 되면 지난 한 주간 최대한 아무것도 안 하려고 수고한 몸을 이끌고 집으로 돌아가 푹 쉬기를 바란다. 나는 일을 안 하려고 애쓰느라 실제로 일을 하는 것보다 더 많은 에너지를 소모하는 그린 타입을 많이 봤다.

이들은 주말 일정이 빡빡하게 잡히는 것을 싫어한다. 처가나 시가에 가는 것, 나들이를 준비하는 것, 아들을 축구 교실에 데려다주는 것, 쓰레기통을 비우는 것, 저녁 식사에 이웃을 초대하는 것 등. 이 모든 것이 그린 타입에게는 짐이다. 그래서 웬만해서는 미리 계획했던 일도 하지 않는다. 주말이면 그린 타입은 감쪽같이 당신의 레이더에서 사라져버리기 일쑤다.

결론 그린 타입에게 아무것도 안 하고 고요와 평화를 누릴 시간을 허락하자. 그린 타입은 원래 그렇게 생긴 사람이다. 그렇다고 한평생을 가만히 앉아서 보낼 수 있다는 말은 아니지만 아무것도 안 할 수 있는 시간이 적당량 필요하다.

당신은 그린 타입의 입장이 돼서 끊임없이 뭔가를 하는 게 얼마나 큰 스트레스인지 이해해야 한다. 우리는 다분히 분주한 사회에 살고 있다. 때문에 진성 그린 타입은 자신이 잘못 살고 있다는 느낌을 받곤 한다. 남들은 매일같이 주말을 어떻게 보냈고, 무슨 활동을 했고, 어디를 다녀왔고, 얼마나 복잡한 프로젝트를 완수했다는 소리를 하는데 이 모든 것이 그린 타입에게는 스트레스일 뿐이다.

❸ 어디서부터 어떻게 해야 하는지 알려줘

레드 타입은 '무엇'을 묻고, 옐로 타입은 '누구'를 묻는다. 블루 타입은 '왜'를 묻고, 그린 타입은 '어떻게'를 알고 싶어 한다. 다시 말해 그린 타입은 '계획'이 무엇인지 알기를 원한다. 어떤 방안이 요구되는가? 각각의 일이 언제 일어날 것인가? 무엇을 예상할 수 있는가?

안정성과 예측 가능성은 그린 타입에게 금과옥조와 같다. 생각해보면 일리가 있다. 무슨 일이 일어날지 안다는 것은 좋은 일이다. 누구나 조금씩은 통제에 의존할 것이다. 우리는 기왕이면 앞일을 알고 싶어 한다. 그리고 그린 타입은 이런 통제 의존성이 매우 강하다.

이들은 변화 비슷한 것만 있어도 무조건 예측 가능성을 요구한다. 하지만 안타깝게도 현대 사회에서 유일하게 변하지 않는 게 있다면 바로 변화가 일어난다는 사실이다. 세상에 완전히 예측 가능한 것은 존재하지 않고, 모든 것이 핑그르르 돌아 짠 하고 전혀 새로운 모습으로 나타나는데 이 모든 것이 그린 타입에게는 어마어마한 스트레스가 된다.

결론 자세한 계획으로 그린 타입을 안심시키자. 앞으로 어떤 절차를 밟게 될지 낱낱이 일러주는 것이다. 어렵게 생각할 것 없이 그냥 앞으로 어떤 일이 있을지 자세히 알려주면 된다. 이를테면 단순히 주말에 손님을 초대했다고만 말하지 말고 존과 메리를 저녁 식사에 초대했고, 애피타이저와 메인 디시와 디저트를 제공할 예정인데 메인 디시는 내가 준비할 테니까 디저트는 당신이 어떠어떠하게 준비했으면 좋겠다고 말하는 것이다. 와인은 누가 사고 꽃은 누가 살지 등도 미리 다 말해주자. 장을 볼 날짜까지 정해줘도 좋다. 더 나아가 종이에 꽃집 주소와 구체적으로 무슨 꽃을 어떻게 사야 하는지를 상세히 적어주는 것은 어떨까?

과장이 너무 심하다고? 전혀 아니다. 기억할 테지만 그린 타입은 주도성으로는 둘째가라면 서러울 사람들이 절대 아니다. 모든 구성원이 전부 똑같은 일을 하지는 않는다. 저마다 잘하는 일이 다르기 때문이다. 만약에 당신이 다른 가족들보다 더 주도적인 사람이라면 당신이 주도자가 되면 된다. 단, 반드시 그린 타입의 동참을 유도해야 한다. 그렇지 않으면 그린 타입은 뒷문으로 내뺄 우려가 있다.

그린 타입에게 숙지시켜야 할 것

이제 그린 타입 친구가 자신을 어떻게 대해주길 바라는지 알게 됐다. 그대로만 한다면 차분하고 끈끈한 우정을 오랫동안 유지할 수 있을 것이다. 굉장하지 않은가? 하지만 여기서 멈출 수는 없다. 언제 어디서나 마냥 가만히 있긴 어렵기 때문이다. 그러니 안정성에 목마른 친구가 엉덩이를 떼게 할 전략이 필요하다.

❶ (구체적으로) 이런 점을 고쳐줘

앞에서도 말했듯이 그린 타입은 모든 종류의 마찰을 싫어한다. 대화가 격앙되거나 상대방이 인상을 쓰면 그린 타입은 뒷걸음질 친다. 자칫하면 갈등이 빚어지고 상황이 매우 심각해질 수 있으므로 자기 안으로 쏙 들어가 침묵하며 섣불리 나서지 않는다.

오래전에 내가 영업인들에게 대인관계 기술을 가르치는 행사에서 있었던 일이다. 참석자 중 하나가 자꾸 휴대 전화를 만지작거려서 문자는 쉬는 시간에 보내라고 정중히 요청했는데, 그는 온몸이 뻣뻣이 굳으면서 아예 말문을 닫아버렸다. 어떤 질문에도 답하지 않고 토론에도 전혀 끼지 않았다. 그는 그날이 다 가도록 다시 펜을 쥐지 않았다. 그러면서 나를 노려보기에 무슨 문제가 있냐고 물었더니 그냥 어깨를 으쓱할 뿐이었다.

아마 지금까지 그 사람만큼 나를 나쁘게 평가한 사람도 없을 것이다. 행사는 총 엿새에 걸쳐 진행됐지만 그날이 그에게는 결정적인 날이었다. 그는 나를 아주 몹쓸 인간으로 봤다. 나처럼 무례하고 무능한 컨설턴트는 처음이라며, 내가 자기 등에 칼을 꽂았다고 생각했다. 물론 이런 반응은 터무니없다. 우리는 이미 강의 시간에 휴대 전화를 사용하지 않기로 약속했다. 하지만 그는 그러거나 말거나 상관없이 내가 자기를 무참히 짓밟았다고 생각해서 자기가 할 수 있는 유일한 방법으로 나를 응징했다. 완전히 수동적인 사람이 되는 것으로 말이다.

하지만 나중에 그는 자기가 어린애처럼 굴었다며 미안하다고 했다. 그의 사과가 진심이었음을 나는 의심치 않는다.

결론 그린 타입을 평가할 때는 상황과 표현에 신경을 쓰자. 가령 비판을 하려거든 반드시 단둘이 있을 때 해야 한다. 당신이 그 사람을 좋아하지만 그 사람이 어떤 점을 바꿔야만 그 사람과 조직(부서, 스포츠팀, 가족, 협회 등) 양측에 좋을 것 같아서 하는 말이라는 점을 확실히 이해시켜야 한다. 그 사람에게 무엇을 할 수 있겠냐고 묻지 말고 구체적으로 이렇게 하라고 요구하자. 어쩌면 본인도 무엇이 필요한지 인지하고 있을지 모르나 그렇다 해도 보통은 스스로 대화를 주도하지 않을 것이다. 그러니 당신이 대화를 주도하는 노력이 필요하다.

❷ 변화는 반드시 필요해

내가 변화를 논할 때 자주 하는 것 중 하나가 그 자리에 모인 사람 중에서 변화를 두려워하는 사람은 일어나보라고 하는 것이다. 간혹 정말로 일어나는 사람이 있긴 하지만 보통은 아무도 움직이지 않는다.

왜 그럴까? 다들 스스로 변화하며 시대의 흐름에 발맞춰야 한다는 사실을 잘 알기 때문이다. 자신이 변화를 싫어한다는 사실을 인정하기가 아주 불가능하진 않다. 하지만 인정한다고 해도 어디까지나 속으로만 그럴 뿐이다. 그래서 자리에 가만히 앉아서 변화에 반대하는 사람은 아무도 없다는 식으로 나온다. 더욱이 남들도 다 안 일어나지 않는가.

그러고 나서 나는 또 묻는다. 본인을 제외하고 여기 있는 사람 중에 변화를 두려워하는 사람이 있다고 생각하시는 분? 그렇게 생각하는 사람은 일어나라고 하면 이번에는 모든 참석자가 일어나서 주위를 둘러보며 웃는다. 아니, 그러면 도대체 변화를 싫어하는 사람은 누구란 말인가? 정답은 '다른 사람들'이다. 다른 사람들이 전부 변화를 싫어하는데 나 혼자 뭘 어쩌겠냐는 식이다.

이런 문제는 도처에 퍼져 있다. 정말 많은 사람들, 대다수가 그린을 주 속성으로 갖고 있다. 그러다 보니 우리는 변화를 두 팔 벌려 환영하지 못한다. 새로운 것은 모두 악한 것이니 결사반대다.

변화 중에서도 최악은 급격한 변화다. 변화는 빠를수록 나쁘다. 그래서 우리 사회에서 변화의 수레바퀴가 빠르게 굴러갈수록 변화의 반대자들도 더 땀나게 뛴다. 옐로 타입과 레드 타입은 꾸준히 변화를 도모하고 그린 타입과 블루 타입은 현상을 유지하려 한다. 그래서 점점 스트레스가 심해진다.

결론 그린 타입들이 변화를 받아들이게 하려면 강한 인내심으로 무장해야 한다. 모든 변화 과정을 세분화한 후 몇 주에 걸쳐 각 단계가 어떤 배경에서 나왔고, 어떻게 진행될 것인지 상세히 설명하며 설득해야 한다. 그리고 메시지가 완전히 전달될 때까지 몇 번이고 반복해서 말해줘야 한다.

아울러 그린 타입들이 감으로 해법을 찾을 기회를 줘야 한다. 그들에게 좋은 감이 왔을 때 비로소 당신의 임무도 성공한 것이다. 하지만 그때까지 멀고 험한 길을 가야 한다. 그러므로 당신의 목적지가 어디인지 확실히 알아야 하고, 당신이 왜 그 고생을 하는지 끊임없이 되새겨야 한다. 만일 당신이 레드 타입이라면 날마다 당신의 의견을 강요하고 싶은 충동에 시달릴 테지만 그랬다가는 아예 회사 문을 닫게 되리란 것을 내가 굳이 설명하지 않아도 알 것이다. 그러므로 참고 기다려주는 것이 모든 사람의 시간과 고생을 절약하는 길이다.

❸ 내가 조종간을 잡을게

솔직히 말해서 그린 타입의 행동법은 리더십과 다소 거리가 있다. 특히 리더가 바로 앞에서 말한 '변화'를 주도해야 하는 경우가 많다는 점을 생각해보면 더욱 그렇다. 그렇다고 그린 타입이 훌륭한 리더가 될 수 없다는 말은 아니다. 훌륭한 그린 타입 리더도 많다. 하지만 그 과정이 만만치는 않다. 그린 타입은 레드 타입과 옐로 타입처럼 적극적으로 앞장서는 성격이 아니기 때문이다.

그리고 원래 무엇이든 책임을 맡지 않는 쪽이 더 편하다. 나는 모든 사람에게 어느 정도는 게으른 구석이 있다고 본다. 아무 생각도 안 하고 아무 결정도 안 내리고 그냥 몸만 따라가도 되면 얼마나 마음이 가볍겠는가. 물론 상황에 따라 달라지긴 할 테지만 그린 타입은 이 방면으로 고수의 경지에 올라 있다. 이들은 무엇이든 책임지는 역할은 싫어한다. 왜냐고? 첫째, 누군가가 결정에 동의하지 않으면 갈등이 발생할 수 있으니까. 둘째, 할 일이 늘어나는 게 달갑지 않으니까. 그러니 가능한 한,

가급적, 끝끝내, 책임을 져야 하는 역할을 피한다.

책임이란 강단과 추진력을 요구하기에 부담스럽다. 그러나 책임은 그 사람이 얼마나 성숙했는지 가늠하는 척도이기도 하다. 책임감의 출발점은 자신과 자신의 인생에 대한 책임을 받아들이는 것이다. 그런데 그린 타입은(다른 유형들도 가끔 그렇긴 하지만) 평소에 자기 말고 다른 사람과 환경을 탓하는 경향이 있다. 나와 인사 정도만 하고 지내던 어떤 사람은 몇 년 전까지만 해도 일이 뜻대로 되지 않았을 때 구체적으로 탓해야 할 대상 목록을 갖고 있었다. 그녀는 정부, 야당, 조세 제도, 사장, 시장 상황, 학력, 부모님, 남편과 자녀를 탓했다. 가끔은 날씨에 잘못을 돌리기도 했다. 말 그대로 자신을 제외한 세상 만물을 다 탓했다.

그래서 얻는 게 무엇이었을까? 글쎄. 하지만 스스로 책임질 필요가 없었다는 사실만큼은 분명하다. 무슨 일에든 자기 밖에 책임 소재가 있었기 때문에 그녀 자신은 무엇 하나 바꿀 필요가 없었다. 내가 어떻게 그 목록에 본인 이름은 없을 수 있냐고 물어봤지만 그녀는 그 질문을 이해하지 못하는 것 같았다.

그린 타입이 이렇게 터무니없는 수동성을 보이면 즉각적으로 문제가 발생한다. 아무도 노를 젓지 않거나 조종간을 잡지 않으면 아무리 절박하게 기도를 해도 아무 소용이 없다. 그래도 그린 타입은 가만히 앉아서 도움의 손길만 기다릴 것이다. 그리고 보통은 누가 와서 도와주기 때문에 어떻게든 살아남는다.

결론 그린 타입이 많은 집단에서 뭐라도 진전을 이루고 싶다면 당신이 조종간을 붙들거나 운전석에 앉아서 그들을 이끌어야 한다. 운전대를 잡으라고 요구해봤자 헛수고다. 당신이 먼저 그들을 궤도에 올려놓아야만 그들은 비로소 행동을 개시할 것이다.

"무슨 애들도 아니고 다 큰 어른들이!"라고 해봤자 역시나 소용이 없다. 물론 이들도 어른이다. 그러나 의사 결정처럼 기본적인 행위 앞에서 어린애가 되기도 한다. 왜냐, 이들은 이미 아무것도 결정하지 않기로 결정했기 때문이다. 그러니 누군가가 나서서 방향을 잡아줘야 한다.

자, 지금 바로 그렇게 하자.

단, 부드럽게 해야 한다.

블루 타입에 적응하는 법 - 그들이 기대하는 것

❶ 내가 다 알아봤어. 당신도 당연히 그랬어야지

블루 타입은 매사에 철두철미하다. 블루 타입과 언제 어디에서 만나기로 했으면 반드시 그 시간에 그곳에 나오리라 믿어도 좋다. 그때 블루 타입은 이미 모든 자료를 검토하고 세밀한 부분까지 다 분석해서 주제에 관해 무엇이든 논할 준비가 되어 있을 것이다. 거기에 더해 2안이나 비상 계획까지 마련해놓았을 것이다.

이들은 군인과 비슷한 구석이 있다. 어떤 변명도 용납하지 않는다. 만일 타이어에 펑크가 났다면? 당연히 대비책이 마련되어 있어야 한다. 스페어타이어에도 펑크가 났다고? 그에 대한 대비책도 마련되어 있는 것이 정상이다. "누가 이렇게 될 줄 알았나?" 같은 말을 들으면 블루 타입은 비판적인 질문을 날린다. 그리고 그 사람에 대한 신뢰에 다소 금이 간다.

결론 당신이 미리 준비해야 할 것을 다 준비했음을 확실히 보여주자. 예를 들어 블루 타입 고객이나 정책 입안자가 뭔가 궁금해하는 게 있으면 정확히 그에 해당하는 서류를 꺼내서 내밀자. 이때 당신이 답을 안다는 사실을 자랑하는 티를 내면 안 된다. 블루 타입에게 그건 당연한 거니까.

무엇보다 중요한 것은 모르면 모른다고 솔직히 말해야 한다는 점이다. 상황을 모면하려고 핑계를 대선 안 된다. 아무리 악의 없는 거짓말이라고 해도 들통 나는 순간 당신은 블루 타입의 눈 밖에 난다. 그리고 십중팔구 블루 타입에게는 당신의 거짓말이 들통 나게 되어 있으니 처음부터 솔직해야 한다. 자료를 다시 준비하기 위해 다음 날 다시 만나는 게 썩 좋은 방법은 아니지만 그래도 거짓말을 하는 것보다는 그 편이 훨씬 낫다.

내가 아는 자동차 딜러에 따르면 블루 타입 고객은 자기보다 특정 모델에 더 해박하다고 한다. 딜러는 50개 정도 되는 모델에 대해 꿰고 있어야 하니 아무래도 한 모델에 대한 이해도는 블루 타입보다 떨어질 수밖에 없다. 블루 타입 고객이 질문하는 이유는 모르는 게 있어서가 아니라 이미 아는 것을 확인하기 위해서다. 그래서 이 딜러는 억지로 아는 척하지 않는다. 답을 모르면 솔직히 인정하고 답을 찾는다. 이것이 블루 타입 고객의 신뢰를 얻는 유일한 방법이다.

❷ 노닥거리자고 만난 거 아니다

비즈니스 관계에서 블루 타입의 기본적인 자세는 비즈니스에만, 해결해야 할 과제에만 집중하는 것이다. 블루 타입은 당신의 개인적인 취향, 혹은 본인이 선택한 차, 집, 스포츠 팀에 대한 당신의 견해 등 업무와 관련 없는 요소에는 전혀 관심이 없다. 비즈니스 때문에 만났는데 왜 그런 얘기가 필요하냐 말이다.

예전에 어느 대기업의 인사팀장을 대여섯 번 만나고서 이제 그 사람을 어느 정도 알게 됐다고 생각했다. 만나도 악수쯤은 건너뛰었고, 그도 내 커피 취향을 알 정도였다. 그래서 일곱 번째 만났을 때 나는 문득 그에게 연휴에 무엇을 했는지 묻고 싶어졌다. 갑자기 무슨 바람이 들어서 그랬는지 모르겠다. 내 질문에 그는 멍한 얼굴이 되더니 눈빛이 불안정하게 흔들렸다. 나는 얼른 두 손을 들고 내 실수를 덮으려고 횡설수설했다. 그러고 보니 나부터도 그에게 연휴에 무엇을 했는지 말하지 않은 상태였다. 네 번쯤 더 만났을 때 그는 새해에 태국으로 가족 여행을 갈 계획이라고 말을 꺼냈다. 이제야 물꼬가 트인 것이었다.

결론 과업에 집중하자. 객관적으로 검토해야 할 사항을 체크리스트로 만들어 블루 타입과 함께 체크하는 식으로 진행하자. 만일 당신이 옐로 타입이라면 특유의 즉흥성은 최대한 배제하고 힘들어도 한 번에 한 가지씩만 처리하자. 블루 타입은 상대방의 근황이나 개인적인 문제에 관심을 보이는 일이 거의 없다는 점을 기억하자. 블루 타입의 근황이나 개인적인 문제에 대해서도 묻지 말자. 나중에 블루 타입이 그런 이야기를 하고 싶으면 먼저 말을 꺼낼 것이다. 그런 말을 하지 않는다고 블루 타입이 당신을 싫어하는 것은 아니다. 그저 일부터 처리하고 싶어서 그런 것이다. 이런 블루 타입의 성향을 받아들이면 상황이 원활하게 돌아갈 것이다.

❸ 현실만 직시했으면 좋겠다

당신의 블루 타입 친구는 푸른 하늘을 둥둥 떠다니지 않는다. 그는 땅에 발을 굳게 딛고 특유의 비판적인 사고로 현실성을 판단한다. 당신에게는 블루 타입이 재미없는 사람, 의심 많은 사람, 비관적인 사람으로 보일지 몰라도 블루 타입은 자신을 현실주의자라고 생각한다. 이들은 몽상가나 선구자가 보는 비전이 아니라 '현실'이 무엇인지 알기 원한다.

내가 은행업계에 몸담았을 때 일이다. 어떤 프로젝트를 개시하기에 앞서 나는 팀원들이 이전에 없었던 위업을 달성할 수 있도록 기운을 불어넣고 싶었다. 그래서 비전에 대한 기대감을 충분히 심어준 후 이제 곧 모두 함께 산꼭대기에 서서 우리가 정복한 시장을 내려다보게 될 것이라고 큰소리쳤다. "우리 앞에 정상이 기다리고 있다!" 야호! 옐로 타입과 레드 타입은 물론이고 그린 타입 팀원들도 웃으면서 기합을 넣었지만 블루 타입들은 입을 모아 말했다. 정상이요? 거기까지 어떻게 올라갈 건데요?

블루 타입은 자기 눈에 허황돼 보이는 계획을 절대로 믿지 않는다. 무모한 아이디어를 아무리 밀어봤자, 아무리 감정에 호소해봤자 무의미한 짓이다. 당신의 말에는 현실성이 있어야 한다. 그렇지 않으면 블루 타입에게 조금도 받아들여지지 않을 것이다.

결론 객관적 사실만 명료하게 말하자. 어떤 말로 무엇을 납득시킬 것인지 잘 생각해보자. 비전은 옆으로 밀어놓자.

아직 아이디어가 검증되지 않았다면 합리적인 수준의 목표를 세우자. 석 달 안에 시장을 제패하겠다거나 이제까지 승리해본 적도 없는 팀을 우승팀으로 만들겠다는 말은 하지 마시라. 괜히 닭대가리 취급만 받는다. 특히 당신이 옐로 타입이라면 두 번 생각해야 한다, 두 번. 애초에 당신이 블루 타입을 설득하기란 쉽지 않다. 별로 승산이 없는 싸움이다.

어떤 어휘를 사용할지 따져보는 것도 좋다. 가슴을 뜨겁게 달구는 웅변은 삼가자. 그런 것은 옐로 타입이나 레드 타입에게만 통한다. 그리고 과장된 몸짓도 되도록 삼가자.

❹ 돌다리도 꼼꼼히 두드려보고 건너야

세부 사항을 검토하는 것이 필수는 아니겠지만 분명 중요한 일이다. 블루 타입을 설득하려면 고도의 정확성이 요구된다. 세부 사항을 건성으로 보는 부주의함으론 좋은 소리 못 듣는다.

영업에선 객관적 사실을 제대로 파악하지 않는 태만함 때문에 퇴짜를 맞는 사람이 수두룩하다. 그리고 어떤 세부 사항이 의사 결정에 중대한 요소냐 아니냐는 블루 타입에게 중요하지 않다는 점을 기억하자. 당신의 회사 설립일은 아무 의미가 없는 정보일 수 있다. 하지만 블루 타입 의사결정자는 그냥 그것을 알고 싶어 할 수 있다.

어떤 상품의 가격이 얼마냐는 질문을 받고 "10달러쯤?"이라고 대답하면 매우 곤란하다. "9.75달러!"라고 말해야 한다. 블루 타입은 할인을 받는 것보다 정확한 가격을 아는 것을 더 중요하게 여긴다. 물론 흥정을 하긴 하겠지만 그것과 별개로 정확한 가격을 똑똑히 알기를 원한다.

결론 너무 자질구레한 것까지 신경 쓰는 사람으로 보여도 좋다는 각오로 열심히 준비하자. 정말 잘 준비했다는 생각이 들면 다시 한 번 전체적으로 점검하자. 모든 질문에 대한 답을 준비해야 한다. 블루 타입 상대방이 마음을 놓기 위해 더 많은 자료를 요구할 수도 있다는 점을 잊지 말자. 일에 진전이 있으려면 그 사람에게 세부적인 내용을 전달해야 한다. 그쪽에서는 매번 좀 더 깊이 들어갈 수 있는지 궁금해할 것이다. 그런 요구에 잘 맞춰줘야 그 사람이 동요하지 않고 만족하기를 기대할 수 있다.

⑥ 품질이 우선이야

블루 타입은 품질을 금과옥조로 여긴다. 나머지는 모두 그다음이다. 블루 타입은 자신이 양질의 결과물을 내놓을 수 없는 여건에 처하면 언짢아한다. 실제로 요구되는 품질의 수준이 어느 정도인지는 중요하지 않다. 자신이 생각하는 기준이 충족돼야 한다.

그러다 보니 당연히 뭘 해도 시간이 엄청나게 소요된다. 하지만 장점도 뚜렷하다. 처음부터 잘하면 나중에 가서 다시 할 필요가 없다. 그래서 전체적으로 보면 오히려 시간이 크게 절약된다. 더욱이 블루 타입은 몇 시간, 며칠, 몇 주가 아니라 몇 달, 몇 년 단위로 생각하므로 시간이 좀 걸리는 것쯤은 문제로 치지도 않는다. 블루 타입은 좋은 품질을 원하고, 좋은 품질에는 시간이 요구된다. 간단한 이치다.

결론 블루 타입이 품질에 너무 많은 시간을 쏟는 것에 대해 부정적인 말을 하지 않도록 정신 바짝 차리자. '꼼꼼한 검토' '정확한 점검' '품질의 중요성' 같은 긍정적인 말을 쓰자. 당신도 최선의 결과를 내기 위해 공을 들이고 있음을 블루 타입이 알게 하자.

그러려면 블루 타입과 만나기 전에 매번 열심히 준비해야 한다. 블루 타입이 당신을 판단하는 기준은 당신이 얼마나 좋은 품질을 제공하느냐다. 당신이 얼마나 재미있는 사람인지, 당신이 누구를 아는지, 당신이 자신에게 점심 메뉴 선택권을 줬는지 등은 중요하지 않다. 그런 게 어떻든 당신이 부주의한 사람이라면 말짱 꽝이다. 어떤 작업을 완료했다면 결과물을 한 번 더 점검하자. 혹시 가능하면 진짜로 또 한 번 더 점검하자. 그리고 다른 사람에게도 한번 봐달라고 하자. 그런 후에야 비로소 블루 타입 동료를 불러올 준비가 끝난 것이다.

블루 타입에게 숙지시켜야 할 것

블루 타입에게 주도권을 줘버리는 것은 핸드 브레이크를 단단히 채우고 차를 운전하는 것과 같다. 당신의 블루 타입 친구, 파트너, 지인은 핸드 브레이크가 채워진 것을 좋아한다. 그래서 당신이 할 일은 핸드 브레이크를 다시 푸는 것일 수 있다. 다짜고짜 액셀부터 밟으면 안 된다. 먼저 핸드 브레이크를 찾아서 풀어야 한다. 이와 관련해 몇 가지 숙지사항을 알아보자.

❶ 원만한 관계는 중요해, 그 이유는……

블루 타입도 남들처럼 감정이 있고 사람들을 존중한다. 다만 그것을 드러내는 방식이 좀 다를 뿐이다. 블루 타입은 감정을 폭풍처럼 쏟아내지 않기 때문에 차갑다는 인상을 준다. 이렇다 할 보디랭귀지도 감정 표현도 없다. 타인에 대한 관심도 딱히 드러내지 않고 그저 그날의 주제에 관해서만 이야기한다.

회계사무소에서 뭔가를 논의하거나 회사에서 어떤 중요한 문제를 해결하는 중이라면 그런 자세가 좋긴 하다. 하지만 타인과 함께하는 상황에서 그렇게 거리를 두는 태도는 상대방을, 특히 옐로 타입이나 그린 타입을 매우 불편하게 만들 수 있다. 블루 타입은 남들이 자신과 사고방식이 다르다는 사실을, 남들은 자신과 친해지고 싶지 로봇을 대하는 것 같은 느낌을 받고 싶어 하지 않는다는 사실을 전혀 인지하지 못한다.

결론 다른 사람들에게 감정이 있다는 사실을 알려주자. 블루 타입이 이웃 집들이에 가서 쓸데없이 흠을 잡았던 일을 예로 들어 매사에 그렇게 비판적으로 굴 필요가 없다고 일러주자. 사람들은 누가 자신의 집, 자동차, 배우자, 자녀를 비판하면 큰 상처를 받을 수 있다고 말해주자. "나는 그냥 사실을 말했을 뿐이야."라는 말은 군색한 변명이라고, 사실이라는 미명하에 남에게 상처를 주는 사람들이 쓰는 말이라고 확실히 알려주자.

항상 비판적인 말을 하는 게 무슨 의미가 있는지 물어보자. 이게 절대로 쉽진 않을 것이다. 블루 타입은 당신이 틀렸다고 생각할 테니까. 블루 타입은 타인의 흠결을 지적하고 비판할 자격이 자신에게 있다고 믿는다. 어떤 흠이 보이면 그냥 넘어가지 못한다. 그래서 당신은 그런 태도 때문에 그 사람이 구제 불능이 되고 있다는 사실을 알려줘야 할 것이다.

❷ 요점만 말해! 조금만 더 파고들면 지하수 나오겠다

블루 타입이 재미있는 일을 겪었다면서 하는 이야기를 들어본 적 있는가? 가령 블루 타입이 고속도로를 달리다가 타이어에 펑크가 났다고 해보자. 블루 타입은 이렇게 말을 시작할 것이다.

"오늘 아침에 알람시계가 평소보다 1분 일찍 울렸어. 참고로 소니 시계야. 그게 왜 일찍 울렸냐 하면 오늘이 목요일이고, 목요일에는 리스테린 구강청결제를 써야 하거든. 내가 쓰는 리스테린은 초록색인데 세계 최대의 소비자 정보지인《컨슈머 리포트》에서 지난 3월에 낸 기사를 보니까 테스트에서 초록색 모델이 향이 제일 좋다고 나왔대. 아침은 7분 동안 익힌 계란 2개랑 커피 1잔으로 해결했어. 이번에 네스프레소에서 새 캡슐이 나왔는데 맛이 썩 좋진 않아. 거기 들어간 원두 중에서 최소 10분의 1은 상했을 거야. 그래서 원두가 커피의 품질에 얼마나 큰 영향을 끼치는지 생각하게 됐지. 아침을 먹고 신문을 가지러 갔어.《타임스》를 3개월 동안 18퍼센트 할인된 가격으로 받아보고 있어. 우체통 앞에서 옆집 사람을 만났는데 그 사람도《타임스》구독자야. 우리는 9월에는 잔디를 어떻게 관리하면 좋은지 이야기했어. 마침 가을용 비료를 종류별로 분석한 재미있는 웹사이트가 있는데……."

고속도로 이야기가 나오기도 전에 점심시간이 다 지나갈 것이다. 그리고 당신은 뭐하러 귀한 시간을 낭비했을까 하는 자괴감이 들 것이다.

블루 타입은 매우 내향적이지만 한번 말을 시작했다 하면 멈출 줄을 모른다. 모든 것을 빠짐없이 설명해야 하기 때문이다. 기억력이라도 나쁘면 다행이련만 하필이면 그 모든 걸 또 다 기억하고 있다.

결론 구체적인 목표를 잡아줘야 한다. 싫어도 개입해야 한다. 별수 없다. 이 방면으로 블루 타입은 옐로 타입과 조금 비슷하다. "대화의 목적(또는 요지)이 뭐야? 왜 그 이야기를 하고 싶은 거야?" 이때는 좀 직접적으로 말해도 괜찮다. 블루 타입은 옐로 타입만큼 예민하지 않다. 말이 너무 장황하다고 지적해도 된다. 그러면 아마 저쪽에서는 그 세세한 사항 하나하나가 얼마나 재미있는데 당신은 왜 그걸 모르냐며 시무룩해할 것이다. 하지만 어디까지나 당신이 뭘 몰라도 한참 몰라서 그런다고 생각하지 서로 사이가 안 좋아졌다고는 생각하지 않는다.

프로젝트의 세부 사항을 따지는 것도 정도껏 해야 한다고 말해주는 것도 괜찮다. 내년 임대료 인상폭을 소수점 이하 4자리까지 정확하게 알 필요는 없다. 그냥 반올림한 근사치만 알아도 충분하다. 세부 사항도 중요하지만 그 정도 타협은 필요하다. 만일 당신과 상대방이 모두 쓸데없이 맨틀까지 파고들었다면 이제 빠져나올 때다.

❸ 계획대로 하려면 지금은 속도를 내야 해

서두르는 것은 경솔한 사람들이나 하는 짓이다. 블루 타입에게 서두르라고 해봤자 한 귀로 듣고 한 귀로 흘릴 뿐이다. 블루 타입에게는 속도가 목적이 될 수 없다. 더욱이 블루 타입 중 상당수가 스트레스를 받으면 더욱 속도를 늦춘다. 실수를 저지를 여유가 없기 때문이다. 나중에 실수를 바로잡는다고 시간을 쏟아붓느니 처음부터 조심하는 게 낫다.

그렇지만 살다 보면 시간에 쫓길 때도 있는 법이다. 요즘처럼 빠르게 돌아가는 세상에서 우리는 서둘러 출근하고, 서둘러 일하고, 서둘러 귀가한다. 유치원에서도, 학교에서도, 도로에서도, 마트에서도, 어디에서든 시간에 쫓긴다. 물론 스트레스를 받아 병에 걸릴 정도로 바쁘게 살면 곤란하다. 하지만 때로는 도태되지 않기 위해서 속도를 내야 할 때도 있다. 하지만 블루 타입은 아무리 봐도 요지부동인 것만 같다. 주변 사람들이 과로에 시달리든 말든 아랑곳없이 자기 속도를 유지한다. 그러니 남들이 자기를 탓해도 할 말 없다.

결론 블루 타입에게 좀 더 속도를 낼 필요가 있다고 차분하고 체계적으로 말하자. 그게 왜 중요한지 정확하게 설명하자. 이제 마감이 38시간밖에 안 남았으니 그 시간을 효과적으로 써야 한다고 확실히 일러두자. 큰 그림을 보게 하자. 블루 타입이 자신의 본능을 거슬러야 할 타당한 이유를 제시하자.

이것을 쉽게 증명하는 방법은 장기 계획을 거론하는 것이다. 그 계획은 절대 어긋나면 안 되고, 그러자면 이번 마감 기한을 꼭 지켜야 한다고 말하자. 예컨대 집을 리모델링 한다면 모든 준비를 끝내는 날짜를 미리 조율해놓는 편이 좋다. 만약에 4주 후에 친척들이 방문하기로 했다면 그 전에 리모델링을 끝내야 한다. 그러면 공사에 들일 수 있는 시간이 얼마나 되는지 계산해보자. 작업의 우선순위를 정하자. 블루 타입이 전체 계획에서 자신이 맡은 바를 잘 수행하도록, 한 작업이 끝나면 바로 다음 작업으로 넘어가도록 만들자. 안 그러면 가뜩이나 시간도 없는데 5시간 동안 자잘한 것만 손질하고 있을지 모른다. 물론 시간이 넘쳐난다면 누가 뭐라고 하겠는가.

❹ 근거가 없다고 손 놓고 있을 순 없어

"그냥 감에 맡기면 안 될까?" 진짜배기 블루 타입에게 이런 말을 했다간 어떻게 될까? 그건 채식주의자에게 돼지가 도축되는 광경을 지켜보라는 말과 같다. 직감은 합리적 생각과 정반대라서 블루 타입에게 그렇게 생경한 것도 없다.

잠깐만. 그러면 절대로 직감을 써서는 안 된다는 말일까? 블루 타입에게도 육감이랄까, '촉'이 있긴 하다. 다만 그것을 신뢰하지 않는다는 점이 다르다. 직감으로는 아무것도 증명할 수 없다. 그들에게 중요한 것은 객관적 사실뿐이다. 물론 객관적 사실도 아직까진 충분하다는 확신이 들진 않는다. 아직 내가 모르는 흥미로운 사실이 더 있을지 어떻게 안단 말인가.

결론 객관적인 사실이 부족하더라도 일을 진행해야만 한다면 감을 따르는 것도 한 방법이라고 말해주자. 이는 업무에도 적용될 수 있고 처음 간 식당에서 메뉴를 고를 때도 쓸 수 있다. 블루 타입에게 배를 곯지 않으려면 뭐라도 해야 한다고 못을 박자. 아무것도 안 하는 것보다는 뭐라도 하는 게 낫다는 것을 증명하자.

이런 상황에서는 어차피 모든 객관적 사실을 확보할 수 없으니 직감을 따르는 게 논리적이라고 말하자. 그렇게 해도 최상의 품질에 근접

할 것이고(한 95.3% 정도?) 뭔가 소중한 교훈을 얻을 수 있을 것이라고 하자. 블루 타입이 위험성을 계산하는 것을 도와주되, 멈추지 말고 전진하도록 이끌자.

⑤ 지금 결정해야 해! 이건 결정에 도움이 될 만한 자료야

블루 타입은 결정을 내리는 것보다 결정에 이르는 과정을 더 중시하기 때문에 계속 제자리걸음만 할 수 있다. 블루 타입은 정성껏 정보를 취합하고 모든 조건을 꼼꼼히 검토한 후에야 마침내 진실의 순간, 결정의 순간에 이른다. 그러다 보니 모든 게 교착 상태에 빠질 위험이 있다. 이렇게 보면 이렇지만 또 저렇게 보면 저렇단 말이지.

내가 몇 년 전에 만난 프로젝트 관리자가 새 차를 사려고 했다. 그는 8개월 동안 16개 브랜드의 차량을 시승했다. 그것도 엔진, 차체, 변속기, 인테리어, 색상 등을 바꿔가며 50개가 넘는 모델을 탔다. 그 정도면 세상의 모든 차를 타봤다고 해도 과언이 아니다. 천 시트냐 가죽 시트냐. 휘발유냐 경유냐. 자동이냐 수동이냐. 각 모델의 연비와 감가상각을 계산하고 각각의 딜러를 평가하는 그래프도 그렸다. 그렇게 온갖 마음고생을 한 후에 그가 선택한 차는 메탈릭 실버 색상의 볼보 V70으로, 스웨덴에서 가장 인기 있는 모델에 가장 인기 있는 색상이었다. 이 모델은 그해에 스웨덴 자동차 매체들이 가장 많이 테스트한 모델이기도 했다. 그러니까 그냥 기사만 읽어봤어도 선택할 수 있었던 차였다.

다들 "왜 그 고생을 했어?"라고 물었다. 그는 "그럼 좀 어때?"라고 대답했다.

여기서 당신이 도움을 줄 수 있다. 블루 타입에게 퍼즐의 결정적인 조각을 제공하자. 블루 타입을 올바른 방향으로, 아니, 일단 어느 방향으로든 부드럽게 이끌자.

결론 일이 정체되는 때를 잘 감지하자. 가령 신입사원을 하나 뽑기로 했는데 똑같이 괜찮은 후보가 2명 남았을 때를 생각해보자. 지금까지는 모든 게 순조로웠다. 블루 타입 인사팀장이 메일로 상세한 정보를 보내고 모든 관계자에게 절차를 알려서 그대로 채용 과정이 진행됐다.

여기서 일이 더 진행되게 하고 싶다면 블루 타입 의사결정권자에게 최종 선택을 하는 데 필요한 자료를 제공하자. 그 사람이 결정을 내리게 밀어붙이자. 곧 마감일이라는 사실을 상기시키자. 아무 결정을 내리지 못하면 채용 결과의 품질이 나빠질 것이라고 지적하자. 모든 사항을 적절히 검토했으니 어떤 후보를 선택하든 간에 이미 위험 요소는 다 사라졌다고 말하자.

요약

이제 각각의 유형을 어떻게 상대해야 당신이 원하는 곳에 이를 수 있는지 어느 정도 이해했을 것이다.

첫 번째 단계는 상대방의 주파수에 내 주파수를 맞추고 그 사람에게 적응하는 것이다. 그래야 상대방이 당신을 신뢰하고 동질감을 느낄 수 있다.

따라서 기본적으로 레드 타입에게는 레드 타입, 옐로 타입에게는 옐로 타입, 그린 타입에게는 그린 타입, 블루 타입에게는 블루 타입의 행동법으로 다가가야 한다. 듣기에는 간단할 것 같지만 실제로 부딪쳐보면 그렇지만도 않다. 예를 들어 당신이 옐로 타입인데 블루 타입에게 적응해야 한다면 생각만큼 쉬운 일이 아닐 것이다. 훈련이 필요할지 모른다. 중요한 것은 당신이 자신을 얼마나 잘 파악하고 있으며, 그때그때 만나는 사람과 함께 전진하기를 얼마나 바라고 있느냐다.

그다음 단계는 상대방을 자신의 약점에서 벗어나게 하는 것이다. 봐서 알겠지만 각 유형은 저마다 분명한 약점이 있다. 그러므로 옐로 타입과 블루 타입이 만났다면 블루 타입은 옐로 타입이 더 구체적으로 생각하도록 도와줄 수 있고, 옐로 타입은 블루 타입이 빗장을 풀고 좀 더 즉흥성을 발휘하도록 설득할 수 있다.

뻔한 말로 들릴지 모르겠지만 결국에는 서로 맞춰주고 도와주는 게 중요하다. 물론 그 정도는 당신도 이미 알고 있었을 테고, 여기서 그 방법을 배웠을 뿐이다.

PART 3 12

상대에게 피드백을 해야 할 때

피드백은 절대 만만히 볼 게 아니다

세상에 나쁜 소식을 고대하는 사람이 있을까? 그런 사람은 없다. 하지만 때로는 그런 소식을 전해야만 한다. 살다 보면 예상치 못한 일이 일어나게 마련이고 가끔은 당신이 바로 그 나쁜 소식을 전해야 하는 비운의 주인공이 되기도 한다.

남들이 듣기 싫어하는 소식을 가장 잘 전하는 유형은 레드 타입이다. 레드 타입은 무심하게 당신이 방금 해고됐다는 말을 한 후 커피에 우유를 타겠냐고 묻는다. 난감해서 그런다고? 전혀! 그냥 자기 할 일을 다 했으니 커피 취향 정도는 물어봐도 될 타이밍이라 여기는 거다.

하지만 나쁜 소식이라고 다 똑같진 않다. 할머니가 방금 돌아가셨다고 말하는 것과 개인적인 비판을 하는 것은 엄연히 다르다. 전자는 언제나 힘든 일이어서 그 소식을 잘 받아들일 수 있는 사람은 없다. 하지만 후자 같은 부정적인 피드백은 듣는 사람의 성향에 맞게 전달한다면 본래의 취지를 잘 살릴 수 있다.

원래 피드백이란 게 절대 만만히 볼 게 아니다. 남에게 피드백을 해야 할 때 속이 울렁거리는 사람이 많을 것이다. 내 리더십 프로그램에 참석한 사람 중에서도 상당수가 피드백을 하는 게 어려운 일이라고 했다. 그런데 피드백은 하는 것뿐 아니라 받는 것도 어려운 것 같다. 생각해보면 참 이상하다. 받는 사람은 그냥 앉아서 듣기만 하면 되는데 뭐가 힘들다는 거지? 하지만 피드백을 받아본 사람이라면 상대 앞에서 말 한마디 하기가 어려울 때도 있음을 잘 알 것이다. 피드백을 잘못 전달하면 받는 사람도 속이 울렁거린다. 나조차도 피드백을 받으면 그럴 때가 종종 있으니까.

그러다 보니 내가 만난 임원급 인사 중에서 많은 수가 피드백을 하지 않고 그냥 넘어간다고 했다. 어떻게 전해야 할지 난감하니까 외면해버리는 것이다. 그러나 회피가 절대 해법이 될 수 없다는 사실은 굳이 강조할 필요가 없으리라.

긍정적인 피드백조차 쉽지 않다

예전에 헨릭이라는 부하직원을 뒀는데 오랫동안 정말로 독보적이라고 할 정도의 유능함을 뽐냈다. 그는 모든 직원 중에서 목표 달성률이 최고였다. 항상 최우수 영업인으로 뽑혔고, 고객에게도 큰 신뢰를 받았다. 여기저기서 초콜릿과 와인이 배달되곤 했다.

이런 직원을 어떻게 해야 할까? 당연히 다른 데 못 가게 붙들어 놔야지. 바로 실행에 옮겼다. 나는 상사로서 그의 노고에 감사한 마음을 표현하고 싶었다. 그래서 그의 부인과 의논해 모든 것을 준비했다. 그러고서 금요일 점심 식사 직후에 직원들을 회의실로 불러 모았다. 나는 헨릭을 앞으로 불러내 우리 모두 그에게 무척 감사하고, 그가 같은 팀이어서 얼마나 좋은지 모른다고 말했다. 그리고 그날은 조퇴해서 부인과 오붓하게 저녁을 먹고 영화 보러 가라며 비용은 내가 다 대겠다고 했다. 나는 그에게 500크로나(수년 전이었으니까 이 정도면 충분했다)와 영화표 2장을 건넸다. 베이비시터도 다 섭외됐으니 그는 그냥 몸만 가면 됐다. 우리는 환호와 갈채를 보냈고 회의실은 서로 입을 맞추고 포옹하는 훈훈한 파티 현장으로 바뀌었다.

한데 정작 헨릭은 아무 말이 없었다.

이후에 그는 나를 따로 불러서 내 평생 그때만큼 심하게 타박을 들은 적이 없다고 할 만큼 매섭게 쏘아붙였다. "어떻게 나한테 그럴 수 있습니까? 다른 직원들 구경거리가 되게 하다니요! 진짜 최악이었어요!" 그는 그냥 자기가 할 일을 했을 뿐이라고 했다. 그리고 내게 다시는 그런 짓을 하지 않겠다는 약속을 받아냈다. 헨릭은 그 후로 일주일 동안 나에게 뿔이 나 있었다.

참고로 헨릭은 그린 타입이었다. 실마리가 좀 보이는가?

피드백의 기본은 상대 파악이다

피드백은 전달 과정에서 여러 가지로 문제를 일으킬 수 있다. 그래서 피드백을 좀 더 효과적으로 전달하고 싶을 때 시도해볼 만한 방법을 몇 가지 소개하고자 한다. 재미있게도 이 방법들은 긍정적인 피드백을 전

할 때나 부정적인 피드백을 전할 때나 관계없이 언제나 잘 통한다. 세상에는 긍정적인 피드백에 면역이 된 사람도 있고, 부정적인 피드백에 면역이 된 사람도 있다. 여기서 나는 부정적인 피드백에 중점을 두겠다. 일반적으로 그쪽이 더 어렵기 때문이다. 부정적인 피드백을 잘 전달할 수 있는 사람이라면 긍정적인 피드백도 잘 전달할 수 있을 것이다.

다음의 조언은 직장에서는 물론 일상생활에도 적용된다. 당신이 알아야 할 것은 상대방의 유형이다. 따라서 시작은 역시 같이 있는 사람들이 무슨 타입인지 분석하는 일이다. 분석이 끝나면 바로 행동에 들어가야 한다. 이때 목표는 피드백이 먹히게 하는 것, 다시 말해 피드백이 소기의 성과라고 할 변화를 일으키게 하는 것이다. 각 타입의 성향은 이미 알아봤다. 이제부터는 그 지식을 이용하는 '요령'을 살펴보자.

레드 타입에게 피드백을 주는 법

다행히도 레드 타입에게 부정적인 피드백을 줄 때는 그리 대단한 기술이 필요치 않다. 그냥 방화복만 한 벌 준비하면 된다. 당신이 무엇을 하든 주위의 온도가 상승할 테니까 말이다. 대비만 잘하면 큰 문제가 발생하진 않는다. 하지만 레드 타입이 당신의 말에 반응하지 않는다면 걱정을 좀 해야 할 수도 있다. 레드 타입이 그렇게 나오는 이유는 당신의 메시지를 무시하고 있거나 심기가 불편하거나 둘 중 하나니까. 하지만 보통은 내가 제시하는 시나리오대로 상황이 전개된다. 자, 그럼 옷깃 단단히 여미고 출발해볼까!

❶ 포장은 되도록 삼가자

처음부터 확실히 말해둬야겠다. 레드 타입을 비판하려거든 어떤 식으로든 포장을 삼가는 편이 좋다. 굳이 그 고생을 할 필요가 없다. 레드 타입에게 비판을 가하는 것 자체만으로도 충분히 힘든 일이다. 왜냐하면 레드 타입은 무조건 자기가 옳고 남들이 틀렸다고 생각하기 때문이다.

예전에 어떤 회사에 컨설팅을 나가 옐로 타입 위주인 영업부서 사람들과 레드 타입의 행동을 논한 적이 있다. 그들은 레드 타입의 행동법을 금세 이해했고 그들이 가장 먼저 떠올린 레드 타입은 바로 상사인 영업팀장이었다. 그들은 그가 막돼먹고, 남의 말을 잘 안 듣고, 인정머리 없고, 교활하고, 결과를 위해 수단과 방법을 가리지 않고, 괴팍하고, 성질이 급하고, 그 밖에도 여러모로 비호감이라고 했다. 그들은 팀장이 자신들을 미워하는 것 같아서 고민이 깊었다. 그가 아주 열심히 일하는 것은 존경했다. 하지만 종종 그가 무리한 발전안을 요구해놓고 자기 뜻에 맞지 않으면 호되게 질타했기 때문에 되는 일이 하나도 없었다. 더욱이 그는 부서원들이 하는 일을 자잘한 부분까지 간섭해서 자기 뜻대로 하게 만들었다. 어쩌면 그 때문에 그렇게 열심히 일할 수밖에 없었는지도 모른다. 듣고 있으니 상황이 꽤 심각해 뭐라도 하지 않으면 머잖아 영업팀이 공중분해 될 것 같았다.

나는 그 영업팀장을 불러서 그 자리에서 나온 이야기를 전했다. 그는 내 말에 점점 흥미를 보이긴 했으나 딱히 걱정하는 기색은 아니었다. 그리고 재미있는 반응을 보였다. 영업사원 20명(그가 목표를 달성하기 위해 꼭 필요한 자원)이 그를 인정머리 없고 호전적인 무뢰한이라고 한 데 대해 이렇게 대답했다.

"다들 갖다 붙이긴 잘 갖다 붙여요. 문제는 내가 아니에요. 걔들이 무능력한 거지. 지들이 더 열심히 일해서 성과만 좋았어봐, 내가 이렇게 뒤치다꺼리하느라 고생했을까."

그의 조급한 성격 때문에 부서원들이 스트레스를 받고 불안해한다고 하자 그는 자기 책임이 아니라고 대답했다. 조급함은 약점이 아니라 강점이라나! 자기마저 다른 직원들처럼 느려 터졌으면 되는 일이 하나도 없을 것이라고 했다. 반대로 다른 직원들이 뭐든 빠릿빠릿하게 처리하면 자기도 좀 차분해져서 그리 급하게 굴지 않을 것 같다고도 했다. 여하튼 자기는 잘못이 없고 다 부하직원들 잘못이었다.

❷ 빙빙 돌리지 말고 구체적인 사례를 제시하자

이 영업팀장은 레드 타입들이 흔히 그렇듯이 모든 잘못을 타인에게 돌렸다. 레드 타입은 혼자서 일을 척척 처리할 수 있으니까 어떤 문제가 발생하면 신속하게 다른 사람을 희생양으로 지목한다. 레드 타입의 내면에는 언제나 내가 옳다는 생각, 내가 승리해야 한다는 경쟁심이 도사리고 있다는 점을 잊지 말자. 나는 이 영업팀장을 설득하기 위해 전체 이야기를 세분화해서 각각에 대한 구체적인 사례를 제시했다.

예컨대 그가 금요일 밤 9시에 한 영업사원에게 전화를 걸어 어떤 고객에 대해 까다롭게 캐묻는 바람에 그 영업사원이 다음 한 주를 완전히 망쳐버렸다는 점을 지적했다. 거기서 그 영업사원이 기분 나빴다거나 잠을 못 잤다는 말을 하는 것은 아무 소용이 없었다. 어차피 그 팀장은 그런 것엔 신경을 안 썼다. 자기가 어떻게 남의 기분까지 책임지느냐는 식이었다. 하지만 나는 그 영업사원이 주말 내내 고민하느라 월요일 아침에 완전히 녹초가 되어 출근했고 그 상태로는 일을 제대로 할 수가 없어서 그날 전혀 실적을 올리지 못했다고 말했다. 나는 이 영업팀장이 명확하게 답하도록 유도함으로써 만일 실적이 떨어지면 그에게도 문제가 될 것이라는 사실을 깨닫게 했다. 그러자 그도 그런 상황에 대해 다시 생각해야 할 이유가 생겼다.

❸ 객관적인 사실만 이야기하자

말했다시피 레드 타입은 다른 사람의 감정이나 생각에는 별로 관심이 없다. 그냥 객관적인 사실만 보고 문제를 해결하려고 할 뿐이다. 레드 타입은 자신을 탁월한 문제 해결사로 여긴다. 그래서 나는 그 영업팀장이 문제 해결의 열쇠, 그것도 유일한 열쇠를 쥔 사람이라고 했다. 그런데 이게 그의 자존심에 먹혔다. 그는 자신의 위대한 영도력이야말로 팀이 업계에서 우위를 점하는 데 필수불가결한 조건이라고 생각했다.

❹ 맞불은 금물이다

그렇게 나는 차근차근 사례를 들어가며 팀원들이 그를 어떻게 생각하는지 말했다. 그는 내 입에서 자신을 비판하는 내용이 나올라치면 무조건 말도 안 되는 소리라고 일축했다. 자기는 그냥 할 일을 했을 뿐이라는 것이었다.

나는 사례를 하나씩 제시할 때마다 똑같은 말을 반복해야 했다. 그가 어떻게 생각하든 간에 영업사원들이 그렇게 생각한다면 문제라고 말이다. 그는 욕을 하고 고함을 치면서 나를 무능력한 인간으로 매도했다.

다시는 내게 일을 의뢰하지 않겠다고 했다. 한술 더 떠서 내가 괜히 바람을 잡아서 자신을 비판받게 했으니 앞으로 아무도 나한테 일을 의뢰하지 않을 것이라고, 나는 이제 이 업계에서 끝이라고 큰소리쳤다.

그의 허리케인 같은 분노에 대한 내 대응법은 장단을 맞춰주지 않는 것이었다. 그냥 등을 기대고 앉아서 폭풍이 가라앉기를 기다렸다. 이런 상황에서 상대방과 똑같이 소리를 지르고 책상을 치면서 한 편의 드라마를 찍으면 어떻게 될까? 어떤 상황에서든 이기려고 드는 레드 타입의 본능에 활활 불이 붙는다. 그 불길이 레드 타입의 이성을 집어삼킨다. 그렇게 되면 레드 타입은 내일 이 사람을 다시 만나야 한다는 사실 따위는 안중에도 없어진다. 서로 척을 지는 한이 있더라도 이번 판은 반드시 이겨야 한다는 마음뿐이다. 그래서 뒷일은 생각하지 않고 공격성을 마구 드러내며 제대로 한 판 붙는다. 아마 상대방을 묵사발로 만들어버리겠다는 각오까지 할 것이다.

하지만 거기에 장단을 맞춰주지 않으면 사태를 잘 다스릴 수 있다. 그래서 나는 그의 악다구니에 눈 하나 깜빡하지 않고 가만히 기다렸다가 마침내 그가 잠잠해지자 다음 항목으로 넘어갔다. 이런 식으로 차근차근 그의 행실이 팀원들에게 어떤 영향을 끼치는지 알려줬다. 그러자 그도 일이 자기 뜻대로 돌아가게 하려면 성질을 죽여야 한다는 것을 차츰 깨달았다. 그는 사람들을 좀 더 여유 있게 대해야 하고, 타인과 자신에게 너무 많은 것을 요구해서 오히려 프로젝트가 정체되는 일이 없게 해야 했으며, 그저 자신이 기다리기 지루하다고 마감일 일주일 전에 결과물을 가져오라고 닦달하지 않고 차분히 기다릴 줄 알아야 했다.

⑤ 합의된 사항을 다시 말해보게 하자

다른 사람이 보기엔 우리가 사납게 언쟁을 벌이는 것 같았겠지만 나는 내가 포기하지만 않으면 진정한 변화를 끌어낼 수 있다고 생각했다. 그래서 나는 서로 합의한 것을 다시 말해보게 했다.

영업팀장은 하는 수 없이 앞으로 자신이 어떤 상황에서 어떻게 행동할지를 하나씩 읊어야만 했다(CEO가 내게 그럴 권한을 줬다는 것을 알기 때문에 군소리하지 못했다). 하지만 머리로는 내가 옳다는 것을 알면서도 그는 그것을 순순히 인정하지 못했다. 그러다 합의 사항 중에서 덜 중요한 항목 하나를 지우며 승리감을 드러냈다. 그래, 당신이 이겼다고 칩시다.

결론 문자 그대로 '만반'의 준비를 하고도 그날 기운이 좀 안 난다 싶으면 레드 타입에게 부정적인 피드백을 하는 것은 다음으로 미루자. 레드 타입을 상대하려면 기운과 자신감이 충만해야 하므로 그 시기를 신중하게 선택해야 한다. 반면에 레드 타입은 굳이 때를 기다리지 않는다. 필요하면 즉각적으로 전투에 돌입한다. 그래서 당신은 레드 타입의 반격에 대비해야 한다. 그는 갖가지 이유로 당신을 비난하며 우위를 점하려 들 것이다. 레드 타입의 덫에 걸려들지 않기를!

옐로 타입에게 피드백을 주는 법

옐로 타입은 변화를 좋아한다. 거의 항상 변화를 추구하는 경우도 있다. 그리고 생각해보면 피드백을 받는 것은 현재 개선이 필요한 부분을 변화시키는 출발점이 될 수 있다. 특히 부정적인 피드백은 성과를 향상하기 위해 어떤 변화가 필요한지 파악하는 데 큰 도움이 된다.

그런데 옐로 타입의 생각은 전혀 다르다. 옐로 타입은 분명히 변화를 좋아하지만 여기에는 그 출발점이 자신의 아이디어여야 한다는 전제조건이 따라붙는다. 그래서 피드백이 항상 좋은 효과를 내지는 못한다.

내 친구 얀네는 정말 탁월한 분위기 메이커다. 여건만 충분히 확보된다면 그가 분위기를 띄우지 못할 모임은 어디에도 없다. 워낙 입심이 좋기 때문에 저녁 모임에서 그가 이야기보따리를 풀었다 하면 다들 떼굴떼굴 바닥을 구른다. 연신 나오는 농담이 그렇게 웃길 수가 없다. 얀네가 정말로 재미있는 사람이라는 데는 두말할 나위가 없다.

하지만 한편으로 그는 대화를 독점해버리는 문제가 있다. 아무한테도 말할 틈을 주지 않는다. 혹시 누가 끼어들라치면 목소리를 더 키워서 저지한다. 친구들을 대화의 파트너가 아니라 청중으로 생각하기 때문이다. 그러다 보면 이내 웃음이 잦아들고 불편한 공기가 감돈다. 친구들이야 얀네를 잘 알니까 그가 언제나 주목받고 싶은 마음에서 그런다고 이해하고 넘어가지만 그를 잘 모르는 사람은 그런 태도를 이해하기까지 시간이 좀 걸릴 것이다.

한번은 파티장에서 얀네가 좀 심했던지 사람들이 뒤에서 그를 헐뜯기 시작했다. 이래서는 안 되겠다 싶어서 내가 총대를 메기로 했다.

❶ 딴소리를 저지하고 주제를 고수하자

일단 준비가 필요했다. 무작정 얀네에게 그 문제를 말하는 것은 아무리 내가 그를 위하는 마음으로 한다고 해도 통하지 않을 것 같았다. 또한 그가 대화의 주도권을 잡고 나를 샛길로 빠지게 할 게 분명했다. 내 말을 빌미로 또 무슨 재미있는 이야기를 꺼낼지 몰랐다. 그래서 나는 구체적인 예시와, 그의 행동이 다른 사람들에게 미치는 영향을 종이에 적었다. 예상되는 반론도 생각해봤다.

그러고 얼마 안 있어 행동에 돌입했다. 얀네가 우리 집 정원 일을 도와주고 녹초가 되어 땀을 뻘뻘 흘리며 바위 위에 걸터앉아 있을 때였다. 함께 맥주를 마시며 그는 스페인에서 2박을 했던 작은 섬으로 이동할 때 배가 거의 뒤집힐 뻔해서 식겁했다는 이야기를 꺼냈다. 하지만 나는 이미 그의 부인 레나에게서 그들이 배가 아니라 현지의 경비행기를 타고 이동했다는 말을 들은 후였다. 그가 잠깐 숨을 돌리는 틈을 타고 내가 끼어들었다.

"얀네, 우리가 좀 심각한 문제를 이야기해봐야 할 것 같아. 넌 말이 너무 많아. 거기다 없는 말까지 지어내. 방금 한 말만 해도 사실과 다르잖아. 레나한테서 비행기 타고 섬에 간 거 다 들었어. 이제 그만해. 안 그러면 사람들과 분명 얼굴 붉힐 일이 생기게 될 거야."

얀네는 무슨 정신 나간 소리냐는 듯이 나를 빤히 쳐다봤다. 그리고 살짝 놀란 어조로 말했다. "내가 무슨 말을 많이 한다고 그래. 설사 그렇다고 쳐도 그건 내가 말할 게 많아서 그런 거야. 안 그래도 지난번에……." 나는 그의 눈앞에서 손가락을 흔들었다. 그러자 그가 입을 다물었다. 나는 곧장 다음 단계로 진입했다.

❷ 매우 구체적인 사례를 제시하고 반드시 수긍을 끌어내자

"지난번 파티에서 저녁을 먹을 때 전체 식사 시간 중에서 절반 이상을 너 혼자 말했어. 내가 재봐서 알아. 이렇게 너 혼자 말한 게 한두 번이 아니야."

"다들 재미있다고 웃었잖아."

"처음에는 그랬지. 하지만 네가 좀 더 주변에 신경을 썼다면 처음에만 그랬다는 것도 알았겠지. 나중에 몇 사람이 네가 너무 혼자만 주목받으려 한다고 안 좋게 이야기하는 걸 들었어."

그 말에 얀네의 분노가 폭발했다.

"배은망덕한 놈들! 기껏 분위기 띄워놨더니 뭐? 적반하장도 유분수지! 뒤에서 칼을 꽂아!"

"그냥 그 사람들이 보기엔 네가 말이 너무 많다는 거야. 내 말 무슨 뜻인지 알겠어?"

이런 메시지를 전달할 때는 상대방의 수긍을 끌어내는 것이 대단히 중요하다. 저쪽에서 문제를 인정하지 않으면 해결할 수도 없다. 얀네는 어떻게 반응했을까? 시무룩하게 고개를 끄덕였다. 나는 다행히 시작이 좋다고 생각했다. 하지만 그 후의 전개는 예상 밖이었다.

③ 전하고자 하는 말을 끈기 있게 말하자

"다른 사람들이 싫증을 냈다는 말이군. 네 말이 맞아. 내가 좀 바뀌어야겠어. 내가 했던 이야기를 또 하고 또 하는 경향이 있지. 이제는 똑같은 이야기를 하지 말아야지."

나는 답답한 마음에 고개를 절레절레 흔들었다.

"네 이야기가 재미있는지 아닌지의 문제가 아니야. 그 가짓수를 줄이라는 거지. 하고 싶은 이야기가 3가지 있으면 그중에서 둘은 빼고 하나만 이야기해. 문제는 네가 예전에 했던 이야기를 또 하는 게 아니라, 말을 너무 많이 한다는 거야. 같이 식사하는 나머지 사람들한테도 말할 기회를 줬어야지."

하지만 그는 내 말을 듣고 있지 않았다. 또 딴 이야기를 꺼내며 내가 전에 들어본 적 있는 이야기인지 확인했다. 나는 그때까지 했던 말을 전부 되풀이하고 다시 수긍을 받아내야 했다.

❹ 호의를 충분히 보이자

옐로 타입을 비판하기가 어려운 이유는 그런 말을 듣고 분해서 씩씩대기 때문이다. 옐로 타입은 모든 것이 축제처럼 즐겁지 않으면 문제가 있다고 생각한다. 당신이 갑자기 적으로 돌변했다고 여긴다. 얀네도 그렇게 반응했다. 그는 내게서 10센티미터쯤 물러섰다. 불쾌하다는 뜻이었다. 그래서 나는 어린애 대하듯 했다. 내가 여전히 그를 좋은 친구이자 정말로 재미있는 사람이라고 생각하지만 너무 장황하게 말하는 버릇이 있으니 그것만 좀 고치면 좋겠다고 말한 것이다. 내가 그를 아주 좋아한다는 말을 족히 열 번은 한 것 같다.

유감스럽게도 그는 워낙 남의 말을 잘 안 듣는 성격이라 나는 우리가 같이 겪었던 온갖 재미있는 일을 이야기하고 내가 그를 엄청나게 아낀다는 사실을 상기시켜야 했다. 그가 새로 장만한 차도 칭찬했다. 쉽게 말해 그를 살살 달랬다. 그러자 그는 조금씩 마음이 풀려 보디랭귀지에서 경계를 풀었다.

❺ 강력한 방어기제와 순교자 콤플렉스에 대비하자

하지만 그 정도로는 충분치 않았다. 얀네는 "아무도 나를 안 좋아해.

다른 사람들이 훨씬 재미있어. 내가 재미있다고 생각하는 사람은 아마 너뿐일 거야." 같은 말을 늘어놓았다. 전형적인 방어기제다. 덧붙여 자기는 그냥 즐거운 시간을 만들려고 했을 뿐이라고 말했다. "다른 사람들이 다 조용히 있으니 재미가 없었잖아. 꾀다 꿔다 놓은 보릿자루 같은데 어쩌라고? 그리고 말을 많이 하는 게 뭐가 문제야? 문제가 아니라 큰 장점이지!"

나는 그가 남들에게 말할 틈을 주지 않는 것은 물론이고 남들이 뜸을 들이는 것까지 모두 가로채버린다는 점을 지적했다.

구체적인 사례가 있었다. 얼마 전 저녁 모임 때 얀네의 부인 레나가 다섯 번 질문을 받았지만 그때마다 대답은 얀네가 했다. 한두 번도 아니고 정말 말도 안 되는 상황이었다. 하지만 그런 것을 남들은 다 아는데 얀네만 몰랐다. 레나는 아예 입을 꾹 다물어버렸다.

"레나가 빨리 대답을 안 하고 질질 끌잖아! 내가 답을 아니까 대신 한 거지!"

그는 도무지 이해를 못했다. 아니면 일부러 이해가 느린 척했거나.

⑥ 가끔은 연락을 끊어 자신에게 쉴 시간을 주자

얀네와 이 대화를 나눈 후 그를 다시 만났는데 그는 잔뜩 경계 태세를 취하고 있었다. 또 언젠가는 모임 초반부터 입을 꾹 다물고 있었다. 어린애처럼 자기가 괴롭다는 티를 팍팍 내는 행동이었다. 그렇지만 답답해서 미쳐버릴 것 같은 속내가 빤히 보였다. 말을 하지 않는 것은 그에게 산소를 마시지 않는 것과 같았다. 더군다나 같이 있는 사람들이 아무도 자신에게 왜 아무 말도 하지 않느냐고 묻질 않으니 정말 미치고 팔짝 뛸 노릇이었다. 다 자기들을 위해서라는 걸 모른단 말인가? 그러자 그의 부인이 말을 더 많이 하기 시작했는데 다들 무척 재미있다고 좋아했다.

얼마 후 얀네가 평소의 모습으로 돌아왔다. 그게 가장 쉬운 길이었다. 그는 침묵을 지켜서 딱히 좋을 게 없다고 판단했다. 그리고 레나는 다시 존재감을 잃었다.

얀네의 경우 내게는 그의 행동을 변화시키는 것보다 우리의 우정을 지키는 게 더 중요했다. 그래서 그 후로 다시 그 문제를 거론하지 않고 그냥 가끔 얀네와 연락을 끊는다. 그에게서 해방돼 편히 쉴 시간이 필요하기 때문이다.

결론 옐로 타입은 융통성과 창의력이 있어서 변화가 쉬울 것 같지만 사실 변화가 가장 어려운 유형이다. 이들은 자신이 변화의 필요성을 느낄 때만 변화한다. 그래서 우리는 기운이 허락하는 한 이들의 자존심을 잘 마사지하면서 그 입으로 변화를 말하게 해야 한다.

다행히 이들은 악감정도 금방 잊는다. 비판을 받을 때는 분개하지만 조금만 지나도 언제 그랬냐는 듯이 해맑게 나온다. 옐로 타입은 껄끄러운 것은 뭐든 그냥 꾹 눌러서 뭉개버린다. 그러니 만약 당신이 옐로 타입의 불평과 앓는 소리, 또 그 사이에 흐를지 모를 눈물 몇 방울을 견뎌낼 수 있다면 쌍방에게 어마어마한 도움이 될 변화를 이뤄낼 수 있을 것이다. 끈기와 인내를 발휘하면 결국에는 성공하리라.

그린 타입에게 피드백을 주는 법

사실 이 부분은 그냥 넘어가고 싶다. 왜냐고? 그린 타입을 비판하는 것은 잔인한 짓이 될 수 있기 때문이다. 대체로 이들은 남들보다 자존감이 약해서 안 그래도 자책이 심한 편이다. 그런데 거기에 또 불을 지르는 건 썩 유쾌한 일이 아니다.

하지만 자책을 하는 것과 아무것도 하지 않는 것은 엄연히 다르다. 많은 그린 타입이 인생에서 이것저것이 달라지길 바란다. 하지만 실제로 그런 변화를 위해 무언가를 추진하는 경우는 드물다. 그래서 계속 불만족스러운 채로 살아간다. 가끔 나는 사실 불만족이 이들의 목표가 아닌가 싶기도 하다. 불만족은 관심을 받고 힘을 확보하는 방법이기도 하기 때문이다. 나는 가정에서 무엇이든 안 하겠다고 거부함으로써 결정권과 통제권을 행사하는 그린 타입을 많이 알고 있다. 심리학에서는 이를 수동적 공격이라고 하는데 정말 절묘한 표현이다.

그래도 그린 타입에게 피드백을 주고 싶다면 쓸 만한 방법이 몇 가지 있긴 하다. 단, 마음부터 단단히 먹어야 한다.

❶ 구체적인 사례를 제시하되 당신의 감정을 말하자

그린 타입에게도 물론 구체적으로 말하는 것이 좋다. 차이점이 있다면 앞의 두 유형과 달리 그린 타입은 그 말을 진심으로 경청한다는 것이다. 듣기 싫어도 일단 듣긴 듣는다. 어쨌든 당신은 구체적으로 말해야 한다. 그런데 그 방법은 레드 타입과 정반대다.

레드 타입에게는 그 사람의 행동 때문에 당신이 언짢다거나 다른 사람들이 불편해한다고 말해봤자 통하지 않지만 그린 타입에게는 그런 말이 제일 잘 통한다. 그런 타입은 관계를 중시하기 때문에 되도록 타인의 기분을 상하지 않게 하려고 한다. 어쩌면 그런 성향을 이용하라는 말로 들릴지 모르겠지만 만일 그런 타입의 어떤 행동으로 인해 당신이 슬픔이나 분노, 실망을 느낀다면 그렇다고 말하자. 그런 타입은 오감을 동원해 당신의 기분을 감지할 것이고, 당신이 허심탄회하게 기분을 말한다면 무슨 말인지 알아들을 것이다.

❷ 불필요한 포장을 삼가되 부드럽게 말하자

빙빙 돌리지 않고 확실하게 말하는 게 중요하다. 당신에게 조금이라도 인간미가 있다면 그런 타입이 비판을 받을수록 무너져 내리는 게 보일 것이다. 가령 당신이 파트너에게 맨날 텔레비전 앞에 앉아서 스포츠 중계만 보니까 당신이 완전히 소외되고 사랑받지 못하는 느낌이라고 말한다면 그 말이 그 사람에게 얼마나 심각한 영향을 끼치는지 보게 될 것이다. 그런데 이래놓고는 "그게 아주 나쁘다는 건 아니야."라거나 "네가 텔레비전 보는 동안 난 그림 그리면 되긴 하지." 같은 말로 상쇄하려고 하면 안 된다. 용감하게 본론을 말하자.

단, 메시지를 '올바른' 방법으로 전달할 필요는 있다. 확실하면서도 부드럽게 말해야 한다. 상대방의 어깨에 손을 올리는 것만으로도 그 문제와는 별개로 여전히 두 사람이 좋은 사이라는 뜻을 전달할 수 있다.

❸ 그의 친절에 속지 말자

그런 타입의 태도를 비판하면 옐로 타입의 순교자 콤플렉스와 비슷한 현상이 일어난다. 넙죽 엎드려서 자기가 한심한 인간이라고 자책하는 것이다. 절대로, 다시는 그런 짓을 저지르지 않겠다는 말도 심심찮게 나올 것이다. 시키는 대로 다 하겠다며 눈물을 흘릴지도 모른다. 자기가 이러저러해서 한심하고 쓸모없는 인간이라며 자신을 마구 짓밟을 수도 있다. 그리고 이후로 몇 주 동안 당신에게 굽실대며 애초에 문제가 되었던 행동과 전혀 상관없는 일에서도 어떻게든 당신을 떠받들려 할 것이다.

하지만 여기에 속지 말아야 한다. 이것과 관계없이, 피드백을 잘 지키고 있는가를 확인해야 한다.

한 사례로, 어떤 남자가 매일 밤 습관적으로 컴퓨터 게임을 하는 것 때문에 부인에게 원망 섞인 말을 들었다. 그는 초대형 전략 게임을 하며 매달 캐릭터에 큰돈을 썼는데, 자신이 유치하고 불필요한 행동에 돈을 낭비하고 있다는 걸 인정했다. 그리고 부인의 요구에 더욱 관심을 기울이겠다고 약속했다. 그는 자신의 형편없는 행동을 만회하기 위해 필요 이상으로 많은 약속을 했다. 이후 6개월 동안 그는 날마다 퇴근 후에 부랴부랴 집에 와서 부인이 요리할 틈도 주지 않고 먼저 저녁을 차렸다. 일주일에 한 번씩 꽃을 사 오고, 부인이 부탁하지 않아도 발 마사지를 해줬다.

무척 자상하고 고마운 행동이었다. 그런데 정작 부인이 부탁했던 것, 즉 게임을 끊는 것만은 지키지 않았다. 애초에 그 부분만큼은 요리조리 빠져나가며 당장 끊겠다고 약속하지 않았던 것이다.

❹ 부드럽고 따뜻한 제스처를 취하자

옐로 타입의 경우와 마찬가지로 문제는 이런 부정적인 피드백이 관계에 미치는 영향이다. 하지만 이 문제는 쉽게 해결할 수 있다. 당신이 그 사람을 암살할 생각이 없다는 것을 따뜻한 행동으로 보여줘야 한다. 당신의 말이 아니라 행동을 보고 마음이 놓이게 해야 한다. 어린아이를 대할 때와 비슷하다. "아빠는 우리 똥강아지를 사랑하지만 소파에서 아이스크림 먹는 건 안 하면 안 될까?" 하며 등을 토닥이듯이.

⑤ 합의 사항을 다시 말하게 하고 비교적 빨리 재확인하자

그린 타입이 당신의 말을 항상 메모하진 않는다. 그러므로 쌍방이 지금까지 논의한 내용을 모두 똑같이 이해했는지 확인하는 편이 좋다. 예를 들어 동료가 시간을 잘 지키기를 바란다면 현재 대화의 주제가 시간 엄수라는 것을 확실히 알게 아자. 그렇지 않으면 다른 이야기를 하고 있는 것으로 오해할 수 있다.

우리는 흔히 타인의 행동을 비슷한 상황에서 자신이 했을 법한 행동과 비교한다. 그린 타입은 메시지를 아주 모호하게 전달하는 사람들이라서 당신도 다른 이야기를 하고 있다고 오해할 수 있다. 이들은 절대로 단도직입적으로 본론을 말하는 법이 없기 때문에 당신이 무엇을 못마땅하게 여기는지 확실히 말해주지 않으면 잘 모른다.

그러니 쌍방이 똑같은 문제를 이야기하는 게 맞는지 반드시 확인하고 이후에 재확인해야 한다. 그래서 현재 그 사람이 행동을 변화시켜야 한다는 점을 이야기하고 있다는 점을 확실히 해야 한다. 그렇지 않으면 그린 타입은 평소와 같은 문제 해결법을 쓰려고 들 것이다. 아무것도 하지 않는 것 말이다. 당신이 속한 집단에서는 절대 그런 일이 없게 하자.

결론 당신이 인간이라면(물론 그렇겠지만) 그린 타입을 너무 심하게 몰아붙인 것 같아서 양심의 가책이 들지 모른다. 내가 은행업계에 있을 때 어떤 직원이 마땅히 해야 할 일을 하지 않는 것 같아 나무란 적이 있다. 그녀는 어깨가 축 늘어져서 퇴근하더니 이틀 동안 결근했다. 그러자 나도 기분이 영 좋지 않았는데 나중에 이야기해보니 애초에 내가 그녀에게 그 일을 직접적으로 지시한 적이 없었다. 그냥 당연히 그녀도 나와 똑같이 생각하리라 지레짐작했던 것이다.

솔직히 그때 나는 상사로서 미숙했다. 그래서 상황을 내 입장에서만 봤고, 그녀의 입장에서는 다르게 보일 수 있다는 점을 무시한 채 화를 내는 전형적인 실수를 저질렀다. 그녀는 의기소침해 보였고 일부러 나를 피해 먼 길을 둘러 다녔다. 그래서 나는 한동안 그녀에게 인사만 겨우 할 뿐 다른 말은 거의 못 붙였다. 그리고 그녀는 그린 타입의 방식대로 몸을 낮추고 일상적인 업무를 더욱 소홀히 했다.

상당수의 그린 타입이 여유를 부려도 되는 때를 본능적으로 감지한다. 하지만 이 경우에는 그런 본능이 독이 됐다. 그녀는 내가 망설이는 것을 알고 사실상 일을 전혀 하지 않았다. 혹여 그녀가 내 양심의 가책을 이용하고 있었다고 할지라도 놀랄 일이 아니었다. 우리는 완전히 남남이 됐다. 결국 그녀는 업무 태만으로 해고당했고 나는 그런 문제를 제대로 해결하지 못했다고 상사에게 심한 문책을 받았다.

당신도 나 같은 실수를 저지르지 않도록 주의하기 바란다. 사태가 걷잡을 수 없게 될 때까지 방치하지 말자. 부정적인 피드백을 전달해야 한다. 상대가 아무리 친하게 지내는 그린 타입이라 해도 그렇게 하자.

블루 타입에게 피드백을 주는 법

❶ 모든 사실관계와 세부 사항을 확인하고 정리해놓자

먼저 경고의 말부터 한마디 하겠다. 블루 타입에게 부정적인 피드백을 전하려고 한다면 반드시 그 사안에 대해 잘 알고 있어야 한다. 말했다시피 블루 타입은 자신이 무엇을 했는지 정확히 알고 세부 사항도 당신보다 훨씬 꼼꼼하게 꿰고 있다. 그러니 당신은 부정적인 피드백을 전할 마음을 먹기 전에 모든 객관적 사실을 다 확인해놔야 한다. 이제부터 블루 타입에게 피드백을 주는 방법을 이야기할 텐데 여기서 가장 중요한 부분은 사태의 진상을 정확히 파악하는 것이다.

먼저 현재 사안에 관련된 다른 사람들에게 사실 관계를 확인하고 그것을 문서로 정리해놓는 편이 좋다. 블루 타입은 온갖 증거를 가져와 자신이 한 일이 옳다는 증거를 제시할 수 있다. 애초에 그 일이 옳았으니까 했지 틀렸다면 하지 않았을 거라고 나올 것이다. 그러니 블루 타입과 약속을 잡기 전에는 완전 무장이 필수다.

❷ 구체적인 사례와 수치를 자세하게, 되도록 서면으로 제시하자

"일하는 속도가 너무 더딘데 좀 더 빠릿빠릿하게 하면 안 될까?"처럼 두루뭉술하게 말하면 안 된다. 당신의 말이 맞든 틀리든 간에 '일하는 속도가 너무 더딘데'라는 말은 사실상 아무 의미가 없다. 블루 타입은 '무엇'과 비교해서 '얼마나' 더디다는 것인지, '왜' 그렇다는 것인지 의아해할 것이다.

구체적이고 정확한 사례를 자세하게 제시해야 한다. 이를테면 "지난 번 프로젝트는 이전보다 16시간 30분이 더 걸렸어."라고 운을 떼자. 그런 후 어떤 결과가 발생했는지 덧붙이자. "고객에게 그 16시간 30분 치 보수는 청구할 수가 없어. 시간당 보수는 1250크로나고, 1250크로나에 초과된 시간인 16.5를 곱하면 2만 625크로나라는 계산이 나와. 그만큼 우리가 손해를 봤다는 거지."

이렇게 말하면 블루 타입도 수긍할 것이다. 만일 옐로 타입에게 똑같은 말을 했다면 점심에 먹은 것을 다 쏟아낼 테지만 블루 타입에게는 지극히 타당한 행위다. 블루 타입에게 피드백을 줄 때는 구체적인 내용을 자세히 전해야 하므로 그냥 말로만 하는 것은 위험할 수 있다. 그러니 문서로 기록해둬야 한다. 블루 타입은 말을 너무 많이 하는 사람을 다소 불신하는 경향이 있으므로 서면을 통하는 편이 더 잘 통한다.

이왕이면 다른 사람에게 한번 검토해달라고 한 후에 그 청색 거북이와 만날 약속을 잡는 게 좋을 거다.

❸ 서로 잘 아는 사이가 아니라면 너무 친하게 굴지 말자

옐로 타입이나 그린 타입 상사라면 부정적인 피드백을 꺼내기 전에 일단 블루 타입의 어깨를 두드리며 친근한 분위기를 조성할지도 모른다. 이유는 간단하다. 자신이라면 똑같은 상황에서 상대방이 다짜고짜 비판부터 할 경우에 매우 부정적으로 반응할 것이기 때문이다. 하지만 블루 타입을 대할 때는 이것만큼 대책 없는 행동도 없다. 당신이 그런 식으로 나간다면 블루 타입은 미심쩍게 여기며 당신의 말을 곧이곧대로 들으려 하지 않을 거니까.

한편 레드 타입이라면 어떻게 했을지 생각해보자. 그냥 약속을 잡고 마주 앉아서 부정적인 피드백이 담긴 종이를 불쑥 내밀 것이다. 만약 옆집에서 자기 집 마당으로 날아 들어온 나뭇잎에 대해 옆집 주인에게 피드백을 하는 경우라면 그냥 그 나뭇잎을 죄다 봉지에 담아 옆집 사람에게 내밀며 세어보라고 할 것이다. 레드 타입은 굳이 포장하지 않는다. 바로 본론으로 들어간다. 레드 타입은 상대방의 행동이 미진하다고 말하는 데 아무런 거리낌이 없다. 그에게 프로젝트를 질질 끄는 것은 용납할 수 없는 일이고 애초에 모든 게 16시간 30분 '지연'되는 게 아니라 오히려 16시간 30분 '일찍' 마무리되기를 바랐으므로 그는 잔뜩 뿔이 나 있을 것이다. 블루 타입에게는 이게 낫다. 하지만 이 경우에도 자료가 구체적이지 않다면 먹히지 않을 것임을 다시 한 번 기억하라.

❹ 객관적인 사실만 말하자

블루 타입을 납득시키려면 객관적인 사실만 말해야 한다. 당신이 양심의 가책을 느낀다고 해서 그 사람을 얼마나 고맙게 여기는지도 함께 말한다면 블루 타입은 오히려 혼란스러워한다. 당신이 정말로 하고 싶은 말이 무엇인지 몰라 의아해하는 것이다. 블루 타입은 굳이 자존심을 세워줄 필요가 없을 뿐만 아니라 당신이 비판을 포장하려고 하는 것을 다 간파한다. 그러니 객관적인 사실만 말하자.

스웨덴에서는 경영자와 리더들이 소위 '샌드위치 화법'을 많이 구사한다. 샌드위치 화법이란 심각한 메시지를 전할 때 분위기를 누그러뜨리기 위해 긍정적인 말을 섞는 화법이다. "자네 고객이 너무 많이 줄었어." "당신 때문에 회사가 돈을 많이 썼어." "납품 기한을 한참 넘겼잖아요.” “너 리셉션 때 베리트한테 너무 무례하게 굴었어.”라는 채찍을 날리기 위해 “자네는 우리 회사에 소중한 인재야.” “평소에는 잘하잖아.” “다른 때 같았으면 괜찮았을 거야.” “내가 너 많이 아낀다.”라는 당근을 주는 것이다.

이 화법의 문제점은 상대방이 메시지를 이해하지 못한다는 것이다. 이 사람이 정말로 하려는 말이 뭐지? 특히 블루 타입이 이해를 잘 못한다. 왜냐하면 당신이 메시지를 포장하려고 꺼내는 말은 관계 지향적이고 감성적일 뿐, 비즈니스와는 관계가 없기 때문이다. 블루 타입은 지금 당신과 친구가 되기 위해서 온 게 아니라 어디까지나 일을 하기 위해서 왔다는 사실을 기억하자. 그러니 반드시 일에 관해 이야기하자.

혹시 개선점에 대한 건의사항이 있는지 물어보는 것은 얼마든지 해도 좋다. 이때는 품질, 평가, 분석, 사후 관리처럼 블루 타입에게 익숙한 표현을 쓰자. 그러면 훨씬 말이 잘 통할 것이다.

⑥ 미시적인 차원의 질문에 대비하자

물론 블루 타입이 당신의 말을 넙죽 받아들이진 않을 것이다. 그렇다면 질문할 기회를 주는 것도 좋다. 이때는 이 사람이 지금 나를 취조하나 싶을 만큼 미시적인 차원의 질문이 들어올지 모른다. 블루 타입이라면 당신이 꺼낸 피드백의 모든 단계에서 질문을 던질 수 있다.

“그걸 어떻게 알아요? 누가 그래요? 이걸 어떻게 계산했어요? 어디서 그렇게 해야 된대요? 나는 왜 인트라넷에서 그런 걸 못 봤죠? 가만히 있다가 지금에야 그런 말을 하는 이유가 뭐죠? 관련 서류를 볼 수 있을까요? 보수 청구에 대해 나온 계약서 어디 있죠? 정말로 16시간 30분치 보수는 청구할 수 없는 건가요? 예전에는 그런 적 한 번도 없었어요? 그러고 보니 4년 전에 어떤 고객이……."

당신이 모든 질문에 답할 수 있다는 보장은 없으므로 얼마나 깊이 들어갈지 결정해야 한다. 물론 당신은 언제든 "원래 그런 거니까 돌아가서 일이나 해!"라고 말할 수 있다. 하지만 이는 블루 타입의 신뢰를 잃기로 작정하지 않은 바에야 최악의 대응이다. 그런 말을 해봤자 당신이 세부 사항을 꼼꼼히 확인하지 않았다는 사실만 입증될 뿐이다.

❻ 합의 사항을 다시 말하게 하고 빨리 재확인하자

여기서도 다른 유형들을 대할 때와 똑같은 조언을 하겠다. 블루 타입에게도 합의 사항을 다시 말해보게 하자. 그 사람이 보고 들은 게 당신과 똑같다는 것을 확인해야 한다. 아마도 블루 타입은 모든 내용을 거의 토씨 하나 안 틀리고 읊을 수 있을 테지만 만약에 당신이 너무 모호하게 말하거나 너무 관계를 보호하는 데 치중했다면 메시지가 제대로 받아들여지지 않았을 가능성도 크다.

피드백이 잘 이루어졌다면 블루 타입은 당신이 어떤 말을 듣고 싶어 하는지 알고 그대로 말할 것이다. 그렇다고 해서 블루 타입이 반드시 당신의 부정적인 피드백을 타당하게 여긴다고 볼 수는 없다. 블루 타입의 사고방식은 당신과 전혀 다를 공산이 크기 때문이다.

사례로 든 프로젝트 지연 건만 해도 의외의 복병이 될 수 있다. 프로젝트 결과물의 가치는 어디까지나 고객이 매기는 것이다. 따라서 품질이 제일 중요하다. 일을 대충대충(물론 블루 타입의 기준에서) 처리하면 그 고객에게서 다시는 일감을 받을 수 없을 것이다. 그러면 장기적으로 얼마나 큰 손해인가? 그런데도 어떻게 시간이 너 중요하다고 할 수 있는가? 이렇게 논리적으로 따지다 보면 당신이 뭘 모르고 떠드는 사람으로 비치기 십상이다.

하지만 당신이 옳다는 '느낌'이 아니라 '확신'이 있다면 밀어붙여야 한다. 얼마간 시간이 흐른 후에 블루 타입이 합의 사항을 제대로 이행하고 있는지 확인해보자.

결론 완벽주의자를 비판하기란 어려운 일이다. 완벽주의자는 이미 무엇이 최고인지 알기 때문에 당신의 명함에 자기보다 근사한 직함이 박혀 있다고 해서 생각을 바꾸진 않는다. 그러니 만반의 준비를 해야 한다. 준비만 잘하면 나머지는 할 만하다.

하나 더 기억해야 할 점은 블루 타입이 자기에 대한 비판은 쉽사리 받아들이지 않으면서 남은 또 잘 비판한다는 사실이다. 말했다시피 블루 타입은 타인의 잘못을 딱딱 알아차리기 때문에 불시에 당신의 잘못을 지적할 수 있다. 그렇다고 당신에게 무슨 원한이 있어서 그런 것은 아니다. 다만 당신이 일을…… 망쳐버렸기 때문이다.

PART 3 13

문자와 메일로 커뮤니케이션 해야 할 때

글은 글쓴이의 얼굴이다

글을 보면 많은 것을 알 수 있다. 각 유형은 글 쓰는 법이 전혀 다르다. 누군가는 장문의 글로 자기 생각을 표현하고 누군가는 되도록 간결하게 쓴다. 혹시 어떤 사람이 쓴 보고서, 칼럼, 편지, 독자 투고문 등 다소 긴 글을 볼 수 있다면 거기서 분석의 근거가 되는 요소를 많이 발견할 수 있을 것이다. 대체로 글을 보면 그 사람이 어떤 유형인지 감지할 수 있다. 혹시 당신이 평소에 말수가 적은 편이라면 글을 쓸 때도 그럴 가능성이 있다. 반대로 평소에 말이 많은 사람이라면 글도 길게 쓰는 경향이 있다.

자, 당신이 고객의 메일에 답장을 쓴다고 해보자. 기왕이면 그 사람에게 맞게 잘 쓰고 싶을 것이다. 그래서 그 사람의 메일을 찬찬히 뜯어본다. 주로 객관적 사실을 나열했는가? 사적인 이야기가 조금이라도 있는가? 글이 간결하게 정돈되어 있는가, 아니면 좀 즉흥적으로 쓴 것 같은가? 이렇게 사소한 특징이 모두 당신이 이용할 수 있는 중요한 신호가 된다. 그렇지 않은 경우도 있겠지만 보통은 패턴이 보이게 마련이다.

다음의 메일을 보자.

보낸 사람	kristian.jonsson@teamcommunication.se
받는 사람	Cina.cinasson@coco.net
제목	회의

내일 11시 회의. 시간 엄수!

K

K가 느낌표를 썼으니까 소리를 지르고 있는 것일까? 그냥 회의 시간을 지키는 게 중요하다는 뜻으로 그렇게 썼을 가능성이 크다. 아니면 어딘가로 급하게 이동하면서 썼을 수도 있다. 메일을 받는 사람이 그 메일 스타일 때문에 실망할 수도 있다는 것은 중요하지 않다. 레드 타입에게 그쯤은 아무것도 아니다. 정신 바짝 차려! 그냥 그렇게 주의를 주고 싶었을 것이다.

이런 메일에는 전광석화처럼 신속하게, 그리고 간결하게 답장을 보내야 한다. 그냥 '알겠습니다.'라고 한마디만 적어서 보내도 괜찮다.

보낸 사람	kristian.jonsson@teamcommunication.se
받는 사람	Cina.cinasson@coco.net
제목	회의

안녕, 치나! 잘 지내죠? 혹시 어제 축구 경기 보러 갔었어요? 보니까 라세도 왔더라고요. 근데 온몸에 커피를 쏟아서 아주 웃겨서 배꼽 빠지는 줄 알았다니까요! 페이스북에 사진 올렸는데 그냥 보내줄 테니까 한번 봐봐요. 그리고 내일 11시 미팅 맞죠? 그 고객 건 말이에요. 그렇게 알고 나갈게요.

그럼 안녕!

크릴레

보낸 사람	kristian.jonsson@teamcommunication.se
받는 사람	Cina.cinasson@coco.net
제목	회의

이크, 사진 첨부하는 거 깜빡했네. 다시 보내요.

크릴레

라세_커피_대폭소.jpg

옐로 타입은 글을 쓸 때도 아주 즉흥적이고 느긋하다. 손가락 사이로 기쁨의 함성을 지르고, 순간순간의 '감'을 따라서 글을 쓴다. 불쌍한 라세의 커피 사건에 대해 재잘대는 것을 눈여겨보자. 당신의 관심을 끌기 위해 자신이 폭소를 터트렸다는 사실을 강조한다.

여기엔 어떻게 답장을 보내야 할까? 서두를 필요는 없지만 너무 지체하면 오해를 살 수 있다. 그리고 살갑게 쓰자. 재미있는 사진 잘 봤다고, 박장대소했다고 적는 것도 잊지 말고…….

그런 타입의 메일은 어떨까?

보낸 사람	kristian.jonsson@teamcommunication.se
받는 사람	Cina.cinasson@coco.net
제목	회의

안녕하세요, 치나.

내일 11시 약속 확인차 메일 보내요. 그 시간에 만나는 데 무리가 없었으면 좋겠네요. 커피랑 같이 먹을 것 좀 준비해놓을게요. 집에서 구운 번을 가져갈 거예요. 맛있게 먹자고요!

크리스티안

더 부드럽고 친근한 어조다. 아마 크리스티안은 혹시라도 문제가 될 만한 부분이 없도록 메일을 공들여 다듬었을 것이다. 오래전에 한 약속을 기억하고 있는지 확인하는 것은 사람에 따라 기분 나쁘게 받아들일 수 있으므로 괜한 오해의 소지가 없도록 하는 게 중요하다.

이 정다운 메일에는 어떻게 답해야 할까? 똑같이 친근하고 다정하게 쓰자. 고마운 마음을 표현하자. 꼭 맛있는 번이 기대된다고 쓸 필요는 없지만 그렇게 써서 나쁠 것도 없다. 그리고 상대방을 만났을 때 마음을 느긋하게 먹고 여유 있게 행동해야 한다는 것도 기억하자.

보낸 사람	kristian.jonsson@teamcommunication.se
받는 사람	Cina.cinasson@coco.net
제목	회의

좋은 아침이에요, 크리스티나.

내일 11시 미팅 전에 이 사안과 관련된 정책 결정의 기초가 되는 배경 지식을 충분히 숙지하고 오면 고맙겠어요.
관련 문서 3개 동봉합니다.

크리스티안 욘손
+46704808080

날짜 및 참석자 명부.xls

IT 전략 업데이트.doc

브로슈어 샘플.doc

짐작하다시피 크리스티안은 컴퓨터에 알람을 설정해서 회의 하루 전에 알림 메시지가 뜨도록 해놓았을 것이다. 이 메일은 매우 사무적으로 쓰여서 사적인 느낌이 거의 없다. 준비를 잘해달라는 당부만 있을 뿐이다.

여기에는 어떻게 답하면 좋을까? 메일과 파일을 잘 받았다고 쓰자. 그리고 자료를 다 읽어본 후 혹시 궁금한 점이 있으면 물어보겠다고 하자. 이 메일을 보낸 사람은 당신이 당연히 모든 자료를 꼼꼼히 읽어보리라 생각한다는 점을 부디 명심하기 바란다.

PART 3 **14**

무엇이 우리를 화나고 스트레스받게 하나

화내는 모양을 보면 그 사람이 보인다

참으로 흥미롭게도, 성깔도 어떤 사람이 어떤 유형인지 가늠하는 데 유익하고 또 꽤 재미있는 잣대가 된다. 어떤 사람에게는 화가 날 만한 일이 다른 사람에게는 아무렇지 않을 수 있다. 일이 틀어졌을 때 어떻게 반응하는지 보면 그 사람에 대한 중요한 단서를 얻을 수 있다. 그리고 이 단서를 활용하면 그 사람을 어떤 식으로 분석할지 쉽게 가닥이 잡힌다. 그러면 신속한 진단 방법을 살펴보자.

레드 타입 - 자주 화를 낸다

논의를 간편히 하기 위해서 각 유형을 잔의 종류에 비유하겠다.

레드 타입은 '샷글라스(한 모금 분량인 1온스 정도를 담을 수 있는 작은 유리잔 - 옮긴이)'라고 하고 싶다. 아니, 샷글라스는 작아서 뭘 많이 담지도 못하는데 왜 하필 그런 데 빗대나 싶을지도 모르겠다. 그런데 많은 레드 타입의 행동이 그렇다. 이들은 많이 참지 못하고 벌컥벌컥 화를 잘 낸다. 레드 타입에게는 화를 낼 이유가 무척 많다. 분노의 원인은 꽉꽉 막히는 도로가 될 수도 있고, 전화를 받지 않는 사람이나 에스컬레이터에서 느리게 걷는 사람이 될 수도 있다. 뭐든 자기 생각대로 되지 않으면 화를 낸다. 그리고 그냥 어떤 사람이 멍청해서 분통이 터지기도 한다. 알다시피 이들은 꼴통 천지인 세상에서 살지 않던가. 한편으로 이들은 폭발을 통해 감정을 다 쏟아내므로 앙금이 남지 않는다는 강점이 있다. 이들은 불같이 화를 내며 설전을 벌인 후 샷글라스를 비워버린다. 어차피 많은 것이 담기지 않았으므로 비우는 것도 금방이다. 단, 이건 어디까지나 레드 타입의 입장에서 그렇다는 것일 뿐 주변 사람들의 생각은 다를 수 있다는 점은 알아두자.

아무튼 레드 타입은 대체로 분노가 금방 가라앉는다는 장점이 있다. 레드 타입은 웬만해서는 오랫동안 화를 품지 못한다. 그냥 하고 싶은 말을 내뱉고 다음으로 넘어간다. 물론 주변 사람들은 혼란스러울 수 있겠지만 그건 어디까지나 그들의 문제다. 레드 타입에게는 이미 끝난 일이다. 그러다 또 속을 뒤집어놓는 일이 발생하면 폭발한다. 그리고 또 폭발하고, 다시 폭발한다.

샷글라스를 집어 들다가 내용물을 책상 위에 전부 쏟아버렸다고 생각해보자. 기분 좋은 일은 아니지만 수습이 어렵지도 않다. 그냥 휴지로 닦아버리면 그만이다. 요컨대 샷글라스는 채우는 것도 금방이고 비우는 것도 금방이다. 그래서 계속 찼다 비었다 한다. 그래서 많은 사람이 레드 타입을 도통 예측 불가능하다고 생각한다. 언제 폭발할지 모른다는 것이다. 그렇지만 나는 이런 기질이 그렇게 나쁘진 않다고 본다. 그 사람을 잘 안다면 그 사람에게 무엇이 분노의 기폭제가 되는지도 잘 알지 않겠는가.

하지만 이와 관련해 꼭 알아둬야 할 점이 있다. 많은 경우 레드 타입은 자신이 화를 냈다고 생각하지 않고 그냥 할 말을 좀 했다고, 혹은 언성을 좀 높였을 뿐이라고 생각한다. 그것도 커뮤니케이션의 일환이라는 식이다. 하지만 그린 타입이라면 레드 타입이 그냥 어떤 사안에 대한 입장을 밝히고 있을 뿐인데도 화를 낸다고 생각할지 모른다. 그런데 문제는 상당수의 사람들이 호통을 들을 것 같으면 한 발짝 뒤로 물러선다는 점이다. 그 결과 시도 때도 없이 분통을 터트리는 레드 타입은 제때 피드백을 받지 못하는 경우가 많다.

옐로 타입 - 자주 화를 내고 죄책감을 느낀다

마냥 쾌활하기만 할 것 같은 옐로 타입도 분노를 터트릴 때가 있다. 이들은 평소 어마어마하게 긍정적이고 낙천적이지만 그 속에는 불같은 성미가 숨어 있다. 레드 타입처럼 옐로 타입도 적극적으로 많은 것들을 관찰하고 받아들인다. 그러니 자연히 많은 것에 반응한다. 생각은 빠른데 혀가 그 속도를 따라가지 못한다면 어떤 일이 벌어지겠는가. 입에서 나오는 말이 늘 숙고를 거친 결과물은 아니란 걸 명심하자.

옐로 타입은 표현력이 풍부하고 감정을 솔직히 드러내기 때문에 그 온도계의 수은주가 올라가는 게 명확히 보인다. 관찰력이 있는 사람이라면 옐로 타입이 폭발 직전까지 간 것을 금방 알 수 있다. 화가 날 때 옐로 타입은 눈빛이 이글이글 타고, 몸짓이 급해지며, 언성이 높아진다. 단, 이런 변화는 서서히 일어난다.

레드 타입이 샷글라스와 같다면 옐로 타입은 일반적인 우유컵에 비유할 수 있다. 우유컵은 샷글라스보다 용량이 크고, 가득 찼는지 덜 찼는지 더 쉽게 알아볼 수 있다. 눈만 뜨고 있으면 점점 잔이 차는 것을 알 수 있다.

자, 이 우유컵을 들어서 내용물을 전부 책상에 쏟아버린다면 어떻게 될까? 샷글라스를 쏟았을 때보다 훨씬 질척거리고 엉망이 될 것이다. 중요한 서류가 젖어버리고 일반 휴지로는 물기를 다 닦지도 못한다. 그래도 수습은 가능하다. 옐로 타입의 격노도 큰 뒤탈 없이 정리된다.

옐로 타입에게도 장점이 있다. 옐로 타입은 동료, 가족, 이웃, 혹은 당신에게 화를 내고 나서 자신이 가까운 사람을 너무 심하게 대했다는 자책감에 시달린다. 그래서 다음에 만날 때는 어떻게든 잘해주려고 더욱 더 신경 쓴다. 레드 타입은 잘 모르는 양심의 가책을 옐로 타입은 느끼는 것이다.

혹시 옐로와 레드를 다 갖고 있는 사람이라면 분위기를 아주 거칠게 몰고 갈 수도 있다. 이런 사람은 자존심이 너무 강하다 보니 눈에 보이는 게 없을 수도 있다. 그 동기가 무엇이냐에 따라 거의 부조리한 수준으로까지 자기 의견을 내세우기도 한다. 그리고 진짜배기 옐로 타입은 자존심이 매사에 걸림돌이 될 수 있다. 하지만 오랫동안 원한을 품지는 않는다. 어떤 문제가 있었어도 금방 잊어버리기 때문에 그린 타입과 블루 타입은 옐로 타입을 종잡을 수 없는 사람으로 생각하기도 한다.

그린 타입 - 쌓아뒀다가 폭발시킨다

그린 타입이 격분하는 것을 실제로 본 적이 있는지 모르겠다. 당신과

단 한 번도 심하게 다퉈본 적이 없을 만큼 온화한 친구가 조금이라도 성질을 부렸던 적이 있는가? 어쩌면 그런 모습을 전혀 본 적 없을 수도 있을 것이다. 그렇다고 그 사람이 애초에 화라는 것을 모르는 존재일까? 전혀 아니다. 그저 분노가 밖이 아니라 안을 향할 뿐이다.

그런 타입은 400리터짜리 맥주통에 비유하고 싶다. 그 통을 다 채우려면 샷글라스가 몇 잔이나 필요할지 상상이나 가는가? 샷글라스로 아무리 붓고 또 부어도 바닥이나 채울 수 있을지 모르겠다. 대다수 그런 타입의 행동법이 그렇다. 이들은 무엇이든 거부하지 않고 잘 수용한다. 갈등에 휘말리고 싶지 않아서이기도 하지만 또 한편으로는 거절을 못해서 그렇기도 하다. 그냥 동의하는 게 더 쉬우니까 동의하는 것이다.

그렇다고 그런 타입에게 자기 의견이 없다고 할 수 있을까? 전혀 아니다. 이들도 다른 사람들처럼 의견이 있다. 다만 의견을 말하지 않을 뿐이다. 그래서 문제가 생기는 경우가 많다. 이들은 날마다 자기가 부당하다고 '느끼는' 것을 군말 없이 받아들여서 이 맥주통을 채운다(어디까지나 자기가 '느끼는' 부당함이다). 맥주통을 다 채우려면 몇 년이 걸릴 수도 있다.

이제 이 통을 들어서 책상에 쏟아보자. 어떻게 되겠는가? 모든 게 물살에 떠내려갈 것이다. 맥주통에서 나온 물이 책상 위에 있던 물건들만 아니라 책상까지 통째로, 그리고 당신마저 휩쓸어버린다. 이 물살은 멈출 수가 없다. 그 기세를 타고 모든 것이 튀어나온다.

"나한테 일을 제때 못 끝냈다고 했죠? 정말 그래요? 진짜 그러냐고요? 지난주에 내가 제구실을 못했다고 했죠? 좋아요, 말이 나왔으니 어디 한번 이야기해봅시다. (중략) 1년 전에 나한테 사무실 새로 준다고 약속해놓고 여태 감감무소식이잖아요. 내가 1997년에 여기 처음 왔을 때도 똑같이 말했어요! 좋아요, 어디 한번 툭 까놓고 말해봅시다. (후략)"

정말 모든 것이 튀어나온다. 그러니 괜히 당신이 그 화약고에 불을 붙이는 불씨가 되지 않도록 주의하기 바란다. 이는 만만히 볼 문제가 아니다. 그린 타입은 말썽을 일으키거나 튀지 않기 위해 압력을 방출하지 않고 감정을 억제한다. 하지만 속상하고 언짢은 기분을 느끼는 것은 남들과 똑같다. 그냥 그것을 밖으로 내보낼 수단을 타고나지 않았을 뿐이다.

이럴 때 우리가 할 수 있는 일은 조력자가 되는 것이다. 질문을 하고 대화를 유도하면서 신호를 찾는 것이다. 혹시 보디랭귀지에서 불만이나 반감의 기미가 엿보이진 않는지 잘 관찰하자. 또한 그린 타입이 마음속에 있는 말을 편하게 할 수 있는 건전한 환경을 조성해서 그 사람이 평소의 관점을 너무 숨길 필요가 없게 하자. 그렇지 않으면 그린 타입은 모든 불만과 실망을 자기 안으로 밀어 넣을 것이다. 그런 데서 오는 스트레스가 어떤 악영향을 미치는지 다들 잘 알리라.

그린 타입에게 번아웃 증후군이 생기는 가장 큰 원인 중 하나가 이런 성향 때문이 아닐까 싶다. 불안과 고뇌 그리고 분노까지 마음속에 아주 오랫동안 담고 살아가니 결국에는 탈이 날 수밖에 없다. 이는 절대로 가벼이 봐서는 안 될 중대한 문제다.

블루 타입 - 자주 투덜거리며 폭발시키지는 않는다

내가 아직 은행업계의 초년생으로 극도의 스트레스를 받으며 살 때 한번은 누군가 블루 타입을 평가하는 말을 들었다. 당시 우리는 모두 밤

낮없이 일하며 잔뜩 날이 서 있었다. 불만이 하늘을 찌를 듯했다. 그런데 우리 은행의 여신 담당자는 그 와중에도 끄떡없었다. 그녀는 그 무엇에도 동요하지 않았다. 스트레스를 받은 티를 조금도 내지 않았다. 그 표정은 해독이 전혀 불가능했고 몸짓은 항상 절제되어 있었다. 다른 사람들은 업무를 보면서 점심을 때웠지만 그녀는 점심시간 60분을 다 써가며 지극히 평온하게 식사를 즐겼다. 그 무엇도 그녀의 평온을 깨트릴 수 없는 것 같았다.

그러던 어느 날 옐로 타입 동료가 내게 말했다.

"저 여자, 정상이 아니야. 아예 감정이란 게 없는 사람 같아."

당시에는 그 말이 논리적으로 들렸지만 지금 와서 생각해보면 전혀 그렇지 않다. 블루 타입은 커뮤니케이션의 필요성을 덜 느낀다. 그래서 굳이 감정을 드러내지 않는다. 블루 타입도 마음속에 감정을 담아둘 때가 있다. 그렇다면 블루 타입도 그린 타입만큼 번아웃의 위험성이 크지 않을까 염려할지도 모르겠다. 그렇지 않다. 블루 타입은 체계적으로 스트레스를 다스리기 때문이다.

비유하자면 블루 타입은 그린 타입처럼 큰 맥주통이지만 한 가지 결정적인 차이가 있다. 그 통 밑에 작은 수도꼭지가 달려 있다. 블루 타입은 이 수도꼭지로 통 안의 내용물을 밖으로 흘려보낸다. 그리고 원한다면 통 안의 압력도 조절 가능하다. 게다가 이 꼭지는 꽉 잠기지 않아서 거의 항상 물이 뚝뚝 떨어지고 있다. 블루 타입의 불만은 나직한 불평으로 표출된다.

"봐요. 누가 또 내 펜을 엉뚱한 곳에 놔뒀잖아요. 맨날 이런 식이라니까. 결국엔 내가 다시 가져다 놔야 해. 귀찮은 건 다 내 몫이라니까. 여긴

무슨 체계라는 게 없어. 맨날 이래."

블루 타입은 이렇게 끊임없이 투덜댄다. 그래서 주변 사람들의 신경을 살살 긁지만 매번 투덜거리기만 하지 활활 타오르는 불길을 내뿜진 않는다. 그래서 주위에서는 블루 타입을 항상 징징대는 사람 정도로 취급하지만 블루 타입의 불만은 분명히 실재한다. 그리고 블루 타입은 원래 그다지 적극적인 성격이 아니기 때문에 불만을 해결하기 위해 어떤 행동을 하진 않고 주로 말로만 불만 사항을 이야기한다. 왜 나는 보는 걸 남들은 못 보는가, 내 말은 씨알도 먹히지 않는다, 나 지금 기분 나쁘다, 하고 꿍얼댄다. 하지만 블루 타입에게는 이게 자기 안의 압력을 다스리는 좋은 방법이다. 덕분에 맥주통을 다른 사람의 책상 위에 쏟아버릴 필요가 없으므로 대참사를 면할 수 있다.

블루 타입의 성가신 푸념에 대처하려면 사실은 이러저러하지 않느냐고 반문하고 구체적인 예시를 요구하는 한편 개선 방안을 건의해달라고 부탁하는 편이 좋다. 어쩌면 블루 타입은 이미 수수께끼를 해결했지만 아무도 직접 물어보지 않아서 사람들 앞에 해결책을 제시하지 않고 있는 것인지도 모른다.

화를 내는 방식으로 상대방이 어떤 유형인지 알아보는 방법을 제시했다. 그러니 상대방이 스트레스와 압력을 받을 때 어떻게 반응하는지 잘 살펴보자. 물론 두 가지 유형을 가진 사람, 세 가지 유형을 가진 사람이 있으니 그 점을 고려해야 한다. 여기에 그날의 상황이나 컨디션까지 고려하면 조금 더 복잡해진다.

사람마다 스트레스의 원인과 그에 대한 반응이 다르다

이제 우리를 스트레스받게 만드는 것들에 대해 알아볼 차례다. 이 책에서 말하는 스트레스는 신체적·정신적으로 감당하기 힘든 상황에 놓였을 때 느끼는 심리 증상(불안, 걱정, 우울, 분노 등)과 신체 증상(불면증, 통증 등)을 총체적으로 이르는 개념이다. 잠깐 정리를 하고 가자면, 앞서 살펴본 분노는 스트레스의 한 증상이기도 하고, 거꾸로 마음속에서 일어난 분노 때문에 스트레스가 생기기도 한다. 물론 분노만이 스트레스의 증상은 아니고, 스트레스의 원인에 분노만 있는 것도 아니다.

스트레스는 우리를 장기간 불행하게 만들기 때문에 웬만하면 피하고 싶고, 또 받았더라도 빨리 해소하고 싶을 것이다. 그런데 사람마다 스트레스의 원인과 그에 대한 반응이 다르다. 이는 과거의 경험이나 현재의 컨디션 때문일 수도 있지만, 더 큰 원인은 원래 그렇게 반응하도록 '타고났기' 때문이다.

DISA 행동 유형 분류법을 알아야 하는 이유가 바로 여기에 있다. '무엇'이 그 사람에게 스트레스를 주는지, 그 사람이 스트레스에 어떻게 반응할 가능성이 큰지 알 수 있기 때문이다.

다른 이들의 스트레스 요인이 무엇인지 알면 쓸데없이 그 함정에 빠지는 일이 없도록 조치할 수 있다. 예컨대 당신이 부하직원들의 행동 유형을 파악하고 있다면 최악의 사태에 빠지는 일은 모면할 수 있다. 요령만 알면 스트레스를 많이 피할 수 있고, 팀의 생산성을 높이는 것도 가능하다.

이제부터 당신에게 도움이 될 만한 간단한 사실들을 알려주겠다. 스

트레스가 에너지 도둑이라는 점을 명심하자.

다음의 내용은 반어적으로 쓰였으니 부디 반어적으로 읽어주길 바란다.

레드 타입에게 스트레스를 주고 싶다면 이렇게 해라

만약 당신이 어떤 이유로든 레드 타입에게 스트레스를 주고 싶다면 다음의 방법 중 하나로 그 자신감에 흠집을 내면 된다.

모든 권한을 빼앗는다

레드 타입은 의사결정에 관여할 수 없으면 애가 탄다. 왜냐하면 자신에게 남들보다 좋은 아이디어가 있고, 자신이 프로젝트를 진두지휘해야 한다고 믿기 때문이다.

아무런 성취가 없게 한다

아무 진전이 없으면 레드 타입에게는 그간의 노력이 모두 헛된 것이다. 그래서 어마어마한 스트레스를 받으며 희생양을 찾으려 하므로 주변 사람들은 경계 태세를 단단히 갖춰야 한다.

도전할 거리를 모조리 없앤다

레드 타입은 너무 쉬운 일만 하면 금방 싫증을 낸다. 레드 타입은 문제를 풀고 난관을 극복하는 능력을 중시한다. 그래서 문제와 난관이 없으면 별 자극을 못 느낀다. 그럴 때는 자기가 할 일이 아무것도 없다고 생각해서 수동적으로 변한다. 이로 인해 속도가 떨어지면 되돌리기가 어렵다.

시간과 자원을 낭비하며 최대한 비효율적으로 일한다

아무것도 안 하고 앉아 있는 것은 시간 낭비다. 레드 타입은 아무것도 안 하는 것만 아니라 최고의 생산성을 뽑아내지 못하면 이 역시 시간 낭비라고 생각한다. 특히 그가 관리자일 때 스트레스를 많이 받는다. 레드 타입은 조직의 효율성이 곧 자신의 가치를 평가하는 잣대라고 생각하기 때문이다.

모든 업무를 틀에 가둔다

일상적이고 반복적인 업무는 레드 타입에게 죽음의 키스와 같다. 그래서 집중력을 잃고 다른 일을 찾는다. 레드 타입은 꼼꼼함과 거리가 멀고 자신도 자신의 그런 성격을 잘 안다. 이들은 자신이 큰 그림을 더 잘 본다고 믿기 때문에 따분하고 일상적인 업무는 다른 사람들의 몫이라고 생각한다.

한심한 실수를 잔뜩 저지른다

그냥 실수도 나쁘지만 한심한 실수는 그야말로 최악이다. 그런 실수는 절대적으로 불필요한 것이다. 레드 타입은 주위 사람들이 얼간이처럼 행동하면 분노가 치민다. 아니, 왜 자기 업무도 제대로 파악을 못하는 거야? 그게 뭐가 어렵다고?

타인에 대한 통제권을 전혀 허락하지 않는다

레드 타입은 통제욕이 어마어마하다. 이들은 각종 정보를 통제하고 싶어 할 뿐만 아니라 사람들도 통제하고 싶어 한다. 다른 사람들이 하는 일과 그 방법 등을 통제하길 원한다. 이런 통제권이 없으면 레드 타입은 속이 터질 듯한 답답함을 느낀다.

진정하라거나 목소리를 낮추라고 말한다

레드 타입은 화가 나지도 않았는데 남들한테 화가 났다는 소리를 들으면 꼭지가 돈다. 이들이 남들보다 흥분을 잘하는 것은 사실이지만 흥분한 것과 화가 난 것은 다르다. 오히려 좀 흥분한 것을 화를 냈다고 착각하는 사람들 때문에 진짜로 화가 난다.

레드 타입은 스트레스를 받을 때 어떻게 행동하는가

다른 사람들을 싸잡아 비난한다. 레드 타입은 보통 주변 사람들을 꼴통으로 생각하므로 희생양을 쉽게 찾아낸다. 그리고 일을 망친 주범을 정신 똑바로 차리게 해주겠다고 극심한 질타를 날릴 공산이 크다.

레드 타입은 자신에게도, 타인에게도 항상 많은 것을 요구한다. 그리고 스트레스를 받으면 평소보다도 더 많은 것을 기대하며 몰아붙인다.

스트레스 상태에서 다른 구성원들을 완전히 무시해버릴지도 모른다. 모든 사람을 배척하며 당면 과제에만 더욱더 몰두하는 것이다. 이때는 분노가 수면 아래에 도사리고 있으니 언행에 주의를 기울여야 한다.

레드 타입이 스트레스를 다스리도록 도울 수 있을까?

만일 당신에게 직접적인 명령권이 있다면 해결책은 간단하다. 레드 타입에게 마음을 다잡으라고 하면 된다. 실제로 효과 있는 방법이다. 아니면 조퇴하고 운동을 좀 하라고 해도 좋다. 어디 가서 달리기 경주를 하든 뭘 하든 해서 팀과 별로 상관없는 경쟁에서 승리를 위해 에너지를 쓰게 만들자. 그러고 나서 돌아오면 공격성이 거의 다 사라져 있을 것이다.

옐로 타입에게 스트레스를 주고 싶다면 이렇게 해라

만약 당신이 어떤 이유로든 옐로 타입에게 스트레스를 주고 싶다면 아래의 방법 중 하나로 균형을 무너뜨리면 된다.

투명인간 취급한다

옐로 타입의 동기를 유발하는 것이 무엇인지 알 것이다. "날 좀 봐! 나 여기 있어!" 옐로 타입의 균형을 무너뜨리고 싶다면 그냥 투명인간이 된 것 같은 느낌을 받게 하면 된다. 옐로 타입은 남들이 봐주지 않으면 존재하지 않는 것이나 다름없다. 무시당하고 외면당하는 기분이 들면 반드시 스트레스가 생긴다.

모든 것이 대단히 의심스럽다고 말한다

의심을 많이 표출하는 것은 매우 부정적인 행동으로 옐로 타입에게 스트레스를 유발한다. 옐로 타입은 긍정적이고 밝은 전망을 보고 싶어

하기 때문에 평범한 현실주의자도 멸망의 예언자로 여긴다. 비관적이고 부정적인 태도는 옐로 타입의 열의를 순식간에 박살내고 압박감을 유발한다.

업무를 최대한 빡빡한 틀에 집어넣는다

옐로 타입도 레드 타입처럼 틀에 박히고 반복적인 일과 빡빡한 일정을 싫어한다. 자기가 남들의 일정을 짜는 것은 좋아하지만 정작 본인은 일정을 잘 지키지 못한다. 당신과의 친밀함 정도에 관계없이, 옐로 타입에게 당신의 계획을 강요하면 스트레스로 잔뜩 뿔이 난 얼굴을 보게 될 것이다.

고립시킨다

옐로 타입에게는 말을 걸 사람이 없는 것만큼 끔찍한 상황도 없다. 옐로 타입은 말을 해야 직성이 풀리기 때문에 누구든 자기 말을 들어줄 사람이 필요하다. 책상 하나만 덩그러니 놓인 집무실에 갇히는 게 죽음보다 더 가혹한 형벌이다. 시베리아 유배 생활과 같달까.

직장에서 웃는 것은 무책임한 짓이라고 못 박는다

"농담이 허락되지 않는다고? 여기가 장례식장이야 뭐야?" 예전에 어떤 옐로 타입이 우리 회사 컨설턴트들은 농담 따먹기나 할 시간이 없다는 것을 알게 되자 실제로 한 말이다. 그는 그 진중한 분위기에 잔뜩 스트레스를 받아 수습 기간이 끝나기도 전에 사표를 냈다.

말하기 전에 한 번 더 신중하게 생각할 것을 요구한다

즉흥성을 억압하는 것은 우유가 부글부글 끓는 냄비에 뚜껑을 꾹 덮는 것과 같다. 그러면 난장판만 만들어질 뿐이다. 옐로 타입은 요란하게 다른 사람들을 자신의 스트레스 소용돌이 속으로 끌고 들어간다.

중요하지 않은 것을 계속 걸고넘어진다

끊임없이 반발에 직면하는 것은 매우 고단한 일이다. 이는 그린 타입과 달리 갈등을 별로 꺼리지 않는 옐로 타입의 성향을 생각해보면 좀 모순적으로 보일 수 있다. 하지만 말다툼이 길어지면 재미와 긍정을 원하는 욕구가 지장을 받기 때문에 스트레스가 생긴다. 옐로 타입은 사소한 것으로 실랑이가 벌어질 때 잘 대처하는 편이지만 그 정도가 너무 심해지면 광택을 잃고 시들어버린다.

공개적으로 망신을 준다

옐로 타입이 사람들 앞에서 부정적인 피드백을 받는 것은 썩 보기 좋은 광경이 아니다. 이렇게만 해도 그 옐로 타입이 다시는 당신에게 말을 걸지 못하도록 하는 효과가 있다. 게다가 옐로 타입이 강력한 방어기제까지 보여줄 것이므로 당신은 아무것도 성취하지 못할 것이다.

옐로 타입은 스트레스를 받을 때 어떻게 행동하는가

평소보다 더 열심히 관심을 끌려고 할 것이다. 자존심이 강한 옐로 타입은 기분이 나쁘면 그에 대한 보상으로 존재감을 더욱더 과시하려

든다. 적극적으로 사람들의 관심을 유도해서 기분을 풀려고 한다. 그러다 보면 대화를 독점하다시피 하면서 혼자만 각광을 받는 주인공이 되려고 할 우려가 있다.

그리고 설마 그렇게까지 하겠나 싶겠지만 터무니없을 만큼 비현실적인 낙관론을 펼치기도 한다. 혹시 아직까지 제대로 스트레스를 받은 옐로 타입을 상대해본 적이 없다면 진짜 고생이란 걸 안 해본 셈이다. 스트레스를 잔뜩 받은 옐로 타입은 자신도 믿지 못할 만큼 허황된 계획을 내놓는다. 그러면서도 본인은 뭐가 잘못됐는지 자각하지 못한다.

옐로 타입이 스트레스를 다스리도록 도울 수 있을까?

옐로 타입이 파티를 계획하게 하자. 스트레스를 받은 옐로 타입은 즐겁게 사람들과 어울릴 필요가 있다. 그것도 한시가 급할지 모른다. 옐로 타입은 너무 오랫동안 스트레스를 받으면 불행의 늪으로 깊이 가라앉을 수 있기 때문이다. 상황이 너무 안 좋으면 하루 날 잡아서 몇 차에 걸친 술자리를 벌이거나 파티를 열자. 그냥 바비큐 파티라도 좋다. 꼭 거창한 행사를 할 필요는 없고 옐로 타입이 즐겁게 시간을 보낼 수 있게 하면 된다. 물론 '재미'는 보장돼야 한다!

그린 타입에게 스트레스를 주고 싶다면 이렇게 해라

만약 당신이 어떤 이유로든 그린 타입에게 스트레스를 주고 싶다면 다음과 같은 방법으로 불쾌함을 유발해보자.

안정감을 전혀 느낄 수 없게 한다

아무런 설명 없이 그린 타입이 그동안 한 번도 해본 적 없는 일을 맡기자. 그리고 완벽하게 처리하기를 기대하자. 그린 타입이 불합리한 것을 요구하는 사람들 속에 혼자 있게 하자. 격렬한 논쟁이 시작돼도 그린 타입의 편을 들어주지 말자. 그린 타입에게 성난 레드 타입을 보내자. 잠시 후 반드시 스트레스가 생길 것이다.

일만 벌이고 수습하지 않는다

어떤 작업이 깔끔하게 마무리되지 않고 어정쩡하게 남아 있는 것은 큰 스트레스 요인이다. 그린 타입은 일의 아귀가 딱딱 맞는 것을 좋아하고, 도무지 어떻게 돌아가는지 이해가 안 되는 것은 불쾌하게 여긴다. 시작만 하고 도무지 끝날 기미가 보이지 않는 미완의 프로젝트는 그린 타입의 속을 뒤집어놓는다. 이런 이유로 옐로 타입은 그린 타입의 스트레스를 유발하는 데 가히 독보적이다. 이들은 싫증을 잘 내고 후속관리에 젬병이라 그린 타입에게 모든 걸 떠넘기기 마련이다.

계속 주위에서 얼쩡댄다

그린 타입은 사적인 공간이 허락되지 않으면, 그래서 사람들로부터 물러나 쉴 곳이 없으면 극심한 스트레스를 받는다. 그린 타입은 사람들을 좋아하긴 하지만 혼자 있는 시간도 필요하다. 그럴 수 없다면 두뇌가 작동을 멈춘다.

전광석화처럼 변화를 일으키고 무작정 방향을 전환한다

레드 타입과 옐로 타입의 주특기다. 그들은 신속하게 결정하고 다짜고짜 그것을 실행에 옮긴다. 하지만 그린 타입은 예상치 못한 변화를 빠른 속도로 진행해야 하면 극도의 고통을 느끼고, 그 결과 완전히 무심한 상태가 된다. 최악의 변화는 아침에 어떤 지시를 받고 이제 그것을 어떻게 처리해야 할지 막 생각하기 시작했는데 기존과 정반대되는 지시가 내려오는 것이다. 그러면 또 모든 것이 달라져야 한다.

끝낸 일을 처음부터 다시 해달라고 요청한다

했던 일을 처음부터 다시 해야 한다면 실패한 것과 다름없다. 그런 요청을 받으면 그린 타입은 애초에 그 일을 잘못했기 때문이라고 생각한다. 말하자면 부정적인 피드백을 받은 셈이다. 그리고 좀 더 생각해보면 그것은 내가 별로 괜찮은 사람이 아니라는 뜻이 된다. 그러면 당연히 엄청난 스트레스가 생긴다. 사람들이 나를 좋아하지 않는 것이니까 말이다.

앞에서 싸운다

직장이나 가정에서 의견 충돌을 경험하면 필연적으로 스트레스가 생긴다. 의견 충돌은 곧 갈등이고, 그런 것을 좋아하는 사람은 사고뭉치밖에 없다. 특히 자신에게 가장 중요한 가족이라는 집단에서 마찰이 생기는 것은 무척 심각한 일이다. 그럴 때 그린 타입은 어찌할 바를 모른다.

억지로 주목받게 한다

그린 타입은 사람이 많은 곳에서는 절대로 무대 중앙에 나서지 않는다. 모든 사람을 잘 아는 경우가 아니라면 그린 타입은 인원이 3명만 넘어가도 많다고 생각한다. 그런 상황에서 그린 타입에게 무대 중앙으로 나가기를 강요하는 것은 대단히 부적절한 행동이다. 억지로 나가봤자 그린 타입은 손에 든 종이만 물끄러미 내려다볼 것이다. 그러면 다른 사람들도 그린 타입이 발산하는 불편한 기운으로 인해 스트레스를 받는다.

그린 타입은 스트레스를 느낄 때 어떻게 반응하는가

과묵하고 쌀쌀맞아진다. 폐쇄적이고 경직된 보디랭귀지를 보인다. 혹시 당신이 스트레스를 유발한 장본인이라면 다시는 당신과 상종하지 않겠다는 뜻을 분명히 밝힐 것이다. 개중에는 극도로 냉담해지는 사람도 있다. 그러면 평소에 자신이 아끼던 사람들까지 매몰차게 대한다.

그리고 모든 일에 크게 주저하는 모습을 보인다. 스트레스를 받아서 심리가 불안정해지니까 실수를 저지르는 게 무서워지는 것이다. 아이가 아프면 그린 타입은 혹시라도 실수를 저지를까 두려워 소극적으로 구는 방관자가 된다. 게다가 아이가 아픈 게 다 자기 잘못이라고 생각해서 완전히 마음의 문을 닫아버릴 수도 있다.

직장에서는 조금 다른 양상이 나타나기도 한다. 많은 그린 타입은 스트레스를 받으면 변화를 완강하게 거부하며 주변 사람들의 심기를 거스른다. 현재 상황을 그대로 유지하면 안 된다는 것을 뻔히 알면서도 행동을 거부한다. 남들이 보기에는 정말 이상할 수 있지만 그린 타입 특유의 황소고집이 발동해 행동을 가로막는다.

그린 타입이 스트레스를 다스리도록 도울 수 있을까?

아무것도 하지 않는 것을 허락하자. 정원을 가꾸거나 잠을 자는 등 마음 편히 쉴 수 있는 시간을 주자. 영화관에 보내거나, 한 이틀에 걸쳐 읽을 만한 재미있는 책을 건네자. 스트레스를 받은 그린 타입은 그 무엇도 할 마음이 없다. 스트레스가 가라앉을 때까지 아무것도 안 하게 하자. 그러면 다시 평소의 모습으로 돌아올 것이다.

블루 타입에게 스트레스를 주고 싶다면 이렇게 해라

만약 당신이 어떤 이유로든 블루 타입에게 스트레스를 주고 싶다면 다음의 방법을 동원해 그의 계산을 모조리 방해해보자.

잘 알지 못한다고 비판한다

블루 타입은 비판을 감정적으로 받아들이지 않는다고 믿기 쉽지만 만일 그 비판이 날조되고 근거가 없는 것으로 보인다면 난감한 사태가 발생할 수 있다. 그것은 블루 타입이 갈등을 두려워하기 때문도 아니고, 당신과 의절할 것이기 때문도 아니다. 다만 그의 완벽주의에 흠집이 났기 때문이다.

즉흥적으로 결정을 내린다

블루 타입은 세상에 100퍼센트 완벽한 것이 있다고 생각하지는 않기 때문에 변화 자체에는 거부감이 없다. 단, 변화의 이유가 타당해야 한다. 즉흥적인 변화는 계획되지 않은 것이고, 계획되지 않은 것은 체계가 없는 것이며, 체계가 없는 것은 나쁜 것이다.

불확실성을 감수하고 일을 진행하라고 한다

모든 일에는 어느 정도의 위험성이 내포되어 있다. 그런데 블루 타입은 위험 요소를 잘 알아본다. 레드 타입이 낙하산 없이 비행기에서 뛰어내리는 것을 큰 위험이라고 말한다면, 블루 타입은 잔디 깎는 기계를 새로 사는 것을 위험한 일이라고 말한다. 그로 인해 무슨 일이 일어날지 누가 안단 말인가. 그리고 속도가 빨라질수록 위험성도 커진다.

예상치 못한 일을 만든다

블루 타입은 질서와 체계를 중시한다. 그래서 느긋한 속도로 일하기를 좋아하고, 부엌을 리모델링 할 때는 사전에 확실히 세워진 계획을 철저히 따른다. 그런 사람에게 갑작스레 친척들이 들이닥친다면 여간 심란한 일이 아니다. 블루 타입을 절대 뜻밖의 사태에 노출시켜선 안 된다. 더욱이 블루 타입이 당신에게 자신의 계획을 다 이야기한 게 아닐 수도 있기 때문에 자칫하면 큰 충돌이 빚어질 수 있다.

실수를 저지른다

실수는 돌대가리나 덜렁이들이 저지르는 짓이다. 그래서 블루 타입은 다른 사람들이 사고를 쳐서 자신의 계획에 차질이 생기면 문을 닫고 귀를 닫아버린다. 프로젝트가 좌초됐다는 말은 듣지 않고 그냥 자기가 할 일만 하려고 한다. 이제는 굳이 그 일을 할 필요가 없어졌을지라도.

절차를 무시한다

"넌 도대체 상상력이란 게 없냐?" "이 꽉 막힌 답답아!" "여기서는 융통성을 좀 발휘할 필요가 있어." 이런 말은 직장에서 블루 타입에게 큰 걸림돌이 된다. 원칙을 어기고 규정을 무시하는 사람들은 의심의 눈초리로 봐야 하고 허튼짓을 못하게 고삐를 꽉 죄어야 한다. 자신이 속한 조직이 정해진 절차 따위는 무시해버리는 곳임을 깨달으면 블루 타입은 극렬한 저항을 펼칠 수 있다.

모험을 해보자고 제안한다

블루 타입은 누가 뭐라고 하든 미리 준비를 잘하는 것이 그 무엇보다도 중요한 사람들이다. 유비무환이라는 말이 괜히 있겠는가. 블루 타입은 자기 방식대로(때로는 그 방식이 무척 번거로울 수 있다) 준비할 수 없을 때 스트레스를 받는다. 블루 타입은 즉흥성과 정반대 지점에 있는 사람들이다. 따라서 당신이 어떤 사안에 관해서 충분히 알지 못하는 상태이기 때문에 지금은 모험을 좀 해야 한다고 닦달해봤자 아무 소용이 없다. 그럴 때 블루 타입이 내놓는 답에는 "단, 이러이러한 경우에는 해당되지 않는다." "그러나 만약 이러이러하면 다시 생각해봐야 한다." 등 온갖 예외 조항이 달려 있어서 사실상 아무 쓸모가 없을 수도 있다.

너무 감정적으로 달라붙는다

절대 사절. 대책 없는 감상주의는 꼴불견이다. 블루 타입은 체계적이지 않은 것, 합리적이지 않은 것을 싫어한다. 중요한 것은 논리다. 당신이 논리를 무시하면 블루 타입은 매우 심란해진다. 그래서 당신과 되도록 접촉하지 않으려 할 것이고, 당신이 두뇌를 쓰지 않는 감정적인 사람이라는 사실을 결코 잊지 않을 것이다.

블루 타입은 압박감을 느낄 때 어떻게 반응하는가

극도로 비관적인 사람이 된다. 물론 평소에도 그런 면이 있긴 하지만 그 정도가 훨씬 심해진다. 별안간 모든 것이 칠흑 같은 어둠에 휩싸인 것처럼 보이고 우울해진다. 매사에 시무룩하고 그 무엇에도 흥미를 느끼지 못한다. 그러면 다른 사람들에게도 우울의 먹구름이 낀다. 게다가 이런 경우에 블루 타입은 정말로 못 말릴 정도로 사소한 것에 집착한다. 많은 사람들은 스트레스를 받으면 그 상황을 타개하려고 일부러 속도를 더 내는 경향이 있으나 블루 타입은 아니다. 블루 타입은 브레이크를 밟는다. 절대로 실수를 저지르면 안 되기 때문이다. 이때 주위 사람들은 대대적인 비판 공세에 대비해야 한다. 블루 타입은 온갖 자잘한 실수를 잔뜩 들춰내서 지적할 것이다. 그 잘난 척이 도를 넘을 공산이 크다.

블루 타입이 스트레스를 다스리도록 도울 수 있을까?

블루 타입에게는 혼자서 생각할 시간과 공간이 필요하다. 뭐가 어떻게 됐는지 상황을 차근차근 분석할 시간이 주어져야 한다. 당신이 그런 여유를 허락한다면 시간은 좀 걸릴지 몰라도 결국에는 돌아올 것이다.

결론

사람들이 스트레스 상황에서 보이는 행동법을 보고 무엇을 배울 수 있을까? 스트레스가 부정적인 영향을 끼친다는 것 외에도 확실한 교훈이 있다. 바로 스트레스를 받으면 평소의 행동 양식이 더욱 강하게 나타난다는 점이다. 레드 타입은 더욱더 괄괄하고 공격적으로 변하고, 옐로 타입은 더욱더 잘 토라지고 두서없는 사람이 되며, 그린 타입은 더욱더 수동적이고 모호한 태도를 취하고, 블루 타입은 소통의 문을 닫고 남들 눈에는 보이지도 않는 자잘한 실수를 끄집어내서 트집을 잡는다.

뭐니 뭐니 해도 중요한 것은 사람들에게 쓸데없이 스트레스를 주지 않는 것이다. 이미 잘 알고 있을 테지만 각 유형의 스트레스 요인을 알면 도움이 된다. 예를 들어 레드 타입은 압박을 받아도 그린 타입이나 블루 타입처럼 스트레스를 받지 않는다. 오히려 압박을 받아야 원래대로 돌아온다. 반대로 모든 일이 순조롭게 돌아가면 지루해한다.

스트레스는 현재 상황, 사람의 유형, 시간, 업무 강도, 조직의 성격, 날씨 등 많은 요인에 영향을 받는다. 이 모든 걸 고려하며 당신의 눈과 귀를 잘 활용한다면 스트레스는 시원하게 해소될 것이다.

PART 3 15

최상의 팀워크를 위한 효과적 조합

최상의 팀 구성

간단히 말하자면 어느 집단이든 모든 유형이 골고루 존재할 때 제일 잘 굴러간다. 가장 좋은 건 각 유형이 같은 비율로 존재하는 것이다. 그러면 옐로 타입은 새로운 아이디어를 내고, 레드 타입은 결정을 내리고, 그린 타입은 그것을 실행하고, 블루 타입은 그것을 평가해 양질의 결과물이 나오게 할 것이다. 하지만 현실은 대체로 그런 이상과 거리가 멀다. 우리는 레드 타입이 적임자인 자리에 옐로 타입이 앉아 있는 경우를 심심찮게 본다. 그보다 더 심각한 상황은 옐로 타입이 특유의 언변으로 블루 타입의 행동법이 요구되는 자리를 차지했을 때다. 실제로 보면 자기에게 맞지 않는 자리에 앉아 있는 사람이 많다. 그 이유 중 하나는 그 일에 필요한 능력을 선천적으로 타고나지 않았기 때문이다. 여기에 덧붙여 사람마다 동기 유발원이 다르다 보니 상황에 따라 자신의 기본 행동과 동떨어진 행동을 하게 된다는 사실도 간과할 수 없다.

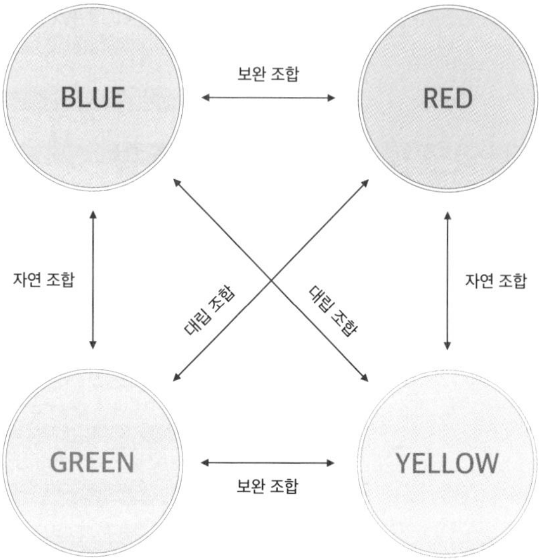

그러면 팀을 어떻게 짜야 할까? 위의 그림을 보면 어떤 조합이 잘 어울리는지 쉽게 알 수 있다. 새로운 팀원을 뽑을 때 이 도표를 참고하면 좋을 것이다.

보다시피 유형의 조합에 따라 원활한 협력의 정도가 다르다. 여기서도 예외는 많겠지만 말이다. 자연 조합은 신체 속도감 등이 비슷해 잘 어울리는 조합, 보완 조합은 지향점이 비슷해 어울리는 조합, 대립 조합은 참 어울리기 힘든 조합이다. 하나하나 살펴보자.

자연 조합: 그린&블루, 레드&옐로

그린 타입과 블루 타입은 서로 애쓰지 않아도 잘 어울리는 조합이다.

이들은 차분한 호흡과 말하기 전에 한 번 더 생각하는 성향에서 서로 동질감을 느낀다. 그리고 둘 다 내향적이기 때문에 서로 편하게 여긴다. 이들은 공중누각을 쌓지 않고 항상 두 발로 지면을 단단히 딛고 있다. 또한 어떤 사안에 깊이 들어가는 것으로 스트레스를 받지 않는다. 결정을 내리는 데 어려움을 겪을 수는 있으나 일단 한 번 내린 결정은 대체로 심사숙고를 거친 결과물이다.

이와 비슷하게 레드 타입과 옐로 타입도 순조롭게 협력한다. 둘 다 하고 싶은 말을 바로바로 하고 신속한 진전을 바라기 때문이다. 그리고 둘 다 외향적이고 강한 성격이다. 또 말주변이 좋아서 적절한 표현을 잘 찾는다. 물론 대화에서 초점을 맞추는 부분이 다르긴 하지만 그래도 대화가 잘 진행된다. 두 유형 모두 목표를 높이 세우고 생각을 빨리 한다. 레드 타입과 옐로 타입으로 구성된 팀은 업무를 추진하는 속도가 빠르고, 각자가 원하는 게 무엇인지 확실히 밝히며, 주변 사람들이 훌륭한 성과를 거둘 수 있도록 의욕을 불어넣는다. 다만 레드 타입이 옐로 타입을 너무 수다스럽다고 생각할 수는 있는데, 어차피 둘 다 남의 말을 잘 안 듣는 성격이므로 필요하면 그냥 귀를 닫아버릴 것이다.

보완 조합: 레드&블루, 옐로&그린

도표의 또 다른 축을 보고 서로 다른 유형이 어디에 초점을 맞추는지 따져보자. 레드 타입과 블루 타입은 둘 다 쟁점 지향적이다. 레드 타입은 과정보다 목표에 관심이 많고, 블루 타입은 목표보다 과정에 관심이 많긴 하지만 어쨌든 목표와 과정을 이야기한다는 공통점이 있다. 두 유

형 모두 일에 매진하고 점심시간이 아니라면 축구나 인테리어에 관한 이야기는 잘 안 한다. 이들은 좋은 방향으로 서로를 보완한다. 차에 비유하자면 레드 타입은 액셀, 블루 타입은 브레이크라 하겠다. 차가 제구실을 하려면 둘 다 필요하다. 관건은 두 페달을 동시에 밟지 않는 것.

이와 마찬가지로 그린 타입을 옐로 타입 옆에 둔 데도 논리적인 이유가 있다. 이들은 일하는 속도가 다르긴 해도 서로에게 관심이 많다는 공통점이 있다. 두 유형 모두 인간이 흥미롭고 중요한 존재라고 믿는다. 그린 타입은 여유를, 옐로 타입은 재미를 추구한다. 그 사이에서 분명히 접점을 찾을 수 있다. 그린 타입은 옐로 타입이 원하는 만큼 말할 수 있게 한다. 옐로 타입은 말하고 그린 타입은 듣는다. 이것은 서로에게 긍정적으로 작용할 수 있다. 더욱이 그린 타입은 다소 흥분을 잘하고 가끔 뜬구름을 잡는 옐로 타입을 진정시키는 재주가 있다. 그 과정에서 이들은 관계에 관심을 기울인다. 물론 그러다 보니 업무에 충분히 시간을 쏟지 못할 우려가 있긴 하지만 어쨌든 아주 즐거운 시간을 보낸다. 하지만 한편으로는 주위 사람들에게 실적은 못 내고 놀기만 좋아하는 사람들로 비칠 위험성이 있다. 그리고 둘 다 거절을 잘 못하는 성격이니까 너무 많은 돈은 맡기지 않는 편이 좋을 수 있다.

대립 조합: 옐로&블루, 레드&그린

아주 복잡한 조합도 둘 있다. 옐로 타입과 블루 타입, 레드 타입과 그린 타입이 그것이다. 그렇다고 협력이 불가능하다는 말은 아니지만 이 조합들에는 신경을 좀 써야 할 걸림돌이 분명히 존재한다. 이를 해결하기 위해서는 양측이 자신에 대한 이해도를 대폭 향상시켜야 한다.

다음 표를 보자. 각 칸의 오른쪽 열에는 각 유형이 생각하는 본인의 긍정적인 면이 적혀 있다. 왼쪽 열은 그와 정반대되는 유형이 마음의 여유가 없을 때 어떤 인상을 받을 수 있는지를 보여준다. 어떤 사람이 정말 재미없다는 말을 들었는데 막상 만나 보니 무척 재미있다고 느낀 적이 있을 것이다. 그러면 누구의 평가가 맞는 걸까? 이 역시 누구에게 묻느냐에 따라 달라진다.

BLUE TYPE - 분석적		RED TYPE - 지배적	
남이 보는 자신	자신이 보는 자신	남이 보는 자신	자신이 보는 자신
비판적이다 우유부단하다 편협하다 까탈스럽다 잔소리가 심하다	성실하다 사려깊다 진중하다/끈질기다 깐깐하다 체계적이다	강압적이다 엄하다 거칠다 지배적이다 냉정하다	의지가 강하다 독립적이다 야심만만하다 강단 있다 유능하다
GREEN TYPE - 안정적		YELLOW TYPE - 고무적	
남이 보는 자신	자신이 보는 자신	남이 보는 자신	자신이 보는 자신
완고하다 모호하다 순종적이다 의존적이다 쭈뼛거린다	협조적이다 공손하다 다정하다 믿음직하다 싹싹하다	입만 살았다 흥분을 잘한다 절제를 못한다 타인을 저지한다 이기적이다	영감을 자극한다 활기를 준다 열정적이다 극적이다 외향적이다

이렇게 상반된 평가는 정반대되는 유형들 사이에서 나온다. 긍정적인 이미지는 각 유형이 자기 자신에게 받는 인상이고, 부정적인 이미지는 각 유형이 남들에게 줄 수 있는 인상이다. 우리는 똑같은 사람을 두

고도 서로 다른 것을 본다.

레드 타입과 그린 타입이 함께 문제를 해결하도록 하는 것은 꽤 어려운 일이다. 협력이 중요한 경우라면 금세 문제가 발생할 것이다. 그린 타입은 매우 수동적인 반면에 레드 타입은 지시 사항을 다 듣지도 않고 행동에 나선다. 그래서 그린 타입이 자기에게 맡겨진 일이 부담스럽다고 생각하는 사이에 레드 타입은 이미 요란하게 일을 시작했을 것이다.

레드 타입은 할 일이 너무 많다고 툴툴대는 그린 타입을 못마땅하게 여길 것이고, 그린 타입은 레드 타입이 공격적이며 남의 말은 절대 안 듣는 무뢰한이라고 생각할 것이다. 그래도 상황이 썩 나쁘지 않다면 이들의 조합은 그럭저럭 굴러갈 수 있다. 그린 타입은 대체로 협력할 준비가 되어 있다. 그게 그린 타입의 장점이다. 그린 타입은 쓸데없이 요구 사항이 많지 않기 때문에 많은 사람과 두루두루 잘 지낸다. 그리고 레드 타입과 그린 타입이 잘 맞는 부분도 분명히 있다. 레드 타입은 명령 내리기를 좋아하고, 그린 타입은 웬만해선 그에 대해 불만이 없기 때문이다.

가장 골치 아픈 조합은 옐로 타입과 블루 타입이다. 만약에 양쪽 모두 자기 자신에 대한 이해가 전혀 없다면 초장부터 어마어마한 불꽃이 튈 것이다. 옐로 타입은 무엇을 어떻게 해야 하는지를 전혀 생각하지 않고 무작정 일을 시작하고 본다. 사안을 정확히 파악하려면 지시 사항을 읽거나 설명을 들어야 하는데 그러질 않는다. 그래 놓고는 정말 흥미진진한 일을 맡게 됐다고 장광설을 늘어놓는다. 그러는 사이에 블루 타입은 닥치는 대로 자료를 입수해서 읽는다. 아무 말도 안 하고 앉은 채로 같은 자리를 지킨다. 미동조차 없다. '생각' 중이므로.

옐로 타입은 이런 블루 타입을 세상에서 제일 답답하고 재미없는 인간이라고 생각할 것이다. 반면에 블루 타입은 쉴 새 없이 조잘대는 옐로 타입 때문에 집중이 안 된다. 정신이 너무 사나워서 슬슬 부아가 치민다. 블루 타입은 옐로 타입을 방정맞은 떠버리로 생각해 굳이 관심을 줄 필요를 못 느낀다. 그리고 옐로 타입은 아무리 해도 블루 타입이 자기편으로 넘어오지 않는 것을 알게 되면 그의 마음을 사려고 더욱더 열을 올린다. 최악의 경우에는 블루 타입을 홀리려고 들 수도 있다. 그러면 사태가 그야말로 수렁으로 처박힌다. 둘 다 똥 씹은 얼굴을 하고 구석에 멀찍이 떨어져 앉을 텐데, 물론 그 이유는 서로 전혀 다를 것이다.

그러니 친구여, 자기 자신을 아는 것이 답이다.

상대가 어떤 유형인지 모를 때의 대처법

사람의 마음을 읽고 해석하기란 쉬운 일이 아니다. 만약에 어떤 사람이 한 가지 유형의 특징만 갖고 있다면 이 책을 다 읽고 난 후에는 그 사람을 상대하기가 전혀 어렵지 않을 것이다. 어떻게 대해야 할지 딱딱 감이 올 것이다. 레드 타입이나 옐로 타입은 척 보면 알 수 있다. 그린 타입이나 블루 타입도 어떤 특징을 봐야 하는지만 안다면 쉽게 알아볼 수 있다.

두 가지 유형을 가진 사람도 비교적 쉽게 알 수 있다. 일반적으로 보자면 28쪽의 도표에서 가로축과 세로축의 조합, 그러니까 블루-레드 타입, 레드-옐로 타입, 옐로-그린 타입, 그린-블루 타입이 많다.

물론 정반대되는 두 유형을 가진 사람도 있다. 나는 옐로-블루 타입을 많이 봤다. 그런 조합이 비정상은 아니다. 그냥 다른 조합에 비해 많지 않을 뿐이다. 정말로 보기 드문 조합은 레드-그린 타입이다.

언젠가 자동차업계에서 중간관리자로 일하는 여성을 만났다. 그녀는 단호하고 강한 성격이었으나 또 한편으로는 무척 자상해서 직원들에게 진심으로 애정과 관심을 보였다. 그래서 좀 특이한 양상이 펼쳐졌다. 그녀는 버럭버럭 화를 잘 냈다. 호통을 쳤다 하면 불벼락 같았다. 하지만 자기도 모르게 그렇게 폭발하고 나서는 또 그 일을 만회하려고 노력을 아끼지 않았다. 그녀는 사람들을 야단친 것을 후회하면서도 그런 자신을 억제할 수가 없었다. 이렇게 마음속에서 두 가지 성정이 마찰을 일으키니 탈진 직전이었다.

세 가지 유형의 사람은 해석이 더 어렵다. 어떤 사람이 도무지 어떤 유형인지 갈피가 잡히지 않는다면 세 가지 유형을 갖고 있을 공산이 크다. 이런 사람은 상황에 따라 다른 행동법을 보인다. 참고로 네 가지 유형의 특징을 모두 가진 사람은 없다. 적어도 내가 사용하는 분석법에서는 그렇다.

어떤 사람을 만났는데 분석이 안 된다면 내가 해줄 수 있는 최선의 조언은 그냥 입을 다물고 가만히 들으라는 것이다. 애매할 때는 그린 타입처럼 행동하자. 가끔 그런 말을 듣는다. 어떤 사람이 아무것도 하지 않으니까 어떤 유형인지 감이 잡히지 않는다고. 하지만 매우 수동적인 태도를 보이는 사람도 모종의 행동법을 드러내고 있는 것이다. 거의 미동도 하지 않는 사람이 있을 때 어떤 유형을 떠올려야 하는지 잘 알 것이다. 그런 행동법은 그린이나 블루 타입에게서 많이 볼 수 있다.

모든 유형이 한자리에 모이면 벌어지는 일

오래전에 나는 은행업계에 몸담았다. 은행일은 좀 따분할 때는 있어도 여러모로 흥미로운 직업이었다. 그 시절에 나는 여러 유형의 사람을 접하면서 많은 것을 배웠고 재미있는 고객에 얽힌 일화도 많이 생겼다. 하지만 내게 가장 흥미로운 깨달음을 준 사건은 모두 창구 뒤편에서 일어났다.

그중에서도 꽤 인상 깊었던 사건이 있다. 내가 1990년대에 일했던 지점에서 있었던 일이다. 그곳에는 각 유형의 전형이라고 할 사람이 많았다. 몇몇은 한눈에 무슨 유형인지 다 보일 정도였다. 나 블루 타입이오, 라고 이마에 써 붙이고 다니는 사람이 있는가 하면 그에 못지않은 전형성을 보여주는 그린 타입과 옐로 타입도 있었다. 물론 레드 타입 상사도 있었다.

어느 해 봄이었다. 우리 지점의 업무량이 꽤 오랫동안 폭주했다. 때문에 병가를 낸 직원이 한둘이 아니었고 고객들의 압박도 장난이 아니었다. 모두 지치고 예민해져서 짜증을 달고 살았다. 뭐가 됐든 기분 좋은 소식이 필요했다. 계속되는 격무에 가장 먼저 나가떨어진 사람은 옐로 타입 재무상담사 중 한 명이었다. 어느 날 그녀는 구내식당에 들어오더니 우리의 험악한 얼굴을 보는 것도 이제 더는 못 해먹겠다고 선언했다. 그러면서 우리에게는 뭔가 재미있는 것, 뭔가 기대할 만한 것이 필요한데 그게 뭔지 자기가 정확히 안다고 했다.

단합대회가 너희를 구원하리라! 그녀는 들뜬 얼굴로 자기가 시내에서 30킬로미터쯤 떨어진 아주 세련된 컨벤션센터를 아는데 주말에 다

같이 가서 푹 쉬다 오자고 제안했다. 그곳에는 끝내주는 스파, 피트니스 센터, 아늑한 객실, 최신 유행에 맞춘 레스토랑이 있다고 했다. 더욱이 자기가 그쪽 대표와 건너 아는 사이라 이용료를 할인받을 수 있을 것 같다고 했다. 그러면서 우리의 생각은 어떤지 물었다.

우리는 그녀를 보며 속으로 아무래도 그쪽 대표와 전혀 아는 사이가 아닌 것 같은데 정말로 그런 게 가능할까 생각했다. 그녀는 만면에 웃음을 띠고 계속해서 우리가 즐길 거리를 이야기했다. 게임도 하고, 콘테스트도 열고, 거품 목욕에 광란의 파티까지!

이내 활기찬 논의가 시작됐고 몇 명은 아주 훌륭한 아이디어라고 했다. 레드 타입 지점장은 주위를 둘러보고 직원들이 대체로 긍정적인 것을 알았다. 다행히 그도 그녀의 제안이 무척 마음에 들었다. 안 그래도 다들 열심히 일해준 것에 감사한 마음을 표현하고 싶던 차였다.

그는 그 자리에서 결정을 내렸다. 5분간의 논의 끝에 그는 단합대회를 개최하고 비용은 전부 자신이 대겠다고 약속했다. 그리고 그 아이디어를 제안한 옐로 타입 여성에게 모든 일정을 계획할 수 있겠냐고 물었다. 여기저기 전화를 걸고 이것저것 예약하는 일을 도맡아서 처리할 수 있냐는 말이었다. 그녀는 그의 말이 떨어지기가 무섭게 장광설을 늘어놓기 시작했는데 그것은 사실상 자신은 아이디어를 내는 것으로 할 일을 다 했다는 것을 빙빙 돌려 말하는 연막에 지나지 않았다.

레드 타입 지점장은 손을 흔들어 그녀를 제지했다. 지점장 뒤에 있는 소파의 한쪽 끝에 그린 타입 직원 몇 명이 쪼르륵 앉아 있었다. 항상 앉는 곳이었으므로 지점장은 굳이 뒤를 돌아보지 않고도 그들을 호명할 수 있었다. 그는 그들 각자에게 단합대회를 계획하는 데 도움을 줄 수 있는지 물었다. 그들은 얼떨결에 모두 동의했다. 레드 타입 지점장은 짧게 고개를 끄덕이고 식당을 나섰다. 그가 할 일은 거기까지였다. 자리에서 일어서는 순간 그는 그 일에서 손을 뗐다.

갑자기 환성이 터져 나오면서 레드와 옐로 성향이 있는 직원들이 일제히 입을 열었다. 처음 아이디어를 내놓은 옐로 타입 재무상담사는 잔뜩 흥분해서 이미 결정이 다 내려진 후인데도 그 아이디어가 왜 좋은지 설명했다. 그러면서 점점 더 황당무계한 제안을 했다. 처음에는 가장무도회를 하자더니 나중에 가서는 고대 그리스 의상을 입자는 말까지 나왔다. 누가 그쯤에서 간신히 조용히 시키지 않았으면 더 멀리 나갔을지도 모른다.

그런데 그 속에서 말 한마디 없이 한쪽 구석에 잠자코 앉아 있는 사람이 있었다. 블루 타입 여신관리 팀장이었다. 그는 뭔가 무척 염려스러워하는 것 같았다. 이윽고 주위가 어느 정도 잠잠해지자 그가 말했다. 그런데 거기까지 어떻게 이동하지?

그가 단합대회에 대해서 들은 것은 컨벤션센터가 시내에서 30킬로미터쯤 떨어져 있다는 게 다였다. 이동 수단은 가볍게 볼 문제가 아니었다. 자가용으로 이동해야 하나? 아니면 택시? 버스 대절? 어떡하지? 고민이 꼬리를 물고 이어졌다. 그는 팔짱을 끼고 이를 악물었다.

최초 제안자인 옐로 타입 재무상담사가 분통을 터트리며 그를 몰아세웠다. "사람이 왜 그렇게 부정적이에요? 내가 얼마나 좋은 아이디어를 냈는데 지금 그렇게 골치 아픈 질문을 던져서 분위기를 망쳐요! 그러면 한 번이라도 직접 아이디어를 내보시든가!" 그는 확답을 하지 않고 그냥 여러 가지 안이 있다고만 말했다. 그는 결정을 내릴 수도 없고 특별한 의견도 없었다. 다만 지금으로서는 모든 게 매우 불확실하다는 사실만 알고 있을 뿐이었다. 처음부터 행사 기획이 너무 부실했다.

이때 그린 타입들이 끼어들어 자기들 차로 모두 태워 가겠다며 사태를 무마했다. 다섯 대면 충분하니까 자기들이 다 알아서 하겠다고 했다. 그러자 분위기가 좀 누그러졌고 옐로 타입 재무상담사는 다시 승리감을 느낄 수 있었다. 자신의 단합대회가 무산될 위기를 모면한 것이었다.

모두가 고대하던 단합대회 날이 왔을 때 아직도 기억나는 것은 그 옐로 타입 재무상담사가 공교롭게도 다른 약속이 있어서 끝내 참석하지 못했다는 사실이다. 아마 그날 다른 데서 결혼식이 있었던가, 친척의 생일 파티가 있었던가 했을 것이다. 아니면 둘 다거나.

PART 4

끼리끼리 놀면 아무것도 해낼 수 없기에

PART 4 16

인간의 행동 유형 분류법의 역사

사람들은 예나 지금이나 타인을 알고 싶어 한다

여기에서는 내가 이 책에서 다루는 분류법에 대해 이야기하고자 한다. 혹시 역사, 참고 자료, 연구 결과 등등, 그러니까 안 그래도 바쁜 당신의 삶에서 기약 없이 시간을 잡아먹는 것들에 관심이 없다면 그냥 건너뛰어도 좋다. 자, 그럼 남은 사람들을 위해 옛날이야기를 좀 해보자.

어떤 문화권에서든 사람들을 분류할 필요가 있었다. 석기시대가 끝나고 인류의 사고 능력이 어느 정도 발달했을 때 우리는 세상 사람들이 다 다르다는 사실을 알게 됐다. 정말 놀라운 발견이었다.

하지만 다르다니, 어떻게 다르단 말인가? 그리고 지금까지 어떤 방법으로 그런 차이점이 설명됐을까? 그 설명법은 지상에 존재하는 문화권의 개수만큼 많을 것이다. 그러나 여기서는 몇 가지만 예를 들어보겠다. 히포크라테스, 라틴아메리카 토착민의 사상, 그리고 현대 심리학까지.

히포크라테스의 체액병리학

기원전 4세기에 살았던 히포크라테스는 의학의 아버지로 불린다. 당시 보통의 의사들과 달리 그는 미신을 믿지 않았다. 그는 질병이 신들의 형벌이 아니라 자연의 작용이라고 생각했다. 가령 뇌전증, 그러니까 간질의 원인이 두뇌의 폐색이라고 봤다. 당연히 정확한 설명은 아니지만 당시에는 가히 혁명적인 생각이었다.

체액병리학이라고도 하는 4체액론은 4기질론과 맞닿아 있다. 히포크라테스가 말하는 '기질'은 사람의 기본적인 반응법으로, 원래 뜻은 성격이다. 이 기질이 우리의 행동을 좌우한다.

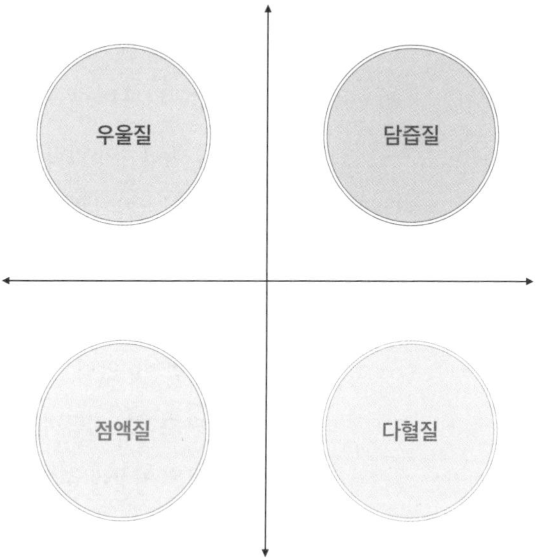

히포크라테스는 혈액, 황담즙, 흑담즙, 점액이 균형을 이룰 때 건강하

다고 봤다. 사람이 토하거나 기침을 하거나 땀을 흘리는 것은 몸이 이런 체액 중 일부를 내보내는 작용이다.

그리스어 콜레chole는 황담즙을 뜻한다. 그래서 담즙질choleric은 간에서 나오는 황담즙의 영향을 강하게 받는 사람을 뜻한다. 담즙질은 성미가 불같고 신경질적이어서 종종 특유의 과격함으로 주변 사람들에게 겁을 준다는 것이다. 담즙질은 '열혈(熱血)'로 번역될 수 있다.

라틴어 상귀스sanguis는 피를 뜻한다. 다혈질sanguine은 심장에서 나오는 피의 영향을 받는다. 이들은 창조적이고 느긋해서 주변에 긍정적인 기운을 끼친다고 분석했다. 열정적이고 낙천적이며 쾌활하고 뜬구름을 잘 잡는다. 다혈질의 동의어는 '낙천주의'다.

점액질phlegmatic은 두뇌의 영향을 받는다. 그리스어 플래그마phlégma는 점액이라는 뜻이다. 점액의 찐득한 성질이 점액질의 기질을 잘 보여준다. 점액질은 움직임이 뻣뻣하고 느리다.

끝으로 우울질melancholic은 흑담즙이다. 그리스어 멜라이나 콜레melaina chole는 비장에서 나오는 흑담즙을 가리키며 흔히 우울한 것으로 통했다. 우울질의 동의어는 '비관주의'다.

달력 하나로 전 세계를 공포로 몰아넣은 아즈텍족의 4대 원소론

아즈텍족은 14~16세기에 멕시코 중부에 살았던 토착민이다. 이들은 2012년 지구가 멸망할 거라 예언한 것으로 유명한데, 그 이유는 아즈텍족의 달력이 2012년까지만 기록되어 있기 때문이었다. 이 예언이 어긋나자 아즈텍족이 돌에 달력을 새길 공간이 부족해서 그때까지만 기록했다는 설이 주목을 받았다.

그건 그렇고 아즈텍족은 사람들을 분류할 때 자신들이 잘 아는 것을 이용했다. 그건 다름 아닌 불, 공기, 흙, 물이라는 4대 원소다. 4대 원소는 오늘날까지 사람들의 저마다 다른 사고방식을 설명할 때 사용된다. 이런 발상을 처음으로 한 이들이 아즈텍족인지 여부는 확실치 않지만 그들이 이 개념을 활용한 것만큼은 확실하다. 그들이 남긴 또 다른 거대한 돌에서 그 흔적을 찾아볼 수 있기 때문이다.

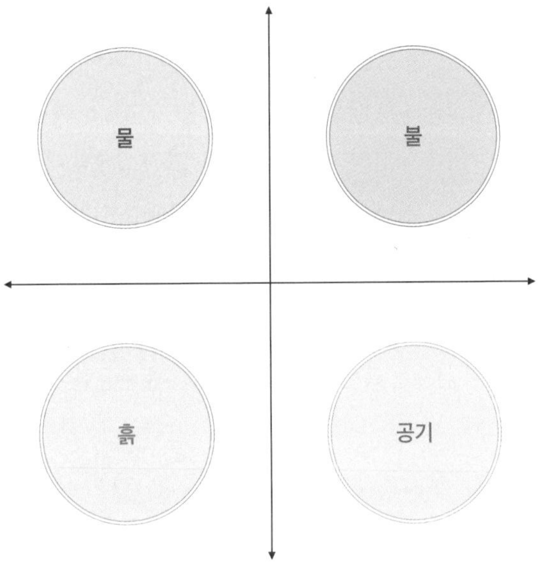

불의 사람은 그 어감 그대로 맹렬하고, 폭발적이고, 욱하는 성질이 있었다. 이들은 칼을 휘두르며 자기 길을 헤쳐나가는 전사, 다른 말로 리더였다.

공기의 사람은 달랐다. 이들도 강단이 있긴 했지만 불의 사람보다 훨씬 느긋했다. 이들은 잔 먼지를 일으키며 불어와서 사람을 매혹하는 바람과 같았다.

흙의 사람은 마을을 위해서, 집단을 위해서 일했다. 이들은 안전과 안정의 대명사였다. 오래가는 것을 만들고 미래를 준비했다.

그렇다면 물의 사람은? 물은 아즈텍족이 경외하는 원소였다. 물은 모든 것을 집어삼키지만 방법만 안다면 병에 담을 수도 있다. 물의 사람은 동요 없이 고요하게 모든 현상을 관찰했다.

보다시피 이 분류법은 히포크라테스의 4기질론과 사용하는 용어만 다를 뿐 판박이에 가깝다.

마스턴의 색상 언어

윌리엄 몰턴 마스턴Willian Moulton Marston은 거짓말을 잡아내기 위한 수축기 혈압 검사법을 만든 사람이다. 이 검사법으로 현대의 거짓말 탐지기가 탄생했다. 한편으로 마스턴은 대중심리학 저술가이기도 했다. 그는 1928년에 출간한《보통 사람의 정서(Emotions of Normal People)》에서 건강한 사람들의 행동 유형에서 나타나는 차이점을 논했다. 융과 프로이트는 주로 정신적으로 불안정한 사람들에 대한 연구 결과를 발표한 반면, 마스턴은 건강한 사람들에 대한 연구를 수행했고 이는 이후 DISC로 알려진 분류법의 토대가 됐다.

마스턴은 사람들의 차이를 설명하는 방법을 고안했다. 그는 사람들 사이의 특징적인 차이점을 발견했고, 그 결과를 토대로 분류법을 고안해냈다. 이 분류법에서 현재 사용되는 용어는 다음과 같다.

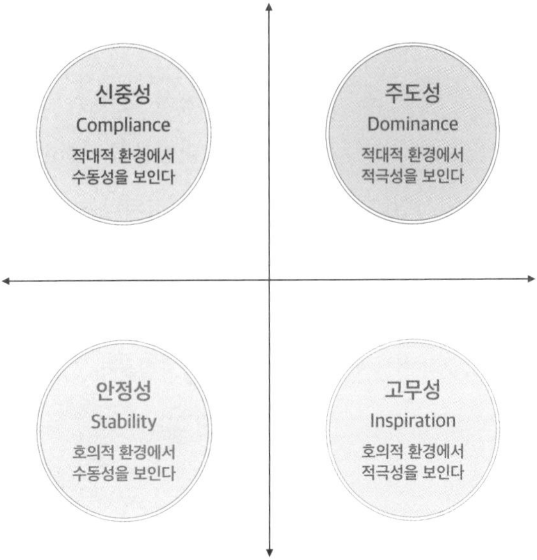

요즘은 이를 전 세계적으로 DISC 성격 유형이라 부른다. 각 유형의 첫 글자를 딴 명칭이다.

'주도성'은 적극적으로 문제와 장애물에 대응하는 성질을 뜻한다.

'고무성'은 사람들에게 감흥을 주기를 좋아한다는 뜻이다. 사교성이 있는 사람은 언제나 사람들을 잘 설득한다.

'안정성'은 무엇보다도 그 사람이 변화를 얼마나 거부하느냐를 통해 가늠할 수 있다. 안정성에 대한 욕구가 강한 사람은 변화를 달가워하지 않는다.

끝으로 '신중성'은 그 사람이 원칙과 규정을 얼마나 잘 준수하냐 하는 것이다. 물론 이 또한 상호 연관된 특성들을 만들어낸다. 신중성이 강한 사람은 품질이 떨어지는 것을 용납하지 않는다.

DISC라는 개념이 세간에 널리 알려진 것은 수년 후 월터 클라크Walter Clarke가 만든 '벡터 분석'을 통해서였다. 이후 마스턴과 클라크의 기법은 오늘날 인간의 커뮤니케이션 유형을 분류하는 데 폭넓게 사용되고 있다. 마스턴과 클라크 이후 많은 사람이 그의 연구 결과를 토대로 한 분류법을 개발했다. 스웨덴의 경우, IPU의 설립자 수네 겔베리를 통해 스웨덴에 소개된 이래로 다양한 영역에서 가장 많이 사용되고 있다.

여기에서 짚고 넘어가야 할 것이 있다. 마스턴은 '신중성'이라는 표현을 썼지만 IPU에서는 분석성Analysis이라는 말을 사용하고 나 역시 분석성이 더 적합한 용어라 판단하기에 이 책에서는 그렇게 쓴다. 따라서 우리 책에서는 'DISA' 분류법이라 칭한다.

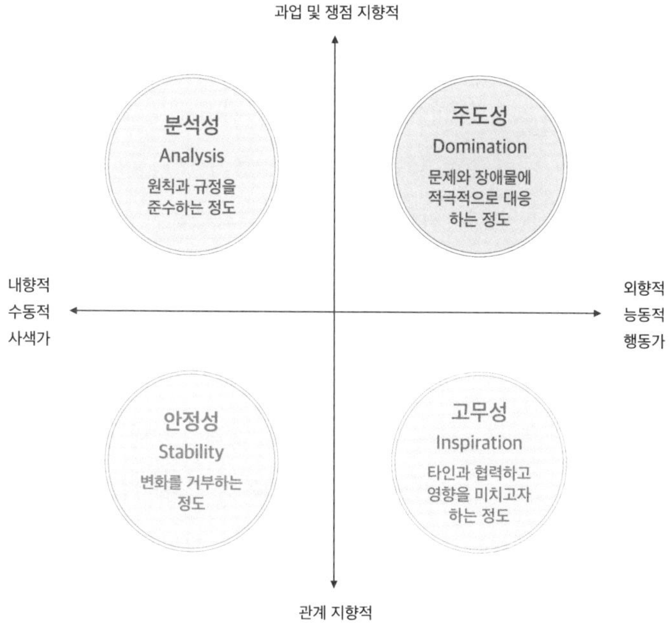

자료 출처 : IPU

PART 4 17

4인 4색 인터뷰

처음 책이 출간됐을 때 스웨덴인 1만 5000명 정도가 이 책을 읽었는데(2018년 6월 기준 스웨덴에서 75만 부 가량 판매된 것으로 확인된다 - 옮긴이), 애초에 내가 이 책을 쓴 이유는 다년간 강좌, 세미나, 컨설팅, 워크숍 등을 진행하면서 매번 "이런 내용을 어디서 읽을 수 있나요?"라는 질문을 받았기 때문이다. 그때까지는 그런 게 없다고 대답해야만 했다. 하지만 이제는 그 답을 당신이 읽고 있다.

작가는 늘 독자가 자기 작품을 어떻게 생각하는지 궁금하다. 진실을 듣는 게 감전을 당하는 것과 비슷하다는 사실을 잘 알지만 그럼에도 기꺼이 그런 위험을 무릅쓰고 싶었다. 그래서 성격 유형이 전혀 다른 네 사람을 인터뷰해 이 분류법을 어떻게 생각하며 각자의 유형을 기준으로 세상을 어떻게 보는지 물었다. 이들의 답변과 함께 답변하는 방식도 눈여겨보기 바란다. 거기서도 뭔가 배우는 게 있을 것이다.

헬레나

약 50명의 직원을 둔 개인회사 대표.
레드 위주에 옐로가 조금 있으며 그린과 블루는 없다.

이 DISA 분류법에 대해 어떻게 생각하세요?

사람들이 서로 오해하지 않도록 도와주는 좋은 기법인 것 같습니다. 단번에 핵심이 이해됐어요. 그런데 책의 내용은 좀 줄여도 되지 않았을까, 절반 분량만 됐어도 되지 않았을까 싶군요. 난 했던 이야기를 또 하고 또 하는 걸 안 좋아하거든요. 그래도 분명히 유익한 책이긴 합니다. 안 그래도 지난 크리스마스에 직원들에게 선물로 한 부씩 나눠주면서 꼭 읽어보라고 했어요. 거의 모든 직원이 읽었죠.

이건 유익하니까 꼭 기억해둬야겠다 했던 것이 있습니까?

내가 더는 빙빙 돌려 말할 필요가 없다는 거요. 이제 우리 직원들도 내가 악랄한 폭군이 아니라 그냥 레드 타입이라는 걸 잘 알아요. 내가 화난 게 아니라 결심이 서 있는 거라는 걸 알죠. 책을 읽으면서 제일 재미있었던 건 블루 타입의 행동이었어요. 그 사람들이 나와 사물을 보는 눈이 그렇게 다르리라곤 전혀 생각하지 못했거든요. 과정을 중요하게 여기는 것도요. 그래서 그렇게 시간이 오래 걸린다는 것도 알게 됐죠.

그 밖에는?

없어요. 아, 옐로 타입에 대한 거요. 예전부터 그 사람들에 대해서 궁금한 게 많았어요. 맨날 재잘대잖아요. 주위에 그런 사람이 몇 명 있거든요. 계속 남의 얼굴에다 뜨거운 김을 팍팍 뿜으면서 떠드는데 정작 실속은 하나도 없어요. 우리 옆집 남자만 해도 그래요. 맨날 계획만 세우지, 그걸 실천하는 꼴을 못 봤어요. 물론 나야 그러든 말든 상관없지만 그 사람 부인이 아직 미치지 않은 게 신기해요. 우리 회사를 봐도 옐로 타입들은 뭘 제대로 하는 게 거의 없어요. 근데 내가 볼 때는 그런 게 뭐 별로 큰 문제는 아닙니다. 내가 태엽을 좀 더 조이면서 결과물을 내놓으라고 하면 되니까요. 그 사람들이 뚱한 얼굴이 돼도 상관없어요. 내가 자기들 편하라고 사업하는 건 아니니까요.

그린 타입의 행동에 대해서는 어떻게 생각하세요?

(말없이 한참 창밖을 내다보다가) 그 사람들도 당연히 필요하죠. 착실하고 말 잘 듣고 좋아요. 근데 솔직히…… 설마 뒤에서 내 이야기를 할 줄은 몰랐습니다. 보니까 괜한 소문을 퍼트리는 데 아주 도가 텄더군요. 사소한 변화라도 있을라치면 식당에서 별 헛소문이 다 나와요. 지레짐작으로 이건 어떠네, 저건 어떠네 하는 거죠. 보통은 단단히 헛다리를 짚은 거죠. 그냥 나한테 와서 물어보는 게 더 편하지 않나요? 내가 뭐든 솔직하게 대답한다는 걸 잘 아는 사람들이 그렇게 변죽만 울리니까 속이 터져요. 우리 회사에서는 누구나 자유롭게 의견을 개진해도 된다고 몇 번을 말했는지 몰라요. 근데 아무도 안 듣나?

하고 싶은 말을 편하게 하라는데도 그러지 않는 이유가 뭐라고 생각하시죠?

그야 물론 내가 화를 낼까 봐 무서워서겠죠. 나도 예전에는 그런 걸 한 번도 생각해본 적이 없어요. 그런데 내가 가끔 언성을 높이거나 뚫어져라 쳐다보니까 화를 내는 줄 알지만 그건 그냥 내가 한 말이 중요하다는 걸 강조하려고 하는 거거든요. (잠시 말을 멈췄다가) 나는 대화를 하다 분위기가 격앙되는 건 어쩔 수 없다고 생각해요. 화내는 것과는 다르죠. 그런데 사람들이 자기보다 훨씬 성격이 센 사람 앞에서 뒷걸음질 칠 수도 있다는 걸 처음 알았어요. 그래도 이해가 안 가요. 다 큰 어른들이 왜 그러는 거죠? 책에서는 그 부분을 자세히 다루지 않더군요.

알겠습니다. 그러면 다른 레드 타입은 어떠세요?

웬만해서는 아무 문제 없습니다. 우리는 해야 할 일을 하는 사람들이니까요. 적어도 내가 볼 때는 그래요. 우리 회사 경영진이 나 빼고 5명 더 있는데 그중 셋이 레드 타입이지 싶어요. 아니, 잠깐만요. 둘은 레드 타입이고 한 명은 레드-옐로 타입이에요. 또 한 명은 블루 타입, 꼼꼼한 관리자죠. 그리고 나머지 한 명은…… 글쎄요. 공상가 기질도 있으면서 자잘한 것도 아주 세세히 챙기거든요. 옐로-블루 타입이려나?

평소에 본인의 레드 기질이 어떤 식으로 발현된다고 생각하세요?

흠, 책을 읽고 나 자신을 분석하기 전에는 그런 게 별로 안 궁금했어요. 그런 쪽으로는 생각을 안 해봤죠. 그런데 책을 읽다 보니까 내가 회사 생활을 하면서 맞닥뜨렸던 좋지 않은 일 중에서 내가 원인이었던 일도 있었다는 걸 점점 확실히 깨닫게 됐어요. 사람들이 내 행동에 겁을 먹는 줄은 꿈에도 몰랐죠. 물론 너무 급하게 결정을 내리거나 충분히 숙고하지 않고 결정을 내리는 바람에 난리가 생겼던 적도 많은데, 뭐든 결정하기 전에 생각을 좀 해봐야 한다는 걸 알지만 그냥 나도 모르게 그렇게 되는 걸 어쩝니까. 아이디어가 짠 하고 떠오르잖아요? 그럼 점심 먹기 전에 바로 실행해버려야 해요.

충분히 숙고하지 않고 결정을 내리면 어떻게 되나요? 예를 들자면요?

예를 들자면 한도 끝도 없죠. (웃음) 예전에 연봉이 얼만지도 안 물어보고 입사 제의를 수락한 적이 있어요. 그랬다가 주당 60시간씩 일하면서 초과수당은 한 푼도 못 받았죠. 또 한 번은 어떤 직원을 고용했는데 얼마 안 가서 보니까 아주 쓸모없는 작자더라고요. 추천서를 제출하라고 하지 않고 그냥 그 인간이 하는 말만 믿었던 거죠. 그런데 알고 보니 이쪽 업계에 대해서 아는 게 하나도 없지 뭡니까. 제대로 사기당한 거죠. 결국엔 쫓아내긴 했는데 손해가 이만저만이 아니었어요. 수십만 달러가 허공에 날아갔어요.

그리 좋은 일은 아닌 것 같군요. 일상생활에서는 어떠세요?

회사에서보다 생각을 더 안 해요. 근데 좀 재미있어요. 그린 타입 남편한테 이 책을 읽어보라고 줬어요. 안 읽더군요. 당연하죠, 한번에 읽긴 양이 많으니까요. 그래서 몇 부분을 형광펜으로 칠해서 그것만이라도 꼭 읽어보라고 했어요.

레드 타입에 대한 부분이었군요?

네. 그건 남편도 좀 읽었어요. 그러면서 "맞아, 맞아!" 했을 거예요. 지금 생각해보니까 읽고 나서 별말이 없었네요.

두 분이 한 팀으로서 어떤 식으로 협력을 하시나요?

어떻게 협력하냐고요? (큰 웃음) 내가 이거 해라, 저거 해라, 하면 남편이 해요. 그리고 남편이 하던 일을 다 끝내기도 전에 내가 또 딴 일을 찾아서 시키죠. 나중에 가면 짜증이 나요. 남편이 일을 제대로 끝내놓지 않아서. 정말 생전 뭐 하나 제대로 끝내본 적이 없는 사람이에요. 둘이서 그런 이야기 하면서 많이 웃어요. 내가 난장판을 만들어놓고 그이를 탓하니까요. 분명히 남편 인생이 편치는 않았을 거예요.

결혼하신 지는 얼마나 됐죠?

14년이요. 우연한 기회에 만났어요. 내가 요즘도 그래요, 그 사람한테 끌린 건 입을 다물어야 할 때 다물고 있을 줄 알아서라고. 그런 성격은 지금도 변함이 없어요. 근데 가끔은 그냥 마음이 동하는 대로 바로바로 행동하는 것도 좀 있었으면 좋겠다 싶어요. 나한테 왜 반했는지는 물어본 적 없어요.

남편분과 갈등이 생기면 어떻게 푸시나요?

어떻게든 풀려요. 사실 우리 사이에는 갈등이 별로 없는 것 같아요. 뭔 일이 있으면 주로 내가 언성을 높이는 편이죠. 남편은 삐치고요. 며칠 동안 온 세상 무게를 다 짊어진 사람처럼 고개를 푹 숙이고 돌아다녀요. 웬만하면 모른 척해요. 보통은 알아서 회복되거든요. 근데 가끔은 그 시무룩한 얼굴을 보는 게 지겨워서 도대체 뭐가 문제냐고 묻기도 해요. 닦달한다는 게 더 맞겠네요. (잠시 멈춤)

그런데 아무리 해도 해결되지 않는 문제가 있을 때는 어떻게 하세요? 혹시 괜찮다면 예를 들어주실 수 있나요?

뭐, 그럴 때는 그냥 그걸 깔아뭉개버리죠. 그러니까 애초에 갈등이란 게 없었던 것처럼 다 잊어버려요. 하지만 남편은 자기만 아는 비밀 공간에 그 '갈등'을 고이 모셔놔요. 아마 거기 지금 꽉 찼을 거예요. (잠시 생각한 후에) 음, 내가 옛날부터 자기주장이 강하고 내 뜻대로만 하려고 한다고 잔소리를 많이 들었어요. 언제나 모난 돌이었죠. 어릴 때부터 위험하고 한심한 짓을 많이 했어요. 근데 돌이켜보면 그렇게 위험을 무릅쓰길 정말로 잘했다 싶어요. 그래서 제자리걸음을 안 하고 진전이 있었던 거잖아요. 물론 고생스럽긴 했지만요.

남들보다 위험을 잘 감수하는 성향이 어떻게 도움이 됐다고 생각하세요?

가만히 앉아서 생각만 해서는 항상 제자리예요. 아무리 계획이 좋아도 실천하지 않으면 아무 소용이 없죠. 가끔은 나도 내가 어디로 가고 있는지 몰랐지만 그래도 멈추지 않았어요. 운이 없을 때도 많았고 파산도 해보고 실직도 해보고 여하튼 별의별 일을 다 겪었죠. 썩 재미있진 않았지만 그런 시절이 있었으니까 지금의 내가 있는 거예요. 내가 볼 때 결정적인 차이를 만드는 건 얼마나 많이 아냐, 얼마나 실력이 좋냐 하는 게 아니라 무엇을 실천하냐예요. 나는 옛날부터 실천력 하나는 좋았어요. 일단 부딪쳐보는 거죠.

대표님을 만나는 사람들에게 어떤 조언을 하고 싶으세요?

(잠깐 생각하다가) 내가 가끔 좀 강압적이라고 해서 겁먹지 말라고 하

고 싶어요. 내가 고함을 좀 친다고 해서 물러나지 말라고요. 내가 가끔 좀…… 세게 밀어붙인다고 해서 화났다고 생각하지 말라고요. 그리고 또 가끔은 일단 한번 시작해보라고 말해주고 싶어요. 남편하고 종종 하는 말이 우리가 메시지를 전달하는 방식이 참 다르다는 거예요. 남편은 10분 동안 배경 설명을 한 후에 본론으로 들어가고 나는 바로 가장 중요한 이야기를 꺼내죠. 배경 설명을 조금 할 때도 있지만 웬만하면 안 해요. 하지만 사람들은 꼭 시종일관 말을 하면서 일을 할 필요는 없다는 걸 명심해야 해요. 온갖 잡다한 데 신경 쓰지 말고 당면 과제에 온 힘을 쏟아야죠. 친목 도모는 짬이 날 때 하면 되잖아요.

호칸

대형 민영방송국의 광고팀장.
옐로 위주에 그린이 조금 있으며 블루와 레드는 없다.

DISA에 대해 어떻게 생각하세요?

굉장히 좋아요! 정말 유익한 분류법이라서 여기저기 소문내고 싶을 정도예요. 결과지를 읽으면서 진짜 내 이야기라고 공감했던 게 한둘이 아니에요! 어떻게 내 행동법을 그렇게 정확하게 분석할 수 있는지 신기합니다. 진짜 기똥차다니까요. 아는 사람들한테 결과지를 보여주고 맞아, 맞아, 하면서 한참 웃었지 뭡니까. 책도 얼추 읽었어요, 옐로 타입에 대한 설명 위주로요. 사실 전부 맞는 말이라고는 못해도 대체로 동의합니다.

옐로 타입의 행동법에 대한 설명 중에서 가장 공감이 가는 건 뭔가요?

우리 옐로 타입들이 대단히 창조적이고 수완이 좋은 사람들이란 거요. 안 그래도 항상 그런 소리를 들었거든요. 복잡한 문제를 기막히게 해결한대요. 남들과 다른 식으로 해법을 볼 줄 아니까요. 아인슈타인이 그랬죠, 문제를 만든 사고방식과 똑같은 사고방식으로는 문제를 해결할 수가 없다, 였던가, 여하튼 그 비슷한 말을 했어요. 나도 똑같이 믿습니다. 그래서 어떤 문제든 새로운 눈, 새로운 시각으로 봐요. 고객들이 좋다고 하는 것도 바로 그거예요. 내가 참 기발하게 문제를 해결한다는 거죠. 그리고 또 나더러 사람을 설득하는 데 일가견이 있대요. 내가 원래부터 인간관계에 능하거든요. 타고난 재능이죠. 그래서 예나 지금이나 아는 사람이 참 많아요. 그리고 또 사람들 앞에서 이야기하는 데도 재주가 있다더군요. 학창시절에도 학생회장을 하면서 전교생 앞에 설 기회가 많았죠.

전교생이요?

예, 재학생 전체요. 뭐, 정확히 말하면 전체는 아니었죠. 그래요, 주로 우리 학년 애들이었어요. 9학년 전체요. 어쨌든 간에 항상 분위기가 좋았고, 그래서 다들 좋아했어요. 그때부터 쭉 그런 식이었어요. 어디 가면 대표로 지목되는 게 흔한 일이에요.

예를 좀 들어주실 수 있나요?

아, 그럼요. 세미나 같은 데 가서 조별 활동이 있으면 꼭 내가 조장이 돼요. 그래서 내가 나가서 발표하죠. 내가 원래부터 사람들한테 정보를 전달하는 능력이 뛰어나거든요. 클라이언트와 만날 때도 그래요. 여러 명이 함께 가도 대표로 말하는 건 나예요.

다른 사람들은 거기에 대해 어떻게 생각하나요?

불만 없죠. 다들 앞에 나서기를 꺼려하니까요. 아시겠지만 대부분의 사람들이 단상에만 나가면 버벅대잖아요. 그런데 결과지에서 이해가 안 가는 부분이 하나 있었어요. 발전이 필요한 영역이라는 거요.

그게 무슨 의미라고 생각하셨죠?

내가 신속하게 결정을 내린다는데 그건 맞아요. 근데 내가 결정을 내리기 전에 분석을 충분히 하지 않는다는 건 동의하지 못하겠는데요. 아닌 게 아니라 나는 아주 분석적인 사람이에요. 일례로 뭘 하든 철저하게 조사해요. 뭐든 정보를 충분히 확보한 후에 결정을 내려요. 그러니까 그 부분에서는 결과지가 틀렸어요.

무슨 말씀인지 알겠습니다. 그 밖에 또 아니다 싶은 게 있나요?

내가 비판할 때 말을 너무 많이 한다는 거요. 전혀 아니에요. 오히려 말을 아주 간결하게 해요. 나는 언어를 어떻게 사용해야 하는지 아는 사람이니까 그런 평가에는 동의하지 않습니다. 그리고 내가 주로 감으로 움직이는 건 맞아요. 하지만 그건 단점이 아니라 장점이죠.

객관적 사실보다 감에 더 의지하는 게요?

그럼요. 우리 인간은 감정의 동물이잖습니까. 그러니까 느낌을 더 많이 이용하는 게 자연스럽죠. 특히 나 같은 경우에는 더 그래요. 나는 감이 아주 좋거든요. 직감을 제대로 활용할 줄 알죠. 물론 이런 감이 없는 사람도 많죠.

감정을 다스리고 논리를 이용해야 할 때도 있지 않나요?

물론이죠. 논리적이고 합리적으로 생각하는 것도 아주 중요해요. 내가 항상 하는 말이 그거예요. 어떤 방법이 잘 통하는지 봐야 그걸 배울 수 있잖아요. 그게 나처럼 이 바닥에 좀 오래 있었던 사람한테는 비교적 쉬운 일이라고 봐요. 오랫동안 영업 일을 하고 있거든요. 내 눈에는 뭐가 잘되고 뭐가 안 되는지가 잘 보여요. 어떤 정보를 중요하게 여겨야 하는지도 잘 알고요. 하지만 내 말은 본능적인 직감을 따라야 일이 잘 풀린다는 거죠. (잠시 멈췄다가) 그렇다고 논리를 사용하지 말라는 건 아니에요. 객관적 사실도 고려해야 하고요.

이 책을 읽고 유익하니까 꼭 기억해둬야겠다 했던 것은 무엇이었나요?

블루 타입이 엄청나게 재미없는 사람들이라는 거요. 진작부터 알고 있긴 했는데 그 사람들이 블루 타입이라는 건 몰랐어요. 근데 그 꽉 막힌 답답이들, 어휴……. 예전에 했던 프로젝트가 생각나네요. 전혀 복잡한 일도 아니고 이미 우리가 예전에 해본 거였어요. 신상품 라인을 좀 특별하게 파는 거였죠. 그냥 상품군 전체를 납품만 하면 되는 거였는데 우리 팀에 블루 타입이 2명 있었어요. 능력 있고 아는 것도 많고 그렇긴 했는데 뭘 시작을 안 하는 거예요. 맨날 계획 세우고 목록 만들고 계산하고 사소한 것만 뒤지고. 그러니 뭐가 될 턱이 있나요.

이 분류법을 배운 후로 일상생활에 특별한 변화가 있었나요?

아니요. 난 예나 지금이나 똑같아요. 이렇게 사는 게 잘 맞아요.

팀장님을 만나는 사람들에게 어떤 조언을 하고 싶으세요? 사람들이 팀장님의 무엇을 알았으면 하시나요?

이렇게 말하죠. 인생을 너무 심각하게 생각하지 마세요. 어차피 한 번 사는 인생이잖아요. 그걸 기억하고 그걸 더 많이 생각해야 해요. 그러면서 매 순간을 즐길 줄 알아야죠. 그리고 뭐 하나에 계속 매달리면 안 돼요. 넘어가야죠. 매사에 집착하면 안 돼요. 난 안 그래요. 난 인생을 축제로 여겨야 한다고 믿어요.

네, 그렇게 믿으시는군요. 그런데 팀장님을 만나는 사람들에게는 어떤 조언을 하고 싶으세요? 그 사람들이 팀장님을 어떻게 대해주면 좋을까요?

웃으면서요. 웃는 얼굴에 침 못 뱉죠.

직장에서는요? 직장에서는 사람들이 어떻게 대해줬으면 좋겠나요?

방금 말한 대로요. 웃으면서요. 그러면 나머지는 알아서 풀리게 되어 있어요.

좋습니다. 세상에 완벽한 사람은 없죠. 본인의 약점은 구체적으로 무엇이라고 생각하세요?

아시다시피 난 그런 쪽으로는 생각을 잘 안 해요. 항상 긍정적인 면에 집중해서 그런 것을 더 강조하고 더 살리려고 하죠. 모든 사람이 나쁜 것만 생각하면 무슨 일이 되겠어요?

일리가 있긴 합니다만 모든 행동 패턴에는 약점이 있잖아요. 그걸 말하지 않는다고 없어지는 건 아니지 않나요?

내 말은 그런 게 아닙니다. 부정적인 것에 집중하면 안 된다는 거죠. 긍정적인 것을 더욱더 강조해야 해요. 그렇지 않아도 우리 주변에 찬물을 끼얹는 게 얼마나 많습니까? 예를 들면 그린 타입의 행동을 보자고요. 그 사람들은 오만 걸 걱정하고 오만 데서 위험을 봐요. 맨날 불안해하면 어쩌자는 겁니까. 그래서야 뭐가 되겠느냐고요. 우리 동네에 정말 뭐든 겁부터 내고 보는 사람이 있어요. 특히 뭔가 새로운 걸 시도하기를 겁내죠. 나하고는 정반대예요. 가끔은 그 사람이 자기 그림자마저도 무서워하는 건 아닐까 싶어요. 또 블루 타입의 행동은 어떻고요. 아주 위험 요소를 못 찾아서 안달이 난 사람들이에요! 모든 게 위험하대요. 어떤 결과가 나올지 뻔히 예상될 때조차도 위험 타령만 해요. 나로서는 도무지 이해가 안 되는 행동입니다.

레드 타입의 약점은 어떻습니까?

성질머리가 괴팍해요. 내가 보는 레드 타입이 그래요. 아주 밉상인 인간이 많아요. 물론 결과 지향적이라서 그렇다고는 하지만 꼭 무례하게 굴 필요는 없잖아요. 어떤 사람들은 아주 말을 짧게 해요. 거 있잖아요, 신경 써서 장문의 문자메시지를 보냈는데 알았어, 라고 한마디 띡 찍어서 보내는 거예요. 거기에 몇 자 더 적어 보낸다고 시간이 들어요,

돈이 들어요? 서로 기분 좋고 얼마나 좋아요. 나는 내 생각과 마음을 표현할 때 항상 정성을 들입니다.

그럼 옐로 타입의 행동에도 개선할 부분이 있다고 생각하시나요?

어떤 사람이 남의 말을 잘 안 듣는데 자기는 그런 걸 모른다면 대화가 자꾸 샛길로 빠지겠죠. 그런데 가끔은 남의 말을 듣는 게 여의치 않을 때도 있어요.

엘리사베트

주의회 근무.
그린 위주에 블루가 조금 있고 평소 행동에서 옐로도 조금 보이긴 하나 레드는 없다.

DISA에 대해 어떻게 생각하세요?

재미있는 테스트예요. 원래도 내가 어떤 사람인지 잘 알긴 했지만 이제 전보다 훨씬 명확하게 알게 된 것 같아요. 레드 타입이 나를 고집 센 사람으로 보고 내가 천성적으로 조심성이 있다는 걸 알게 됐어요. 그래도 나는 모든 사람이 화목했으면 좋겠어요. 나한테는 협력이 중요해요. 다른 사람들도 다 그렇게 생각했으면 해요.

책에서 이건 도움이 돼서 기억해야겠다 하는 부분이 있나요?

책은 아들이 생일 선물로 준 거예요. 참 착한 애죠. 내가 선물은 필요 없대도 항상 뭘 갖다 준다니까요. 지금 직장도 안 다니고 형편이 넉넉한 것도 아닌데 필립 걔가 마음 씀씀이가 고와요. 선물로 받고서 바로 읽진 못하고 좀 지나서부터 읽기 시작했어요. 집중해서 읽기가 쉽지 않았어요. 계속 다른 일이 생겨서요. 그러다 본격적으로 읽기 시작하니 재미있더라고요. 사례들도 웃기고요. 남편한테 그이 유형에 대해 읽어주고 같이 한참 웃었어요. 그이는 옐로 타입인데 항상 시간을 낙천적으로 봐요. 맨날 자기가 실제로 할 수 있는 것보다 훨씬 많은 걸 할 수 있을 줄 알아요. 그래서 둘이 어디 가야 하면 제때 출발을 잘 못해요. 손님이 도착하기 3분 전에 샤워하러 들어가는 사람이에요. 늘 그런 식이죠. 30년 전에는 그런 면에 반한 것도 좀 있었어요. 지금이야 뭐 그러려니 하죠. 그이는 괜찮은 사람이에요.

이 책에서 현실적으로 도움이 돼서 꼭 기억해야겠다 하는 게 있다면요?

내가 그린 타입들과 잘 지낸다는 거요. 세상에 그린 타입이 아주 많다니까 참 다행이에요! 책을 읽으면서 우리 그린 타입이 항상 남들을 챙긴다는 게 마음에 들었어요. 그게 중요하거든요. 다른 사람들도 그렇게 해야 해요. 하지만 실제로는 그렇지 않죠. 세상 사람들이 점점 더 이기적으로 변해가고 있는 것 같아요. 그래도 그런 게 오래가지는 않을 거라고 생각해요. 그리고 옐로 타입과 블루 타입에 대해서도 많이 알게 됐어요. 남편이 옐로 타입이고 언니가 블루 타입이거든요. 언니는 좀 틀에 박힌 사람이에요. 융통성이 없고 좀 무관심하달까요.

어디에 무관심하단 거죠?

다른 사람들한테요. 어떻게 지내는지도 안 묻고 내 생일에 전화를 하긴 하는데 진심으로 관심이 있어서 하는 게 아니라 그냥 의무감에 하는 것처럼 느껴져요. 그리고 언니는 비판도 잘해요. 몇 년 전에 남편이랑 부엌 리모델링을 했어요. 그때 언니가 와서 제일 먼저 한 게 남편이 한 일을 깎아내리는 거였어요.

어떻게 했는데요?

그게, 처음으로 꺼낸 말이 실리콘 마감이 깔끔하지 않다는 거였어요. 좀 그렇긴 했지만 그걸 굳이 지적할 게 뭐예요? 그이가 부엌 수리한다고 몇 주를 고생하고서 처음 들은 말이 그간의 노고를 싸잡아 비판하는 말이라니요.

레드 타입에 대해서는 어떻게 생각하세요?

음…… 괜찮아요. 아주 능률이 좋은 사람들이잖아요. 참 많은 일을 해내죠. 속도도 빠르고요. 어떨 때는 나도 그런 면이 좀 있었으면 싶어요. 하지만 나는 나죠. 그리고 그 사람들은 상당히…… 거칠어요.

어떤 면에서 거칠다는 거죠?

그게, 가끔 좀 야박하다 싶어요. 우리 부장이 아마 레드 타입일 거예요. 남들한테 못하는 말이 없어요. 이런 사람들과는 같이 있기가 껄끄러워요. 주변 사람들을 마음대로 쥐고 흔들거든요.

그런 것에 어떤 식으로 영향을 받으시나요?

나는 뭐든 갈등이 생기면 힘들어요. 갈등을 완전히 피할 수 없다는 건 알지만 그래도 모든 사람이 항상 불화하는 건 힘든 일이죠.

모든 사람이 항상 불화한다고요?

모든 사람은 아니겠죠. 물론 항상 그런 것도 아닐 거고요. 그래도 어쨌든 삐거덕대는 건 사실이에요. 우리 부서는 분위기도 안 좋고 윗사람들은 그냥 귀를 닫고 있어요. 사실 컨디션이 안 좋은 사람들이 많아요. 나만 해도 작년에 한동안 병가를 냈어요.

그 문제를 상사와 이야기해보셨나요?

우리도 그래봤죠, 5년 전에요. 그런데 별로 도움이 안 됐어요. 잠깐 좋아지는가 싶더니 다시 원래대로 돌아왔어요.

본인의 유형에 대해서는 어떻게 생각하세요? 그린 타입으로서 다른 유형들과는 어떻게 지내고 있습니까?

레드 타입 이야기를 해야겠네요. 그 사람들은 우리 그린 타입을 싫어해요. 숫자는 우리가 훨씬 많지만요. 그 사람들은 우리에게 불만이 많고 우리한테 심한 말을 해요.

어떻게 심한 말을 하나요?

어떤 사람들은 지각 같은 거로 아주 호되게 질책을 당했어요. 난 아니에요. 항상 정시에 출근하니까요.

부장이 뭐라고 했는데요?

나야 거기 없었으니까 못 들었지만 당사자한테 듣자니 어떻게 그런 말을 하나 싶을 만큼 심했대요. 지각이 괜찮은 일은 아니고 지적받아야 할 일이긴 하지만 그 방식도 중요하잖아요.

평소에 사람들이 선생님을 만날 때 어떤 걸 알았으면 좋겠습니까? 사람들이 어떻게 대해줬으면 좋으시겠어요?

음, 내가 좀 여유 있고 편안한 상태를 좋아한다는 걸 알아주면 좋겠어요. 매번 뭔가를 바꾸는 것을 좋아하지 않는다는 것도요. 그리고 나는 일 이야기를 하기 전에 일단 인간 대 인간으로 좀 친해지고 싶어 하는 사람이잖아요. 커피를 마시고 잡담을 좀 하면서요. 그런 게 좋아요. 그러고 나서 일 이야기를 하면 나도 내 도리를 다하죠.

그 밖에 또 있나요?

네, 우리 그린 타입은 갈등에 대처하는 게 능숙하지 않아요. 그런 요령을 좀 배울 필요가 있어요.

스테판

유럽 여러 나라에 지사를 둔 초대형 기업의 본사에서 근무하는 경제 전문가. 본인은 레드가 조금 있다고 하지만 검사에서는 확인되지 않았다. 옐로나 그린은 보이지 않는다.

DISA 언어에 대해 어떻게 생각하세요?

아주 흥미로운 발상입니다. 꽤 오랫동안 연구가 진행된 것 같은데 그 점이 꽤 재미있어요. 전에도 이 분류법의 한 종류를 본 적이 있는데, 두 분류법을 비교해보는 것도 재미있을 것 같군요.

이 책을 읽고 어떤 결론을 내셨나요?

책의 구성이 흥미로웠습니다. 레드 타입이 제일 먼저 나오고 그다음으로 옐로 타입, 그린 타입, 블루 타입 순이었죠. 전체적으로 똑같은 순서를 따르면서 여러 가지 층이 더해졌어요. 한꺼번에 한 유형에 대해서 다 이야기했으면 지겨웠을 텐데 그렇지 않아서 아주 좋았어요. 보니까 각 유형에 할애된 분량도 거의 동일하던데 그 점이 꽤 인상 깊었습니다. 어떻게 했지 싶었어요.

행동 유형과 관련해서는 어떤 걸 알게 되셨나요?

사람들이 다르다는 거요. 물론 그런 건 이미 알고 있었지만 어떻게 다른지 보는 게 재미있었습니다. 사례들도 괜찮았어요. 예를 들면 레드 타입의 행동에 대해 읽을 때가 특히 재미있었습니다.

레드 타입에 대해서 어떻게 생각하시나요?

그 사람들, 앞으로 밀어붙이는 추진력이 어마어마하잖아요. 동료 중에 딱 그런 사람이 있어요. 항상 앞장서서 밀고 나가죠. 신속하게 결정을 내리는 능력이 참 인상적이에요.

레드 타입과 함께 일하는 건 어떠세요?

제법 괜찮다고 봐요. 물론 부주의할 때가 많긴 하지만 그런 걸 만회하는 게 가능해요. 내가 주로 하는 역할이 팀이 계획을 고수하게 하는 거죠. 레드 타입들은 다른 데 능하죠. 대체로 보면 뭔가를 즉흥적으로 하는 걸 아주 잘해요. 그런 능력이 때로는 과소평가되기도 하죠. 그리고 레드 타입은 용감합니다.

레드 타입과는 큰 문제가 없으신 것 같네요.

물론 크다는 게 어느 정도를 뜻하느냐에 따라 달라지긴 하겠습니다만 전반적으로 레드 타입과는 큰 문제가 없습니다. 오히려 그쪽에서 나 같은 사람들을 상대할 때 훨씬 애를 많이 먹지 않나 싶어요.

무슨 뜻이죠?

예를 들면 나는 뭐든 체계적으로 처리하려고 하거든요. 어떤 실수도 용납 못해요. 우리는 재무를 하는 사람들이니까 들어오는 돈과 나가는 돈이 정확히 맞아떨어져야 합니다. 한 치의 오류도 허용되지 않아요. 당연히 꼼꼼해야죠. 내가 제대로 이해한 거라면 레드 타입은 세세한 것에 관심이 없어요. 근데 내가 하는 일은 그런 게 정말 중요하거든요. 내가 소수 자리 하나만 허투루 봐도 큰일이 나요.

그렇군요. 다른 유형들은 어떻죠? 그린 타입과는 사이가 어떠십니까?

괜찮아요. 우리 두 유형 다 내향적인데, 적어도 책에 나온 내용대로라면 그렇죠, 나는 그게 좋은 거라고 생각합니다. 마냥 앉아서 잡담이나 하지 않고 일에 열중할 수 있으니까요. 그렇지만 그린 타입의 성정 중에서 일하는 척만 하는 건 좋아하지 않아요. 그린 타입은 책상 앞에 안 있고 딴짓을 할 때가 많아요. 그래서 속도를 떨어트리죠. 그건 문제입니다.

만약에 상사가 선생님에게 이 문제에 대해서, 그러니까 자기 할 일을 안 하는 직원에 대해서 조언을 구한다면 어떻게 하실 건가요?

상사에게 그 직원이 일을 잘하고 있는지 자주 확인해보라고 할 겁니다. 그래서 잘 안 되는 게 있으면 피드백을 주고 잘못된 행동이 있으면 고칠 것을 요구하라고 할 거예요.

좋습니다. 옐로 타입의 행동에 대해서도 좀 이야기해도 될까요?

(이 대목에서 스테판은 가슴 위에 두 손을 포개고 고개를 끄덕였다)

옐로 타입에 대해 어떻게 생각하십니까?

좀 성가시죠. 훨씬 진지해졌으면 좋겠어요. 물론 직장에서 재미있는 일도 좀 있어야겠지만 그런 건 따로 시간을 내서 해야죠. 근무 시간에 노상 노닥거리고 장난치면 어쩌자는 거죠? 최악인 건 쓸데없이 돌아다니면서 시끄럽게 굴고 괜한 말로 사람들을 방해한다는 거예요. 가끔 옐로 타입이 정말 재미있을 때도 있지만 일은 일이고 노는 건 노는 거죠. 그리고 객관적 사실에 집중할 줄 모르는 것도 문제입니다. 그 방면으로는 정말 무능하다고 봐요. 뭐든 너무 쉽게 생각해요. 그러니까 오차가 잔뜩 나죠. 가령 전형적인 옐로 타입이 전권을 잡는다면 어떻게 되겠어요? 그 사람은 뭘 찾아야 하는지도 모를 겁니다. 근데 정말 심각한 문제는 옐로 타입이 사실과 다른 말을 너무 많이 한다는 거예요. 예컨대 계약서의 세부 항목들을 확인도 안 해놓고 확인했다고 하는 거죠. 자기가 부주의한 걸 남들이 뻔히 아는데도 아니라고, 자기는 확인했다고 하데요. 정말 답답한 노릇이에요.

혹시 잘 아는 옐로 타입이 있으신가요?

그럼요. 그 사람들, 누가 자기 마음에 좀 든다 싶으면 대책 없이 자기 이야기를 쏟아내잖아요. 남들이 다 자기네 별장, 멍멍이, 애들 전학 문제에 관심이 있는 줄 알아요. 하지만 그런 건 나하고 전혀 상관없는 이야기예요.

그러면 옐로 타입들과 어울릴 때는 어떻게 하시죠?

왜 그래야 하죠? 옐로 타입은 피하면 돼요.

왜죠?

견딜 수가 없으니까요. 나더러 죽으란 거죠. 나는 그 사람들이 하는 온갖 쓸데없는 소리를 못 들어줘요. 그 사람들이 하는 말은 현실감이 없어요. 그래서 짜증이 나죠. 하도 과장을 해대니까 결국에 가서는 정신이 혼미해져요.

평소에 만나는 사람들에게 해주고 싶은 조언이 있다면요? 나를 만날 때는 이런 점에 주의해달라고요.

좋은 질문이군요. 전문가답게 일하고 싶은 내 마음을 존중해달라고 하겠습니다. 소중한 시간을 업무와 관련 없는 일에 쓰고 싶지 않다고요. 사람들이 나한테 질문하러 올 때는 준비를 잘 해왔으면 좋겠어요. 내가 정확한 지시를 주려면 배경이 되는 정보를 많이 알아야 하니까요.

마지막으로 단도직입적으로 묻겠습니다. 본인의 최대 단점은 무엇인가요?

어디 보자. 가끔 너무 세세한 것에 매달릴 때가 있어요. 나도 잘 알아요. 그게 일할 때는 괜찮은데 일상생활에서는 문제가 될 수도 있죠.

어떤 면에서요?

내 아내가 레드 타입이에요. 그래서 나를 굼뜨다고 생각하는데 어느 정도는 일리가 있어요. 그리고 나는 천성적으로 새로운 아이디어를 미심쩍게 여겨요. 그렇다고 내가 변화가 불가능하다는 건 아니고, 그냥 넘어가도 되는 데서 문제를 볼 때가 있다는 거죠. 가끔 결정을 내리기 힘들 때도 많아요. 안 그래도 지금 텔레비전이 고장 나서 새로 사야 하는데 시중에 나와 있는 모델이 너무 많아서 아직 제대로 조사할 시간이 없었어요. 아내는 그냥 나가서 사 오면 10분 만에 끝날 일이라고 생각하죠. 하지만 그렇게 사 온 텔레비전이 안 좋으면요? 그게 지금 우리의 필요에 부합한다는 걸 어떻게 알죠? 게다가 텔레비전은 큰돈이 드는 물건이에요. 그래서 일단은 기존 텔레비전을 그대로 쓰고 있습니다.

마지막으로 하실 말씀 있으세요?

이 분류법은 재미있는 발상이에요. 마스턴의 《보통 사람의 정서》를 주문해서 읽어봐야겠네요.

PART 4 18

나를 알고 너를 알아야 하는 이유

역대 최고의 깨달음을 줬다고 해도 좋을 조별 활동

몇 년 전에 나는 모 통신회사 간부들을 대상으로 한 워크숍에서 실험을 했다. 그들은 모두 전문가이자 비상한 두뇌의 소유자로서 우수한 실적으로 성공가도를 달리고 있었다. 나는 이미 테스트를 통해 모든 참가자의 커뮤니케이션 유형을 파악하고 있었다.

나는 그 간부들을 비슷한 유형끼리 한 조로 묶었다(인원수는 1, 2명씩 차이가 있었다). 참가자는 모두 20명이었다. 나는 각 조를 레드팀, 옐로팀, 그린팀, 블루팀이라 불렀다. 뭐라도 부를 이름이 필요했으니까.

나는 그들에게 과제를 부여했다. 주어진 시간은 1시간. 다행히 모든 조가 내 지시 사항을 수용하고 다른 조들의 코를 납작하게 만들어주겠다는 각오로 과제에 임했다. 얼마간 시간이 흐른 후에 나는 각 조가 들어간 방을 돌아다니며 어떻게 하고 있는지 살펴봤다.

레드팀의 풍경

레드팀은 시끌벅적했다. 세 사람이 일어서서 온갖 수단을 동원해 자기가 옳다고 주장하고 있었다. 그중 둘은 우렁차게 고함을 치고 있었고, 그 외의 나머지 한 사람은 혼자 과제를 수행하고 있었다. 그는 코앞에서 벌어지는 야단법석에 아랑곳하지 않고 펜에서 불이 날 것처럼 열심히 뭔가를 적고 있었다. 내가 잘돼가냐고 묻자 별안간 소동이 그치고 네 사람이 놀라서 나를 쳐다봤다.

"잘돼갑니까?"

"당연히 잘되다마다요. 이제 거의 끝났어요."

그 괴팍한 사람들 중 하나가 퉁명스럽게 말했다.

옐로팀의 풍경

나는 다음 방으로 걸음을 옮겼다. 옐로팀도 요란하긴 마찬가지였다. 방 안의 열기가 손에 잡힐 듯했다. 다 잘되고 있었다! 거기서도 모든 사람이 자기주장을 펼치면서 활기찬 토론을 벌이고 있었다. 레드팀은 서로를 잡아먹을 듯했지만 옐로팀은 모두 웃는 얼굴이었다. 그중 셋이 서로 화이트보드에서 더 많은 공간을 차지하려 싸우고 있었고, 다른 하나는 내게 주제와 전혀 상관없는 일화를 들려주기 시작했다. 너무 재미있어서 나도 그만 웃고 말았다. 나머지 하나는 종이에 낙서를 하고 휴대전화로 메일을 보내고 있었다.

그린팀의 풍경

나는 그 방을 나와 그린팀에게 갔다. 방 안에는 묘한 정적이 감돌고 있었다. 다들 말하기보다는 듣는 편이었고 말할 때도 소리 죽여 말했다. 그 방은 안전과 안정을 추구하는 현장이었다. 6명이 조용히 둘러앉아서 그중 한 사람이 하는 말을 듣고 있었다. 그 사람은 그해 겨울에 반려견이 나이가 들어 죽었고 그렇게 인생의 동반자가 떠나버리자 그 빈자리가 너무나 크게 느껴진다고 울적하게 말하고 있었다. 나머지 한 사람은 내가 부여한 과제를 해결할 만한 방안들을 간략하게 정리해놓았는데 모든 항목이 질문으로 끝났다. 그녀는 다른 사람들의 의견이 필요했으나 다들 선뜻 의견을 내놓지 않으니 걱정스러운 눈빛이었다.

블루팀의 풍경

나는 다음 방으로 이동했다. 마지막인 블루팀에는 기이한 침묵이 흐르고 있었다. 내가 앉아 있는 3분 동안 다들 거의 한마디도 하지 않아서 심히 우려스러웠다. 분명히 수면 아래에서는 많은 생각이 펼쳐지고 있었겠지만 커뮤니케이션다운 커뮤니케이션은 없다고 해도 과언이 아니었다. 한 사람이 입술만 움직이며 조용히 과제를 읽고 있었다. 나는 혹시 그들이 문제 해결을 시작하기 위해 도움이 필요한지 물었다. 몇 사람이 머뭇머뭇 고개를 끄덕였다. 하지만 다들 금세 다시 깊은 생각에 빠졌다. 그들은 문제의 근원까지 파고들 기세였다. 보아하니 논의의 방향은 맞았지만 너무 세부적인 차원까지 들어갔던 것 같았다. 그들은 이후로 오랫동안 해법을 토의했다. 슬쩍 시계를 보니 주어진 시간 중 절반이 지났는데 아직 구체적인 것이 아무것도 도출되지 않은 상태였다. 몇 가지 제안이 나오긴 했지만 다른 사람들이 형식상의 문제를 들어 거부했다. 단어 하나하나 면밀히 검토했고 저울질했다. 중요한 건 단순히 행동을 개시하는 게 아니라 모든 것을 올바르게 처리하는 것이니까.

그래서 어떻게 됐을까

나는 그들을 운명에 맡기고 대회의실로 돌아왔다. 주어진 시간이 다 가기도 전에 레드팀이 의기양양한 웃음을 띠고 등장했다. 그들은 1등으로 온 것을 흡족해하며 자축했다. 다른 조들은 내가 가서 불러와야 했다. 제일 애를 먹인 조는 옐로팀이었다. 내가 두 번이나 가서 이제 모여야 한다고 말하자 그제야 걸음을 옮겼다. 그중 2명은 휴대 전화로 통화 중이었고 또 1명은 커피와 케이크로 요기를 하고 오는 길이었다.

모든 조가 복귀한 후 나는 적절히 발표 순서를 정해줬다. 레드팀이 득의만만하게 연단으로 나왔다. 그들에게는 처음부터 과제 수행이 하나의 경쟁이었다. 1시간을 줬는데 30분 만에 끝냈다. 나머지 30분 동안은 직원들에게 전화를 걸어 뭘 하고 있는지 확인했다. 발표는 구성도 좋고 생각도 많이 한 것 같았다. 하지만 시작한 지 30초 만에 레드팀이 엉뚱한 문제를 해결했다는 점이 확실해졌다. 내가 내준 과제와 전혀 달랐다. 지시 사항을 제대로 읽었냐고 묻자 그들은 일제히 목청껏 자기주장을 펼치기 시작했다. 그중 하나가 자신들은 과제에 현실성을 부여했다고 자신만만하게 말했다. 그것 자체는 훌륭한 시도였다. 그는 청중의 박수를 기대했지만 반응이 신통치 않았다. 그러자 그들은 어깨를 으쓱하고 자리로 돌아갔다. 그리고 한 사람이 곧장 휴대 전화를 만지작거리기 시작했다. 긴급히 보내야 할 문자메시지가 있었던 것이다.

다음은 옐로팀의 차례였다. 모두 웃는 얼굴로 사람들 앞에 섰다. 누가 먼저 시작할까? 짧은 대화가 오갔고 그중 하나가 특유의 매력으로 발표를 시작할 자격을 따냈다. 그녀는 곧장 회의하는 동안 조원들 사이에서 어떤 흥미로운 이야기가 오갔는지 말했다. 그 시간이 많은 자극이 됐다는 말부터 시작해서 업무에 복귀한 후 그날 깨달은 것을 어떻게 사용할지를 한참 이야기했다. 그 말이 무척 재미있어서 다들 박장대소했다. 나도 그녀의 이야기를 재미있게 들었지만 거기에는 자신들이 과제를 해결하지 못했다는 사실을 숨기려는 속셈이 숨어 있다는 점도 놓치지 않았다. 그래도 옐로팀은 발표를 워낙 재미있게 해서 박수를 받았다.

이제 그린팀의 순서였다. 조원들이 모두 연단으로 나오기까지 시간이 좀 걸렸다. 옐로팀은 서로 먼저 시작하겠다고 옥신각신했지만 그린팀은 초조한 기색이었다. "누가 발표하죠? 저요? 저 대신 발표하실래요?" 조원 6명 중 적어도 절반은 속이 울렁거리는 표정이었다. 아무도 나서서 상황을 지휘하지 않았다. 잠깐 나직이 논의한 끝에 비로소 남자 조원 하나가 발표를 시작했다. 그는 거의 내내 화이트보드를 보고 서 있었고 나직한 목소리로 말하다가 가끔 초조한 얼굴로 팀원들을 보며 도움을 구했다. 너무 조심스럽게 말하는 바람에 도대체 전하고자 하는 메시지가 무엇인지 전혀 와닿지 않았다.

그린팀은 옐로팀보다 진전이 있긴 했지만 과제를 해결하지 못한 건 마찬가지였다. 그들의 발표가 끝났을 때 나는 모든 조원이 발표 내용에

'동의'하는지 물어봤다. 그 가엾은 발표자는 "대부분의 조원이 대체로 동의하는 편이겠죠."라고 말했다. 내가 조원들에게 묻자 일제히 고개를 끄덕였다. 조원 중 절반이 굳은 얼굴을 하고 팔짱을 끼고 있으면서도 확실히 동의한다고 말했다. 한 사람은 발표자를 노려보기까지 했다. 하지만 그녀 역시 동의한다고 했다!

끝으로 블루팀이 줄을 맞춰 나와서 자기들끼리 사전에 약속한 대로 이름순으로 섰다. 안나가 지시 사항을 하나하나 말하면서 과제를 이해하기 어렵게 만드는 요소가 몇 가지 있었다고 밝혔다. 그가 거론한 것 중 하나는 내가 나눠준 유인물의 문장이었는데 그녀는 '동료'라는 뜻의 스웨덴어 'kollegor'와 'kolleger'가 둘 다 사전적으로는 올바른 표현이지만 이 경우에는 'kollegor'가 더 어울린다고 한참 설명했다. 이어서 베리트가 논의 과정을 거의 분자 수준으로 해부해서 설명했고, 중간에 안나가 사소한 사항을 정정해야겠다고 두 번 끼어들었다. 쉘의 차례에도 과제에 대한 해법이 나오려면 아직 한참 먼 것 같았다. 스테판의 순서에도 마찬가지였고 어르얀 때가 돼서야 비로소 과제를 제대로 마무리하기에는 시간이 부족했다는 말이 나왔다. 그러자 대회의실은 난리가 났다. 레드팀은 블루팀을 꼴통들이라 낙인찍었고, 옐로팀은 이렇게 형편없는 발표는 난생처음이라는 반응이었으며, 그린팀은 지친 기색이었다.

끼리끼리 놀면 아무것도 해낼 수 없다

여러 사람을 한데 모을 때는 다양한 유형을 혼합하는 것이 좋다. 그래야만 어느 집단에서든 바람직한 상호작용이 일어난다. 이미 누구나 아는 사실이다. 그런데도 나는 조직에서 사람을 뽑을 때 이를 무시하는 경우를 많이 봤다. 간부들은 그냥 자신과 비슷한 사람을 기용한다. "적어도 우리끼리는 마음이 통하잖아!"라는 것이다. 어떤 사람들은 이를 '이심전심'이라 한다. 나는 '끼리끼리 논다'라고 하고 싶다. 그리고 끼리끼리 놀면 아무것도 해낼 수 없다!

방금 소개한 조별 활동이 왜 그 지경이 되었는지, 그리고 그런 사태를 피하려면 어떻게 해야 하는지가 이 책의 핵심 주제였다. 부디 나와 다른 사람들이 어떤 식으로 행동하는지, 또 그들과 어떻게 잘 지낼 수 있는지 파악했기를 바란다. 왜냐하면 우리는 모두 다르기 때문이다. 정확히 얼마나 다른지는 당신이 항상 눈을 뜨고 있으면 알게 될 것이다. 나머지는 모두, 당신에게 달렸다.

‘WORK TOGETHER’

부록

DISA 행동 유형 이해도 테스트

당신의 실력을 발휘해볼 시간이 왔다. 다음은 당신이 이 책의 내용을 얼마나 숙지했는지 알아보는 재미있는 테스트라고 생각하면 좋겠다. 당신은 사람들의 행동법에 대해 얼마나 잘 알고 있는가? 이 테스트를 통해 차기 프로젝트를 시작할 때든 가정에서 저녁을 먹을 때든 재미있는 이야깃거리가 생겼으면 하는 바람이다.

1. 사교적인 차원에서 어떤 조합이 자연스럽게 잘 어울릴까?

① 옐로 타입 2명 ② 레드 타입과 그린 타입 ③ 블루 타입과 레드 타입

④ 블루 타입과 옐로 타입 ⑤ 위 조합 모두

2. 다음 중 업무적인 차원에서 가장 골치 아픈 조합은?

① 그린 타입 2명 ② 옐로 타입 2명 ③ 레드 타입 2명

④ 옐로 타입과 블루 타입 ⑤ 레드 타입과 그린 타입

3. 항상 프로젝트의 장이 되려고 하는 유형은?

① 레드 타입 ② 옐로 타입 ③ 그린 타입 ④ 블루 타입

4. 최고의 엔지니어가 많이 나오는 유형은?

① 레드 타입 ② 옐로 타입 ③ 그린 타입 ④ 블루 타입

5. 사람들 앞에서 말하기를 제일 좋아하는 유형은?

① 레드 타입 ② 옐로 타입 ③ 그린 타입 ④ 블루 타입

6. 상사에게 받은 메일을 어디에 저장해놨는지 잘 기억하는 유형은?

① 레드 타입 ② 옐로 타입 ③ 그린 타입 ④ 블루 타입

7. 결정을 내리기 전에 더 많은 정보를 확보하기 바라는 유형은?

① 레드 타입 ② 옐로 타입 ③ 그린 타입 ④ 블루 타입

8. 목소리와 행동이 가장 느린 유형은?

① 레드 타입 ② 옐로 타입 ③ 그린 타입 ④ 블루 타입

9. 일을 완수하기 위해서라면 종종 규정 위반도 자행하는 유형은?

① 레드 타입 ② 옐로 타입 ③ 그린 타입 ④ 블루 타입

10. 새로운 것을 시도하는 데 가장 적극적인 유형은?

① 레드 타입 ② 옐로 타입 ③ 그린 타입 ④ 블루 타입

11. 억지로 주목받는 것을 힘들어하는 유형은?

① 레드 타입 ② 옐로 타입 ③ 그린 타입 ④ 블루 타입

12. 한번 화내면 정말 무시무시한 유형은?

① 레드 타입 ② 옐로 타입 ③ 그린 타입 ④ 블루 타입

13. 매사에 가장 긍정적인 유형은?

① 레드 타입 ② 옐로 타입 ③ 그린 타입 ④ 블루 타입

14. 매사에 결정권을 원하는 유형은?

① 레드 타입 ② 옐로 타입 ③ 그린 타입 ④ 블루 타입

15. 최신 유행을 잘 따르는 유형은?

① 레드 타입 ② 옐로 타입 ③ 그린 타입 ④ 블루 타입

16. 어려운 도전을 가장 좋아하는 유형은?

① 레드 타입 ② 옐로 타입 ③ 그린 타입 ④ 블루 타입

17. 무척 온화해서 다른 사람들을 편안하게 해주는 유형은?

① 레드 타입 ② 옐로 타입 ③ 그린 타입 ④ 블루 타입

18. 남을 잘 웃겨주는 유형은?

① 레드 타입 ② 옐로 타입 ③ 그린 타입 ④ 블루 타입

19. 커피를 마시다가 잔이 비면 주전자를 들고 와서 남들의 잔도 채워줄 유형은?

① 레드 타입 ② 옐로 타입 ③ 그린 타입 ④ 블루 타입

20. 업무를 위임해놓고도 자기가 직접 처리하는 유형은?

① 레드 타입 ② 옐로 타입 ③ 그린 타입 ④ 블루 타입

21. 다른 사람의 말을 가장 잘 들어주는 유형은?

① 레드 타입 ② 옐로 타입 ③ 그린 타입 ④ 블루 타입

22. 지시 사항의 마지막 항목까지 빠짐없이 챙기는 유형은?

① 레드 타입 ② 옐로 타입 ③ 그린 타입 ④ 블루 타입

23. 최고의 팀이 되는 조합은?

① 그린 타입 2명 ② 레드 타입 2명 ③ 옐로 타입과 레드 타입

④ 블루 타입과 그린 타입 ⑤ 모든 유형이 모인 조합

24. 당신의 사회적 관계에서 가장 수가 많은 유형은?

① 레드 타입 ② 옐로 타입 ③ 그린 타입 ④ 블루 타입

정답은 뒤에 실려 있다.

24번 문항은 다음과 같은 점을 생각해봤으면 하는 취지로 넣었다.

직장에서 같이 일할 사람을 항상 자유롭게 선택할 수는 없다. 당신이 선택했든 안 했든 간에 그들은 그 자리에 존재한다. 그래서 당신은 주어진 카드로 훌륭하게 게임을 진행해야 한다. 하지만 직장을 벗어나면 누구와 함께 시간을 보낼지 선택할 수 있다. 이때 당신은 어떤 유형의 사람을 선택하는가? 당신과 비슷한 사람들인가, 아니면 정반대인 사람들인가?

물론 여기에 정답은 없지만 한번 생각해보는 것도 재미있을 것이다. 선택이 가능하다면 누구를 선택할까? 그리고 평생을 같이할 파트너는 어떻게 선택하는가? 거울을 보듯 비슷한 사람인가, 아니면 정반대인 사람인가? 정말 흥미로운 질문이지 않은가? 그에 대한 답은 당신 나름대로 가지고 있을 것이다. 하지만 이 책을 잘 읽었다면, 어떤 선택이 더 발전적일지 알 수 있으리라.

정답

1. ① 옐로 타입 2명
2. ④ 옐로 타입과 블루 타입
3. ① 레드 타입
4. ④ 블루 타입
5. ② 옐로 타입
6. ④ 블루 타입
7. ④ 블루 타입
8. ④ 블루 타입
9. ① 레드 타입
10. ② 옐로 타입
11. ③ 그린 타입
12. ③ 그린 타입
13. ② 옐로 타입
14. ① 레드 타입
15. ② 옐로 타입
16. ① 레드 타입
17. ③ 그린 타입
18. ② 옐로 타입
19. ③ 그린 타입
20. ① 레드 타입
21. ③ 그린 타입
22. ④ 블루 타입
23. ⑤ 모든 유형이 모인 조합
24. 당신 하기 나름이다

도무지
내 맘 같지 않은 사람들과
잘 지내는 법

초판 1쇄 발행 2018년 6월 25일
초판 4쇄 발행 2024년 3월 20일

지은이 | 토마스 에릭손
옮긴이 | 김고명
펴낸이 | 金湞珉
펴낸곳 | 북로그컴퍼니
주소 | 서울시 마포구 와우산로 44(상수동), 3층
전화 | 02-738-0214
팩스 | 02-738-1030
등록 | 제2010-000174호

ISBN 979-11-89166-05-2 03180

· 잘못된 책은 구입하신 곳에서 바꿔드립니다.
· 이 도서의 국립중앙도서관 출판예정도서목록(CIP)은 서지정보유통지원시스템 홈페이지(http://seoji.nl.go.kr)와 국가자료공동목록시스템(http://www.nl.go.kr/kolisnet)에서 이용하실 수 있습니다.(CIP제어번호: CIP2018018058)

시목始木은 (주)북로그컴퍼니의 인문 교양 브랜드입니다. 지혜의 숲을 가꾸기 위한 첫 나무가 되도록 한 권 한 권 정성껏 만들겠습니다.